Canon 26

王銘義

北京·光華路甲9號

駐京採訪札記

目錄

第二章　兩岸新形勢

第三章　談判．協商

第四章　透視紅牆

第五章　動盪疆域

第六章　京城雜記

第七章　綠營在京

第八章　海峽軼事

（推薦序）

擱置爭議，追求雙贏

蕭萬長

二〇〇八年三月廿二日，馬英九先生和我順利當選中華民國總統、副總統。三週之後，四月十二日，我以「兩岸共同市場基金會」董事長身分，再次率團出席在海南舉行的「博鰲亞洲論壇」年會，論壇期間除了會見亞太各國的政界友人、工商界領袖，最主要的行程就是會見中共總書記、大陸國家主席胡錦濤先生。這雖然不是我們第一次見面，但這是我成爲「副總統當選人」之後，與胡錦濤先生的一次重要的會面與對話。

我們見面的話題圍繞著兩岸經貿問題。我說，兩岸經濟密不可分。長期以來，兩岸經貿關係的發展，發揮著穩定兩岸關係的正面作用。兩岸經濟交流與合作有助於克服種種不利因素，得來不易。現在是新的開始，希望儘快啓動兩岸週末包機，並實現大陸居民來台灣旅遊，也希望能儘快恢復兩岸協商，以利交流與合作。

我還強調，實現兩岸直航和經貿關係正常化是必走的路，兩岸即將實現全面開放交流，具有長遠的意義。政策要開放，態度要務實，步伐要穩健，兩岸經濟交流合作才能走得順，也才能創造更大的利益。因此，希望雙方能「正視現實、開創未來，擱置爭議，追求雙贏」，開創互信、互諒、互助、互利的兩岸新時代。

四年以來，我們承諾建立和平穩定兩岸關係的政見與主張，我們做到了！在博鰲論壇期間倡議啟動週末包機、實現陸客來台旅遊、恢復兩會協商等政策目標，我們也都如期實現了！在兩岸經貿發展領域，當然不僅是這幾項成就而已，ECFA的簽署、後續協商的陸續展開，兩岸經貿關係制度化與正常化才開始邁出穩健的步伐。實踐證明，「擱置爭議，追求雙贏」，絕對是現階段處理兩岸複雜關係的基本準則。

台灣是一個高度依賴國際貿易才得以永續發展的國家，在台灣經歷農業社會、工業社會，以至朝向資訊化社會的轉型與變遷過程，我很幸運地親身參與了幾個重要階段。作爲執行推動台灣經濟發展的老兵，深刻體會到台灣經濟發展與亞太區域經濟、甚至與世界經濟，都是離不開的。尤其，廿幾年來，兩岸經濟交流合作從零出發，目前已是密不可分的互利階段，成爲兩岸關係的重要組成部分。

廿多年前就已深切認爲，台灣在新世紀的生存與發展，必將面對中國崛起的重要變數。我在經濟部、經建會、陸委會，乃至行政院服務期間，經常參與如何與中國大陸維繫合理經貿關係的複雜決策，期間所面臨的困難與挑戰，隨著中國大陸綜合國力的增強，經貿地位的崛起，使得制訂決策的壓力與日俱增，但以經貿爲主軸的施政理念，始終是規劃兩岸政策與決策判斷的指導原則。

二〇〇〇年五月，台灣政黨輪替，民進黨政府成立，雖然兩岸緊張關係並沒有明顯的惡化，但政治上的分歧越來越凸顯，彼此的猜忌日益加深。當時兩岸之間缺乏互信，政經關係又處於嚴重矛盾的對立。政治上的安定，是經濟發展的必要條件，假如兩岸關係不穩定，經貿的交流與發展勢必受到拖累。這種政經朝向兩極方向發展的矛盾愈見加深，也造成民眾對未來發展的不確定感和不安全感升高。

基於「在經濟上，合則兩利；在政治上，和則雙贏」的戰略思維，我在二〇〇〇年卸任公職之後，即與工商界領袖研議推動「兩岸共同市場」理念，此議旨在避免缺乏秩序規範的經貿往來，對兩岸造成的負面影響，包括：缺乏法律保障、資訊不完全、交易成本與障礙過高、資源未能有效配置等等。在兩岸共同市場架構下，兩岸的經貿交流就可互補互利、各取所需，經貿往來的風險也將會大幅降低。

「兩岸共同市場」的經貿合作構想，獲得企業界與政學界的普遍認同，後來即積極邀集工商界領袖與學術界人士正式成立「兩岸共同市場基金會」，希望能夠吸引更多有識之士共同思考兩岸經貿整合的問題。近年來，「兩岸共同市場基金會」與大陸各地的智庫與學者專家也都建立了良性的互動關係，也爲兩岸高層之間的經貿對話提供了有利的溝通平台，這的確是令人欣慰的發展進程。

從我擔任陸委會主委，以至組成「兩岸共同市場基金會」的不同階段，經常在報上讀到銘義對兩岸議題所發表的相關評論，對政府的政策規劃也經常提供諍言，尤其，在二〇〇三年基金會申請加入「博鰲亞洲論壇」之初，銘義是台灣少數持續關注這項區域經貿論壇發展趨勢的新聞界朋友，後來還曾多次隨行採訪博鰲論壇年會，對兩岸共同市場理念的推動與區域經濟的整合議題，常見他在報端發出共鳴之聲。

銘義在書中所記錄的，大多是二〇〇五年以來影響兩岸關係發展的重大進程，也是二〇〇八年至二〇一二年兩岸關係取得突破性進展轉向和平發展的關鍵四年，兩岸決策互動、大陸權力世代交替，以及改革開放卅年來的發展風貌。銘義以資深記者精準的觀察角度，爲讀者提供了在報紙上難以窺得全貌的完整歷程，這是值得推薦的兩岸關係著作。本人衷心祝賀本書出版，並特別向關心兩岸關係發展的讀者推薦！

（本文作者爲中華民國副總統）

〈推薦序〉

交流是主旋律，合作是硬道理

王金平

兩岸關係的穩健發展，大陸政策的務實推動，是我國得以永續生存發展的重要根基。立法院作爲全國最高立法機關，剛就職的新一屆立委匯聚了台灣社會最主流、最有代表性的最新民意，因此，朝野政黨在國會的黨團領袖與政治精英，對於攸關我國軍事、外交、經貿，以至社會、文化交流至關重大的兩岸關係與大陸政策，自有責任對政府各項政策的制定與執行，依據憲法賦予的職權加以監督。

大陸政策既然關係到全民的福祉、利益，以及國家的生存發展，政府所制定的相關政策，當然必須以全民的高度共識爲基本前提。作爲監督政府施政的最高民意機關，對於大陸政策的參與愈高，將愈能彰顯政府制定的大陸政策獲得人民支持的程度，並能凝聚全民對整體大陸政策的共識基礎，這不但是政府處理兩岸協商談判時最強有力的後盾，也將是我國爭取國際社會支持與認同的重要憑藉。

兩岸最高立法機構的交流，從早期個別的、私人的交流交往，現階段已逐步邁向組織化、常態化的交流互訪模式。近年來，大陸全國人大轄下的專業工作委員會、全國政協轄下的相關委員會，都曾以適當的身分組團來台訪問，並與台灣朝野政黨立委聯誼；同樣的，朝野政黨立委訪問大陸的情況已相當普遍，由退休立委所組成的聯誼會，也曾組團前往大陸回訪，並會見全國人大、全國政協領導人。

交流是主旋律，合作是硬道理。兩岸立法機構的互動，在兩岸新形勢的有利發展條件下，勢必將從交流互訪的聯誼性質，逐步推進至專業的立法交流與立法實務的合作發展。如最近四年來，兩岸已簽署十六項協議，以及相關會談紀要、合作瞭解備忘錄等文件，相關協議的完善，除了兩岸政府部門的後續商談之外，兩岸立法機構也應適時開展專業的立法交流，必將有助於建構更合理的法令體系。

近十年前，金平曾應邀在銘義領導的「兩岸新聞記者聯誼會」發表題爲〈立法院對大陸政策的決策角色與影響〉專題演講，有感於當時民進黨政府無力處理兩岸協商，造成兩岸談判管道形同關閉，金平爲求突破政治僵局，曾在向新聞界演講時重申：如獲得總統授權，而且在國家需要、人民同意、立院決議和對等原則的四大前提下，願意以全國最高民意機關首長的身分訪問大陸，儘速促成兩岸協商攸關人民福祉的各項經貿與民生議題。

國會監督與媒體監督，猶如推動國家永續發展、監督政府負責施政的「車之雙輪，鳥之雙翼」，兩者缺一不可。尤其，過去卅年來，在台灣邁向政治民主、社會開放、經濟自由的發展過程，媒體所扮演的監督角色，絲毫不遜色於立法院對政府部門的制衡作用。在開放大陸政策的決策過程，從早期開放老兵返鄉探親，以至當前兩岸實現三通，媒體所發揮的促進與催化作用，無疑是最具關鍵性的影響力。

《中國時報》北京特派員王銘義是我認識廿多年的老朋友，一九八〇年代中期就是專業型的國會記者，既熟悉台灣地方政治，也熟悉政黨生態演進，在解嚴前後，他不僅關注政治轉型期的立法權發展，也熱衷維護新聞記者的基本權益，他曾號召廿多位國會記者聯名請願要求修正不合時宜的《護照條例》，最終該請願案變成議案，並送請立法院會完成修正，後來新聞記者出國即不再經由新聞局審批。

銘義從一九九〇年代即轉向關注兩岸關係與大陸政局的新聞，兩岸之間廿年來所發生的重大事件，從九二香港會談、九三新加坡辜汪會談、九七香港主權移交、九八上海辜汪會晤、九九澳門主權移交，或中共十五大、十六大、十七大，或政黨再輪替之後北京的連胡會談、博鰲的蕭胡會面，以至海基、海協廿年來的歷次商談，銘義幾乎全程參與見證、報導並評論了這些攸關兩岸發展的重大新聞事件。

在《北京．光華路甲9號》書中，銘義綜合地記錄了近年來他在北京駐點期間的重要採訪歷程，尤其，對於二〇〇五年以來國共兩黨交流的歷史性轉折，以及二〇〇八年以來兩岸關係出現的發展新局，對兩岸關鍵性人物所扮演的決策角色，甚至兩岸各自內部的決策思維與相關作爲，都有權威性與內幕性的描述與刻畫，這對外界理解並探索這段期間兩岸關係的互動進程，提供了更完整的觀察視角。作爲銘義的長期讀者，我很樂意向其他讀者推薦這本不可錯過的新書！

（本文作者爲立法院院長）

（推薦序）

我們是和平的締造者

江丙坤

二〇〇八年五月，馬英九總統就任以來，兩岸互信程度逐步增加，並建立良性互動機制，兩岸關係的穩定發展，受到各方的普遍肯定。尤其，兩會的協商進程順利開展，雙方舉行七次領導人會談，簽署十六項協議。這十六項攸關兩岸經貿、通商、通航，以及重要民生議題的協議，就像在兩岸交流的平台上鋪設十六條高速公路，對兩岸人民交往、貨物、資金流通，甚至提升附加價值，創造出互利互惠的新局。

在海基會辦公室的入口處，這幾年來一直掛著兩張照片，一張是海基會創會董事長辜振甫與海協會前會長汪道涵，一九九三年四月在新加坡舉行會談的照片；另一張是二〇〇八年六月，國民黨政府重新執政，海基會接受政府授權執行協商任務時，我在北京釣魚台國賓館與海協會陳雲林會長會談的照片。這兩張照片，相隔僅僅一公尺，但兩次會談卻相隔了十五年！兩岸交流合作的發展契機，足足耽擱了十五年。

一九九一年，海基海協相繼成立，廿年來，兩會共同邁向茁壯、成長的發展階段，兩會所承擔的協商與交流重任，始終是外界評價兩岸關係發展的指標，兩會關係也成了兩岸關係的一個縮影。

四年前，本人首度獲推選擔任海基會董事長時，就公開呼籲，期待兩岸雙方在新形勢、新時代的有利環境下，秉持「新思維」、「大智慧」、「眞誠意」的精神，在雙方確立的共同基礎上，儘速恢復商談，共創雙贏新局，進而建立和平與穩定的兩岸關係。

過去四年來，兩岸之間密切的交流合作以及和平穩定的架構，已經證明了當前兩岸政策的方向是正確的，兩岸交流合作的成果是有目共睹的，不僅得到了民眾的支持，我們也可以說，現階段的兩岸關係是六十餘年來最爲和平穩健的互動時期。兩岸關係的和平發展，不只有內部的效益，也有很高的外溢效益。我們可以很驕傲地說，因爲兩岸關係的和平穩定，因爲兩會協商的順利推展，因爲兩岸互信基礎的持續鞏固，國際社會的理解與支持也明顯增加，台灣的國際空間也逐步擴大，證明我們不再是「麻煩製造者」，而是對區域發展具有建設性的「和平締造者」。

在馬英九總統即將展開第二個任期之際，有關今後兩岸的協商議題與工作方向，深受兩岸各界的關注。馬總統已多次公開宣示，今後兩岸關係的推動與兩岸協商的開展，仍然遵循「先急後緩、先易後難、先經後政」的基本原則。海基會與海協會的商談，始終秉持「以台灣爲主，對人民有利」的精神，作爲執行協商任務的基本準則，這也是海基會未來執行政府委託授權任務的重要原則。我們從過去四年的經驗來看，這種範圍逐步擴大，合作漸漸加深，信任與時俱增的做法，爲兩岸創造了一種良性循環的互動模式，值得兩岸共同珍惜。

台灣是一個自由開放的社會，兩岸關係又是社會大眾關心的議題，因此新聞媒體對兩岸的發展自是備加關注。事實上，不論是對政府以及海基會的監督、建議，或者是社會輿論的反應，新聞媒體都扮演了非常稱職的角色，也是海基會執行協商任務時必須重視的民意趨向。媒體的主角是記者，而資深記者更是媒體的一寶，《中國時報》北京特派員王銘義先生，在兩岸關係的資歷上比我還深，可以說是採訪兩岸新聞的「老兵中的老兵」。銘義兄長期以來，對兩岸政經形勢的發展、或兩岸關係的變化，或大陸政策的跌宕起伏，或兩會談判的進程，經常發表重要評論與分析，觀點獨具，深受兩岸有關部門的重視。現在他把最近一段期間的兩岸採訪歷程，用流暢而感性的方式娓娓道來，別具一番風情。在其新書發表之際，相信他所關注的問題，將爲政府部門或關心兩岸事務的讀者，提供更多元的觀察視角，從兩岸關係見證者的角度，我很樂於寫這篇序，並且向所有關心兩岸關係的讀者推薦。

（本文作者爲中國國民黨副主席、海基會董事長）

〈推薦序〉

兩岸關係的天命史觀

許信良

作爲記者，銘義的興趣獨鍾兩岸，跑了二十年，還樂此不疲。作爲出身大學政治系畢業生的記者，銘義的關注當然不會只是新聞。他以史學家的眼光，文學家的筆觸，探索二〇〇五年以來兩岸關係重大事件的發展，深刻而又生動，引人入勝。愛讀史書的我，讀銘義的這本「採訪札記」，有著像讀《史記》和《資治通鑑》一樣的沉醉。

銘義要我寫推薦序，我不能就這樣以寥寥數語交差了事。好在這本札記寫得好到並不需要推薦，讀者只要開始閱讀，大概就會欲罷不能。和銘義一樣是大學政治系的畢業生，和銘義一樣由衷關切兩岸和兩岸關係的發展，從二〇〇一年以來，我遊遍中國大陸。現在，在我心中浮現的，更多的是連接過去和未來的歷史長河，而不是山川地理和風景名勝。把我的一些感受，附在這本迷人的載體，對我來說，不只是盡寫序者塡補版面空白的責任，更是享受寫序者獨有的特權。如果讀者發現這樣做不適合，那也只能怪本書作者沒有知人之明！

透過銘義的引介，我和銘義一起參加過三次有上百位台灣文化界人士組成的大陸文化之旅。一次遊河南，一次遊陝西，一次遊廣西。河南是我許姓祖先的最古原鄉，也是中國歷史最早最重要的發源地，感懷最深，當下寫了一首七律〈中原懷古〉：

中華文明發中原，綿延不絕五千年。
寸寸山河盈血淚，片片珍寶凝輝燄。
殷墟恨魂應已散，宋帝悲靈復何言。
閱盡古今興亡史，長記生民方是天。

歷史發展有必然的規律，但也有關鍵的偶然。少了關鍵的偶然，必然的規律也不必然產生必然的歷史作用。古今的史學家一直尋求對這個弔詭做出適當的理解。比較普遍被接受的說法是：關鍵的偶然總會出現，只是遲早而已。

作爲一個長期思考這個問題的大學政治系畢業生和政治工作的實踐者，我從來不滿意這樣的解釋，也從來不放棄尋找自己的答案。

踩過許多荒煙蔓草的歷史場域，遙想那些曾經叱吒風雲的歷史人物，一種在年輕時候很難閃過的天命史觀，在過去十年，越來越具體地呈現。

在陝南的漢中，我沿著二千年前「蕭何月下追韓信」的古道，追尋一件影響中國歷史非常深遠的偶然。

韓信是中國歷史上數一數二的軍事天才。如果沒有他的幫助，中國歷史上最重要的朝代之一的漢朝是建立不起來的。由於在劉邦陣營得不到重用，韓信隨著一大群逃兵，離開漢中北上，另謀發展。劉邦陣營的主要組織者蕭何知道這件事，立刻連夜追趕，在一條溪邊趕上韓信，把他勸回。

蕭何所以能追上韓信，是因爲接連幾天大雨，溪水暴漲，韓信渡不過去。

這就是影響歷史發展的關鍵偶然。如果沒有這個偶然，楚漢相爭的歷史要改寫，整個中國的歷史要改寫。今天全世界的最大人口族群，就不會稱做「漢人」。

這樣的歷史偶然，眞的是純然的偶然嗎？

我越來越相信：影響歷史發展的，無論是必然的規律，或是偶然的因素，其實都是孔子在五十歲以後才完全了悟的「天命」。

從個別的事件以及短暫的歷史看，難免會有老子「天地不仁，以萬物爲芻狗」的感慨。受腐刑之後的司馬遷，在〈報任少卿書〉中也悲憤地抗議天道無親，並不總是獎善懲惡。但是，從歷史長河的流向看，不管中間多少曲折迴轉，整體人類的處境總是越來越好。對這個最根本最明顯的歷史發展現象，除了天命史觀，難道還能有更好的理解？

「暴政必亡」、「得民者昌，失民者亡」，甚至「階級鬥爭是歷史發展的動力」：這些歷史發展的鐵律，其實都可以作天命史觀的註腳。因爲「天聽自我民聽，天視自我民視」，人民的意志就是上天的意志。歸根究柢，上天的意志總是眷顧人類的生存發展。

天命歸秦，因爲大一統的中國，比七國爭戰廝殺的分裂中國，更有利於當時人民的生存發展。

天命亡秦，因爲秦的政法體制以及操之過急的強化大一統帝國的施政，不利於當時人民的生存發展。

天命歸漢不歸楚，因爲劉邦的領導團隊，比項羽的領導團隊，更能了解當時人民生存發展的需要，也更有能力處理這個問題。

周朝興起，取代殷商：從有利於人民生存發展的角度看，是重大的歷史飛躍。在殷墟中發現，殷商統治集團用活人祭祀，曾經一次殺五千個奴隸。這種罔顧人命，把活人當犧牲的傳統，到周朝基本上全部廢除。孔子是周朝春秋時代的人。他甚至嚴厲批評用人俑陪葬的陋習，「始作俑者其無後乎，以其象人而用之也。」

我到過四川廣安，參觀鄧小平的故居。十三歲的鄧小平，從老家後面的嘉陵江乘小船到重慶，再從重慶換乘行駛長江的大輪船到上海，然後遠渡大洋到法國，和一群比他年長的學生一起參加由當時國民黨元老李石曾發起的「勤工儉學運動」，在法國讀書學習。鄧小平此後不曾回過廣安。那一代中國革命者有國無家的革命情懷，讓人感動，讓人肅然起敬！

如果沒有鄧小平，中國這三十年來的撥亂反正，改革開放，眞的也是歷史的必然嗎？

鄧小平一到法國，就被捲入當時歐洲的革命浪潮，並沒有好好讀書。但是，從法國流浪到俄國，他的整個青春都和現代歐洲打交道。這樣的人生經歷，無疑地，是他在晚年能對中國歷史作出偉大貢獻的重要背景。

和鄧小平同時在法國和歐洲的許多中國留學生，後來都曾在中國共產黨領導的革命運動過程中扮演重要角色。如果鄧小平不是比他們年輕十歲，也許鄧小平也不會有歷史機遇，對中國歷史作出那樣的貢獻。

這眞的是純然的歷史偶然嗎？

本來，毛澤東也是「勤工儉學」留學生團的一員，也要到法國去。這個計畫臨時變卦。如果毛澤東也到法國，中國共產黨領導的革命運動的過程和結局，眞的會一樣嗎？

超過一甲子的兩岸各自發展以及互動發展，不正是一部令人拍案驚奇的天命史詩嗎？現在，兩岸的各自情勢以及互動情勢，早已遠離六十年前兩岸領導人的意志和意圖。天命的安排，不是比當年兩岸領導人想做的安排更符合兩岸人民的利益以及全人類在二十一世紀共同發展的要求嗎？讓天命繼續引領，不要讓個人、政黨和政權的意志干擾天命的運作，也許是現階段兩岸關係的最佳選擇！

（本文作者爲前民進黨主席）

千里波濤滾滾來

（自序）

光華路甲9號，位於北京市朝陽區，日壇公園使館區東側、中央商務區（CBD）北京第一高樓國貿三期的西北角，世貿天階南側的「世貿國際公寓」；數百户組成的大院，是北京住商合一的精華地段。《中國時報》北京特派員的駐地，就蝸居在公寓內。這本《北京・光華路甲9號》採訪札記，大都在此醞釀、書寫完成。

以光華路甲9號爲圓心，半徑一千公尺以内的重要地標包括：美國駐中國大使官邸、日本、越南、印度、朝鮮等各國大使館；到中國外交部南樓約一千五百公尺；到北京人民大會堂、紫禁城、中南海約五公里；到釣魚台國賓館約十公里；到國務院台灣事務辦公室約十二公里；到北京大學、海淀區大學城約廿公里。

在這座棋盤式的北京城採訪，熟悉北京的坐標與方位是必備的生活技能。幾百年來，以天安門城樓爲軸心，紫禁城丹陛大道爲中軸線，三環之内的城建基本仍維持方正格局。雖然老北京流傳「東富、西貴、北貧、南賤」的說法已然式微，但作爲中國首都，北京的「帝都」氣象，確是其他城市所難以撼動的政治格局。

一九五七年五月，毛澤東在帝都發表了〈事情正在起變化〉一文，隨後展開歷史性的反右鬥爭。當年九月，在錢塘觀潮時，毛寫下了〈七絕·觀潮〉：「千里波濤滾滾來，雪花飛向釣魚臺。人山紛贊陣容闊，鐵馬從容殺敵回。」有詩評認爲，氣勢如虹，寫出錢塘潮壯闊奔騰的磅礴大氣，也寫出了政治強人內心的狂飆氣勢。

從一九九〇年三月首次飛抵北京採訪兩會（全國人大、全國政協），廿二年來，見證了中國領導人從第二代、第三代傳承至第四代的交替歷程，同時，也全程見證了兩岸關係波濤洶湧、台海情勢跌宕起伏的變遷；在帝都記錄中國政局的變化、探索兩岸形勢的發展，猶如在錢塘江畔觀看「千里波濤滾滾來」的潮浪趨勢。

十餘年前，北京人民大會堂東大廳，經過重新整修裝潢之後，金碧輝煌，氣勢壯闊。華麗的東大廳，就成爲中國最重要的政治舞台、世人觀察當代中國黨政權力傳承的「政治櫥窗」。中共中央政治局常委會的更迭、中國政府一代新人換舊人的交替，甚至兩岸關係出現新形勢以來的發展新浪潮，都是在東大廳陸續上演！

二〇〇二年十一月十五日，中共十六屆一中全會閉幕。中共第三代領導核心江澤民卸任總書記，第四代領導人胡錦濤當選總書記；「胡錦濤時代」登上最高權力舞台，重新譜寫共產黨人的歷史新頁。當天，提前在清晨出門，趕往大會堂排隊安檢，就爲躋身在東大廳前排位置，見證政治局常委初登權力巔峰的歷史畫面。

二〇〇七年十月廿二日，中共十七屆一中全會閉幕，胡錦濤連任中共總書記。在滿場鎂光燈的輝映下，胡錦濤再次親率八位政治局常委，站在東大廳，會見記者。背後懸掛著巨幅的〈幽燕金秋圖〉，落款題有「蕭瑟秋風今又是，換了人間」的詞句。意氣風發的胡錦濤特別介紹新加入政治局常委會的習近平、李克強。

如果中國政局不出現劇烈權鬥，兩位被胡錦濤稱爲「年輕的同志」，將於二〇一二年十月，在中共十八屆一中全會連任常委，習近平並可望當選總書記，成爲第五代領導人。屆時，習近平率領新常委會見記者時，這句出現在一九五四年夏天，毛澤東在北戴河避暑所寫〈浪淘沙．北戴河〉的詞句，將再度受到世人的矚目：

大雨落幽燕，白浪滔天，秦皇島外打漁船。一片汪洋都不見，知向誰邊？
往事越千年，魏武揮鞭，東臨碣石有遺篇。蕭瑟秋風今又是，換了人間。

毛澤東描寫的是，北戴河壯闊的海域，和秦皇島漁民乘風破浪的凌雲壯志，藉此抒發懷古幽情。但其本意，應是自我歌頌共產黨人在一九四九年改朝換代的氣魄與豪情。站在新一波歷史浪頭的胡錦濤，扛的大旗雖是「中國特色社會主義旗幟」，但走的路線已質變成爲「極權式資本主義路線」，既世代交替，也換了人間。

毛澤東的革命史觀，不脫「成王敗寇」的歷史規律。革命領袖沒有失敗的權利，只有追求成功的宿命。毛澤東對魏武帝〈曹操〉歷史功業的尊崇，反映在「往事越千年，魏武揮鞭，東臨碣石有遺篇」的詞句，老毛像是踏著曹操千年前的足跡前進；而曹操在〈觀滄海〉詩中，對風起雲湧革命事業的歌頌，早已表露無遺：

東臨碣石，以觀滄海。水何淡淡，山島竦峙。樹木叢生，百草豐茂。秋風蕭瑟，洪波湧起。日月之行，若出其中；星漢燦爛，若出其裡。幸甚至哉，歌以咏志。

時移勢易，此消彼長。今天的中國共產黨已非六十餘年前「小米加步槍」的土八路，也不再是文革鬥爭年代，國窮民困的悲慘國度。當今的中國大陸儼然是新興的外交大國、軍事強權，更已躋身成爲全世界第二大經濟體；中國更是台灣最大的貿易夥伴、台商最多的投資地區。吊詭的是，兩岸政經新形勢的持續開展，並沒有減緩兩岸主權衝突的對立氣氛，也未能實質化解兩岸軍事衝突的潛在危機。

二〇一〇年春節期間，胡錦濤在農曆除夕趕赴廈門調研，會見台商代表。大年初一晚間，並由令計劃、王滬寧、王毅等人陪同，在廈門海邊觀看金廈海域的煙花匯演，眺望咫尺天涯的金門島。那一夜，面對洪波湧起的海峽，胡錦濤心裡究竟在盤算什麼？是一六六一年鄭成功在鼓浪嶼揮兵東渡的攻台決心？或一九五八年毛澤東砲打金門的戰略布局？或著手規劃簽署ECFA之後的兩岸和談新局？

本書所書寫的題材，主要是二〇〇五年以來，作者見證國共兩黨開展政黨交流、定期舉行兩黨領導人會談的相關議題與發展動向，以至二〇〇八年三月台灣二次政黨輪替後，兩岸執政當局在新形勢下，推動和平發展新局，開展協商談判的互動歷程。同時，涵蓋近年採訪中國面臨大地震災難、藏區騷亂事件，以及中共十八大前夕黨政權力世代交替，親歷中國重大政治社會事件的實地見聞與省思。

二〇一二年，中國正在經歷黨政軍的世代交替，鄧小平隔代指定的第四代領導人胡錦濤即將交接給第五代領導人習近平，在群雄並起、諸侯競逐之際，中國社會底層潛藏的階級矛盾、貧富差距，甚至城鄉發展的差異衝突正在日益擴大。

在中共十八大權力重組之際，「王立軍事件」揭開了高層權力鬥爭的序幕。薄熙來在全國人大會議期間坦承「用人失察」；溫家寶則直指市委市政府必須反思，認眞吸取教訓。總理記者會結束不到廿四小時，新華社發布：「中共中央決定：張德江同志兼任重慶市委委員、常委、書記；薄熙來同志不再兼任重慶市委書記、常委、委員職務。」中共高層派系新一輪的權力較量似已轉趨尖銳化。

即將於明年三月卸任總理的溫家寶，在記者會答覆我提問兩岸文化交流發展前景時說，本屆政府最後一年仍將加強推動兩岸文化交流與人員往來。溫家寶說：「難道幾千年的文化恩澤，就不能消弭幾十年的政治恩怨？」擱置爭議，求同存異，已成爲兩岸交流的指導原則，文化交流則是推進兩岸互動發展的重要基礎。

相較於北京高層權力處於急遽變動的關鍵時刻，馬英九總統剛贏得連任，並即將於五月廿日展開第二個四年任期，開啓攸關馬英九歷史評價與歷史定位的政治新局。在兩岸互動環境面臨各種政治難題，台灣政黨生態依舊藍綠對決，詭譎多變的內外情勢，猶如白浪滔天、千里波濤滾滾來，台灣面對的嚴峻挑戰才剛開始。

站在北京觀察未來的中國政局，關注台海形勢的變化，議論兩岸政經互動新局，確是作爲台灣新聞工作者的難得機遇，紀錄新聞工作見聞之餘還能見證兩岸歷史發展，這對熱愛並關注台灣歷史的我來說，也算是「新聞紅利」吧！這本採訪札記是我駐京工作的心得與紀錄，謹以此書獻給在天上的父親，懷念父親！

本書得以順利出版，要感謝安民兄的鼓勵，以及印刻編輯團隊精緻、專業的編排。特別要感謝蕭萬長副總統、王金平院長、江丙坤董事長、許信良主席爲本書寫推薦序，益增光彩，備感榮幸；近年駐京期間，受到報社同仁的支援與協助，以及京台兩地諸多友人、學者專家、新聞同業們的熱情關照，銘記在心，永誌不忘！

二〇一二年三月十五日寫於北京駐地

第 *1* 章

決戰二〇一二

馬不想停蹄：馬英九的國安團隊

美國因素，在台灣歷次總統大選期間，向來都是影響選局的關鍵性因素。二〇一二年總統大選，美國因素在最後選戰階段，更產生了決定性的影響作用。罕見的是，美方在最後關頭決定暗中「挺馬」。它既反映了馬英九政府執政以來，台美良好互動的雙邊關係，更反映了台美中三邊關係不容改變的穩定現狀。

二〇一一年九月中旬，正當民進黨候選人蔡英文訪問紐約、華府，還受到卅餘位美國參眾兩院、民主共和兩黨國會議員歡迎之際，美國國務院資深官員透過《金融時報》批評蔡英文的兩岸政策：「蔡英文引發了人們對台海安定的憂慮，美國懷疑蔡英文是否願意、是否能夠維繫台海兩岸近年來好不容易才獲致的穩定。」

美國親台國會議員雖然給足了蔡英文面子，但美國行政部門這時釋出的政治訊息，卻讓蔡英文感受到不祥的徵兆。尤其，身陷副手蘇嘉全「農舍豪宅」風暴的蔡英文，原計畫透過訪美拉高與馬英九的民調差距，擴大競選攻防布局的戰略縱深，卻瞬間面臨來自內外雙重突發事件，讓蔡英文的選戰步調陷入不利局面。

前美國國務院副發言人、華府智庫「史汀生中心」東亞研究部門主管容安瀾（Alan Romberg）稍後發表的文章透露：「那位資深官員的談話是得到授權的。美國雖然不干預台灣選舉，可是行政部門決心藉這個談話顯示蔡英文並沒有化解美國的疑慮，這個疑慮就是『蔡英文的兩岸政策立場會對未來的安定帶來風險』。」

「這項作法是經過設計的，目的是不讓蔡英文有機會宣稱美國了解她的立場！」與藍綠陣營外交系統都相當熟識，並熟悉美國政府運作機制的容安瀾認爲，儘管蔡英文在訪美期間多次保證，如果她當選總統，將致力於推動台美關係更加緊密，然而，對於蔡英文能否妥善處理兩岸關係，美國仍是存疑的。

美方對蔡英文兩岸政策感到不安心、不放心的表態，雖不至於立即衝擊到蔡英文的選情，但在傳統外交戰略上習慣「抱住美國大腿」（邱義仁語）的民進黨已意識到，這是對蔡英文極爲不利的訊號，最後如果折射成爲中間選民對蔡英文政策主張的不信任，勢必對後續選情帶來更爲沉重的壓力。

民進黨中央隨後採取應變措施，向媒體完整引述美國國務院發言人Mark C. Toner華府時間九月十五日在記者會的說法，強調蔡英文向美方表達民進黨對維持台海和平穩定擁有堅定的信念與能力，讓包括國務院資深官員、重量級國會議員留下深刻印象。民進黨還引述國務院例行新聞簡報內容，希望化解不利情勢：

記者問：針對美國官員對某總統候選人的評論，是否關係到美國干預台灣選舉一事，該候選人陣營對此相當關切。報導裡那些來自美國官員的評論，顯然有意指出該候選人若當選，可能造成與中國的關係出現問題。

Mark C. Toner：我可以向你保證，美國強力支持台灣的民主，以及台灣人民在選舉中選擇其總統的自主意願。對於台灣的大選，美國的唯一利益在於一個符合自由、公正且開放原則的選舉，我們不會偏袒任何一方。

美方對蔡英文的疑慮，並沒有因而停止，後續動作更是不斷。美方「加碼」，並非只爲挺馬，疑慮兩岸新局在大選後有所改變，才是核心考量。據與薄瑞光、卜睿哲、包道格、容安瀾等華府退休官員熟識的前外交部長程建人回憶說：「當時美方人士透露，《金融時報》的報導只是剛開始，後面還有很多訊息即將出爐！」

美國官方在透過媒體放話，暗示華府對蔡英文的兩岸政策不抱信心，甚至滿懷疑慮之後，十二月中旬，馬蔡兩人在各家民調機構的民意調查結果仍呈現拉鋸。據府方消息說，美方此時派遣代表晉見馬總統，對多年來台灣爭取赴美免簽證待遇的議題，華府即將送給馬政府一個溫馨的「Christmas gift」（聖誕禮物）。

不僅華府在敏感時刻準備遞上「聖誕禮物」，東京在更早之前就已計畫送給馬政府「大禮」：台日投資保障協議。日本外務省的規劃顯然比較細緻，既要爭取日商的利益，提供互利互惠的經貿平台，但也要顧及北京的態度，因此，日方提前在二〇一一年九月間即決定與台灣簽署投保協議，北京即使不爽，但因此舉有利於馬英九的選情，有利於兩岸經貿交流持續發展，北京很難公開表達反對態度。

果然，耶誕節前夕。美國在台協會（AIT）代理處長馬怡瑞（Eric H. Madison）廿二日宣布，台灣已成爲美國免簽證計畫候選國。預估二〇一二年下半年應可實施，屆時只要持有效期限六個月以上的中華民國護照，即可前往美國，最長可停留九十天。馬怡瑞並說，此時發布消息是因爲「Taiwan is ready now」。

美方從放話質疑蔡的兩岸政策，進而宣布即將給予台灣免簽證，對馬英九來說，無異是脫離選戰泥淖，擴大領先差距的天賜良機。不過，大選進入最後十天，依據選舉法規，政黨與媒體都不得再發布民調數據。據競選幕僚透露，最後衝刺階段，正在南台灣拉票的馬英九曾篤定地與幕僚分享：「我們仍領先十趴（十％）！」

一月十四日，晚間九時，總統選舉開票結果初步揭曉，馬英九獲得六、八九一、一三九票（五十一．六％），蔡英文獲得六、〇九三、五七八票（四十五．六三％）。馬英九以領先蔡英文近八十萬票當選連任。馬英九執政以來的「親美拉日和中」的政策路線，確實產生正面效益。國安與外交領域的施政成就，雖然不是決勝關鍵，卻是不能忽略的輔助因素。

相對於過去民進黨的作爲，以及蔡英文的競選主張，馬政府執政四年來的國安政策，應是檢驗馬英九治國能力，評價馬政府執行力的指標。國安團隊是總統行使憲法賦予職權的核心幕僚，歷任總統任命國安成員的優劣良窳，合作默契，團隊精神，絕對是左右總統行使國防、外交，以至兩岸政策權責的成敗關鍵。

展望馬英九第二個任期的執政前景，回顧與檢視四年來的政策作爲，絕對是最佳的觀察指標。二〇〇八年五月十九日，距離總統就職大典倒數最後一天。馬英九新政府的國安團隊已大致就緒，馬英九的第一道國安指令，就是指派蘇起出馬，分別向國民黨大老彙報「五二〇就職演說」有關兩岸關係部分的內容。

在台北忠孝東路、敦化南路口的一品大廈，內定接任總統府國家安全會議祕書長的蘇起，臨時奉命造訪國民黨榮譽主席連戰。蘇起登門拜訪，並非請益國是，而是奉新總統之命，當面向連戰彙報明天馬總統就職演說有關兩岸關係與大陸政策的內容；當蘇起逐段逐句唸出演說文稿內容時，連戰則親筆記錄相關要點：

一九九六年，馬英九出席兩岸新聞記者聯誼會成立茶會。本書作者為創會會長。

> 我們將以最符合台灣主流民意的「不統、不獨、不武」的理念，在中華民國憲法架構下，維持台灣海峽的現狀。
>
> 我們將繼續在「九二共識」的基礎上，儘早恢復協商，並秉持在博鰲論壇中提出的「正視現實，開創未來；擱置爭議，追求雙贏」，尋求共同利益的平衡點。未來我們也將與大陸就台灣國際空間與兩岸和平協議進行協商。台灣要安全、要繁榮、更要尊嚴！……

當蘇起唸到台灣主流民意「不統、不獨、不武」；表明將推動在「九二共識」的基礎上，儘早恢復兩會協商；兩岸應該「和解休兵」等演說內容時，還刻意放緩語速，配合連戰書寫速度。馬英九可能擔心演說稿提前外流，並未提供書面講稿，但又刻意指派蘇起「到府說明」，應是爲尊重政治前輩與保密所採取的權宜措施。

馬英九的就職演說稿此時已在趕印、裝訂的最後階段。蘇起在馬就職前夕，先後向蕭萬長、立法院長王金平、國民黨榮譽主席連戰、國民黨主席吳伯雄、內定海基會董事長江丙坤，當面彙報演說內容。這項宣達任務的背後，等同於馬英九向藍營大老宣告：今後馬政府的兩岸關係與大陸政策，將由蘇起扮演統籌決策角色。

由於定稿時間押後，最後階段才決定向藍營大老彙報，因此，蘇起臨時造訪連戰之後，還匆匆趕赴蕭萬長位於仁愛路芙蓉大廈的「兩岸共同市場基金會」、重慶南路立法院長官邸彙報；在聯繫江丙坤時，江正好在國民黨中央黨部，因時間緊迫，蘇起直奔中央黨部地下停車場，索性就在江的車上，直接向江彙報就職演說內容。

儘管馬英九謹愼處理與黨內大老的關係，但就職後首次提名的監察院長王建煊、副院長沈富雄，以及監委名單，因事前並未充分諮詢吳伯雄，也沒有明確告知黨中央，黨部與立院黨團即出現不少雜音，立院行使同意權時終於出現「逆流」，導致馬英九提出的監委名單遭致重挫，決策權威與統帥形象直接受到傷害。

二〇〇八年七月初，中國外交部長楊潔篪的胞弟、上海國際問題研究院院長楊潔勉率同該院港澳台研究所所長嚴安林等幕僚低調訪台。他們不但遍訪馬政府的國安幕僚，還與馬政府國安系統的決策智庫：遠景基金會、亞太和平基金會進行閉門會議，廣泛探訪馬政府對台灣參與國際組織與國際活動的政策動向。

這批涉台幕僚訪台是接受中國外交部政策研究部門的委託，赴台探訪馬政府的政策意向，尤其，有關台灣參與國際組織活動的議題，正是二〇〇五年四月間，國共兩黨舉行「連胡會談」所達成五項共同願景的重要共識之一，中國外交當局基於落實共同願景的考量，派遣楊潔勉等人赴台「摸底」，以探測馬政府的虛實。

上海訪客下榻敦化北路台塑大樓後方的小型商務旅館。據涉台幕僚透露，中方外交當局已在評估馬政府高層參與APEC領袖峰會事宜，對方明確告知，馬英九總統、蕭萬長副總統或行政院長劉兆玄出席的機率微乎其微。但涉台幕僚暗示：「馬英九如果提名連戰擔任APEC領袖代表，連戰成行的可能性應該很高。」

由於李登輝、陳水扁曾有意提名前行政院副院長徐立德、前副總統李元簇出席APEC峰會，但都遭到北京強烈杯葛；馬英九執政後，北京對卸任副總統參與峰會，似已不再杯葛，主要因連戰與胡錦濤舉行過會談，兩岸新形勢也讓北京作法較爲彈性。因此，涉台幕僚意有所指：「馬英九如果提連戰，北京應該不會積極反對！」

不過，涉台幕僚對台灣新政局歸納爲「三個想不到」：想不到馬政府的執政權威如此脆弱（監委提名名單無法全數過關）；想不到台灣的經濟如此低迷；想不到台灣對藉由陸客來台刺激經濟增長有過度期待。涉台幕僚預言，如果馬政府施政不彰，爲轉移民怨，未來外交作爲恐將更趨強勢，「那將是兩岸關係的警訊！」

根據「維基解密」披露美國駐上海領事館於二〇〇八年九月間，從上海發回美國國務院的機密電文，駐上海領事館曾訪問了復旦大學美國研究中心主任沈丁立、上海國際問題研究院港澳台研究所所長嚴安林等學者。從時間點來看，美方駐滬官員在涉台幕僚回到大陸後即安排會晤，可見美方對兩岸外交對話進程的關注。

根據美國駐上海領事館的機密電文披露：上海學者認爲，台灣領導人馬英九並不是眞的很在乎台灣的外交空間，但馬還是必須要向台灣民眾證明他努力提升台灣的國際地位，上海學者對台灣外交前景都表示不看好。電文並未明確提到這是那位學者的意見，僅引述是「the academics」的意見，可能是學者的普遍觀點。

低調陪同楊潔勉訪台的嚴安林，曾是海協會前會長汪道涵信任的幕僚群成員。根據美方機密電文，嚴安林曾向美國駐上海領事官員透露，他雖然看好馬英九的潛力，但他認爲馬無法像台灣歷任總統一樣強勢。嚴安林說：「雖然馬是國民黨內最有影響力的人物，但與其說他是政治領袖，還不如說他是政治界的搖滾巨星。」

馬英九政府上台初期，基於兩岸交流合作大局的政策考量，北京當局對馬英九政府提出的兩岸經貿交流議題、開放政策項目，幾乎都是「有求必應，來者不拒」，即使在馬英九就職總統前未經協商就已對外宣示的周末包機「首發團」、大陸觀光客來台旅遊的開放時程，北京當局完全不打折扣，充分配合並陸續加以兌現。

據熟悉馬政府黨政關係演進的人士分析，馬英九在提名監委名單受挫後，人事權遭到黨部的消極掣肘，立院黨團的政策指揮權也明顯失控，因親信幕僚獻策必須緊抓黨權，終於讓馬英九認眞思考如何落實「黨政合一」，即考慮兼任黨主席的問題，這也使得馬英九與黨內大老之間的權力分際，反覆呈現緊張互動氣氛。

馬英九有意兼任黨主席，有相當因素是針對黨務主管的紀律而來的。國共兩黨建立常態化聯繫機制以來，部分黨務高層負責向台商籌募政治獻金，讓一向有潔癖的馬英九存有戒心；同時，部分黨務主管因紀律鬆懈，缺乏嚴肅的工作意識，黨中央的重大決議，對岸經常在第一時間就已充分掌握，這讓馬英九相當在意。

馬政府執政初期，國安團隊運作除了整合黨政權力、調和馬與黨內大老的互動關係，最爲棘手的問題，則是國安體系的部會協調與業務聯繫。其中，導致馬與藍營政黨領袖難以同心的導火線，則是馬堅持任命獨派的賴幸媛擔任主委，連國安核心幕僚都說，賴既沒有能力承擔決策重擔，更無法發揮統籌協調的決策角色。

在劉內閣匆匆改組，吳敦義籌組新閣之際，馬英九簽署政務副首長人事任命時，唯獨對陸委會三位副主委的任命案，留中不發。政壇議論紛紛。因劉德勳、傅棟成、趙建民，依憲政體制與政院慣例，已隨劉內閣總辭。吳內閣成立之際，三位副主委究竟是留任或卸任，府院「祕而不宣」，新聞界即出現各種臆測報導。

有關處理大陸捐贈八八水災善款，在吳內閣成立之際，亟需透過陸委會持續推動，但陸委會人事未能如期拍板，流言四起。據陸委會幕僚透露，賴幸媛當時剛獲留任，就接獲國安會告知，主管法政的劉德勳、主管經貿的傅棟成將無法留任。這無疑是馬政府國安高層對賴幸媛施政表現並不完全信任的「警告訊號」。

其實，以蘇起爲核心的馬政府國安會，對賴幸媛的總體表現，一直存在著批評的聲音。蘇起在卸任國安會祕書長後回憶說，二〇〇八年四月間，他在獲派爲國安會祕書長不久，有一天，馬英九當面告知：將任命前台聯立委賴幸媛爲陸委會主委。與馬相識數十年的蘇起曾當面表達反對意見，並對馬直言「難以理解」。

面對剛提名的蘇起表達反對，並力陳政黨再輪替，新政府亟需開展新局之際，並不適合任命政治理念不同者擔任陸委會主委，以免決策過程產生矛盾，或相互掣肘，然而，馬對賴幸媛的這項布局，自我感覺良好，依然堅持任命。據蘇起回憶，馬英九當時還說：「我就知道你會反對！但我已經決定，不用再討論了！」

馬政府的國安團隊，不僅蘇起對「賴幸媛任命案」難以理解，其他藍營政黨領袖，包括連戰、吳伯雄、王金平、江丙坤，在新政府即將展現大交流、大發展之際，馬英九何以出此「怪招」，堅持重用獨派的賴幸媛，百思不得其解。這批輔選有功的藍營大老，不是「震驚」，就是「驚愕」，完全不解「馬英九想幹什麼」。

當媒體披露賴幸媛出線時，江丙坤正在廣東考察台商投資區，連戰則剛應邀前往北京，準備爲京奧運動公園的楊英風雕塑剪綵；他們對賴幸媛如何獲得馬的青睞，或馬英九的眞正考量爲何，完全處於錯愕狀態。這時，他們更加篤定地驚覺到：馬英九在當選後的大陸政策思維，與他們的基本認知恐怕愈來愈疏離了。

馬英九曾公開辯解說：「我們希望透過賴委員的任命，有效整合我們內部的意見，擴大社會的共識基礎，希望未來能減少內部的爭議。如果在國內吵擾不休，沒有辦法跟對方談判。我想我煞費苦心，目的就是希望能凝聚國內的共識。反對的朋友們希望多想想，像賴委員這麼認眞的立委，已這麼明確表達她認同馬蕭的兩岸政策，我覺得我們應該至少給她一段時間，看她的表現如何。」

馬英九這著「險棋」，還沒有發揮戰略層次的政治效應，就遭到投票支持馬英九的藍軍選民痛罵不已。多位輔選有功的國民黨立委辦公室抗議電話不斷，激動的基層黨員甚至要求馬英九退黨，或呼籲馬英九取消賴幸媛的人事案，否則將號召黨員走上街頭，焚燒國民黨黨證、退出國民黨。

選前拚命打扁，全力爲馬助選的立委邱毅更痛批，賴幸媛人事案根本是頭腦不清，「好像在回教徒面前吃豬肉！」這是不尊重回教信仰的褻瀆，馬對人事案的執拗性格，也是對支持者的「另類褻瀆」。邱毅說：「這不是黑臉、白臉問題，賴幸媛是深綠、墨綠，找她擔任陸委會主委，無異是代表『李登輝路線』的復辟！這不是把兩岸和解氣氛都破壞了嗎？」邱毅與賴幸媛，應屬廣義的執政團隊，但彼此對政策的認知，南轅北轍，價值觀念更全然對立，如何營造執政績效？

敗選的民進黨人，對馬英九的怪棋，反應複雜，有祝福、也有嘲諷。冷眼旁觀的前陸委會主委陳明通說：「馬選擇賴幸媛，必然有其戰略思維！」民進黨團幹事長賴清德則說，賴幸媛接掌陸委會、江丙坤接掌海基會，這是奇怪的布局。馬蕭主張兩岸共同市場，卻找理念不相同的賴幸媛接任陸委會，顯然是「矛盾的組合」。

馬英九「煞費苦心」的陸委會人事布局，藍營質疑，綠營嘲諷，並沒有得到普遍認同，也無法擴大社會共識的基礎。馬英九始終就沒有說出堅持任命賴幸媛的考量所在，由於馬在各方都無法理解與認同的情況下，堅持這著「怪棋」，埋下了馬政府國安團隊日後與藍營政黨、政治元老之間，產生連串矛盾與紛爭的根源。

根據「維基解密」披露美國在台協會（AIT）台北辦事處長楊甦棣於二〇〇八年五月與十月間的機密電文顯示，李登輝在會見楊甦棣時曾透露，當馬徵詢他對任命賴幸媛接任陸委會主委的意見時，他曾反問馬的眞正用意，馬聲稱因擔心國民黨對推進兩岸關係操之過急，任命賴幸媛就是希望陸委會發揮「踩煞車」作用。

賴幸媛曾透過「臉書」表明，當初接獲任命，她也不敢相信自己的耳朵。她說，她很樂意接受挑戰，但她對外界可能蜂擁而至、對她個人色彩的誤解，將會造成新政府的困擾，曾感到猶豫不決。當時李登輝曾勉勵：「妳若接下陸委會主委，將會受盡攻擊，但妳一定要爲國家去做，去挺過來，因爲這工作太重要了！」

賴幸媛與國安團隊的磨合，在兩岸簽署ECFA後，曾出現突發狀況，險些讓馬政府的經貿戰略布局破局。由於簽署ECFA是馬英九最重要的競選政見，也是台灣尋求與各國商簽FTA的重要基礎，因此，當兩岸於二〇一〇年六月廿九日在重慶簽署協議後，大陸國台辦主任王毅在會見江丙坤時，祭出「合情合理對待，務實妥善處理」十二字，表達大陸看待台灣尋求各國商簽FTA的基本態度。

王毅強調：「大陸對台灣基於經濟發展的需要與其他國家建立經濟關係是可以理解的。」王毅稍後在接受記者訪談時更直言：「台灣與外國簽署FTA，因涉及台灣國際活動空間等複雜敏感問題，尤其，所有與大陸建交的國家都承諾奉行一個中國政策，這是兩岸都必須客觀面對的國際現實。」王毅的潛台詞是：即使台灣要與各國商簽FTA，關鍵仍在於必須與大陸共同「找到現實可行之道」。

然而，就在兩會剛簽署ECFA，有關協議生效程序與早收清單的配套措施仍在研議之際，八月四日，賴幸媛應邀在美國華府「美國企業研究院」（AEI）演講時強調，大陸在兩岸關係發展過程必須放棄對台動武的法律思維，並應撤除在沿海部署的飛彈。有關賴要求中共「撤飛彈、廢除反分裂法」的消息見報後，中共中央透過國共高層管道，對賴的談話表達強烈抗議，並要求馬政府作出說明與澄清。

賴幸媛在華府的發言，其實並無新意，只是顯露馬政府國安團隊的總體攻略缺乏整體規畫與細膩分工。賴在華府演說，正值協議剛簽之際，意外挑起中共軍方與對台部門的決策矛盾，更讓北京認爲這是馬的「兩手策略」。據國民黨幕僚透露，北京傳來的強烈抗議，應是二〇〇五年以來，從未出現過的激烈用詞。爲鞏固ECFA談判成果，馬政府隨即透過國共兩黨管道加以說明、澄清，避

二○○九年十一月十四日，兩岸退役將領在台聚會。

左下：來台出席學術會議的中共中央黨校前任常務副校長鄭必堅。
右下：廈大台研院院長劉國深。

免節外生枝。

另一方面，陳雲林稍後在澳洲訪問並接受新華社專訪時強調：「兩岸關係仍然存在一些不穩定、不確定的因素。台獨分裂勢力不斷地阻撓和破壞兩岸和平發展的大好局面。」這項具有針對性的談話，也被視爲是對賴幸媛在華府談話的回應。「馬政府近來刻意強調『異』，不求『同』的談話，讓人聽起來很刺耳！」一位正在香港訪問的大陸涉台學者，對馬政府處理對美軍購、賴幸媛要求撤飛彈等談話，就認爲馬政府的政策基調似已出現微調，大陸的相關反應即屬必要。

賴幸媛在華府的部分發言，讓北京聽到感覺「很刺耳」，馬團隊或許有人覺得有其必要，但國安體系也擔心如果談話基調失控，破壞建構兩岸經貿合作架構的大局，那後果恐怕是得不償失的。其實，北京並不是沒聽過這類「異見」，但在ECFA剛簽署，協議都還沒生效，後續商品貿易與服務貿易的談判才準備啓動，賴幸媛就遠赴華府「放炮」，讓主張加強經貿合作的涉台官員感覺「五味雜陳」。

賴幸媛四年來在國安體系的角色與作用，活像是學馬英九說話的「鸚鵡」。馬英九註冊「臉書」（facebook），賴幸媛有樣學樣，馬上跟著註冊臉書；馬英九說以後不再稱「中國」，要改稱「大陸」或「大陸地區」，賴幸媛也立馬跟上，還在臉書發出兩段沒頭沒尾的新聞稿，照搬馬英九的說法，讓收到新聞稿的中外記者，莫名所以，摸不著頭緒。完全不像是政府機構發布的權威性、系統化的政策談話。

更有甚者，在馬英九、吳敦義下令各部會停止以公預算進行廣告、或置入性行銷前，陸委會正是各部會執行置入性行銷的主力。陸委會曾與多家媒體合作，以「有償廣告」安排專訪主委，或以置入行銷預算，確保陸委會常態新聞得以在指定版面「露出」。陸委會雖非唯一做過置入行銷的部會，但以其業務性質，只要表現專業化的政策論述能力，不用耗費民脂民膏，同樣可以得到媒體的重視與報導。

賴幸媛一九八五年在英國就讀Sussex大學博士班時，曾前往中國田野調查，對兩岸分治的現實、兩岸史觀的差異，應有一定程度的理解。不過，二〇〇九年，當她在接待中共中央黨校前常務副校長鄭必堅與出席「兩岸一甲子」學術會議的大陸退休外交官與退役將領時，賴幸媛正面評價一九四九年中共領導的那場革命的史觀論述，卻讓陪同的主辦單位與退休外交官，處境尷尬。據一位後來轉任國安部門的與會者回憶，獨派背景的賴幸媛在共產黨人面前所表達的史觀，當時著實讓他感到意外。

依據馬英九對國安團隊的人事規劃，在八八災後調整內閣之際，蘇起曾試圖藉由劉內閣人事調整的機會，順勢建議馬應撤換賴幸媛。尤其，蘇起對賴幸媛處理海陸兩會的談判授權運作、陸委會與國親政黨的協調聯繫、陸委會與立法院朝野黨團的政策溝通、陸委會與各部會商談業務的橫向聯繫，都未能充分展現陸委會應有的政務作爲，導致諸多政策的協調溝通不良，最後都得依賴國安會出面善後。

然而，馬英九「保賴」的堅定態度，卻引發國安部門「藉機整頓」陸委會其他幾位副主委的意外發展。期間，積極從事兩岸交流事務的國民黨立委有人向國安會告狀，要求撤換主管法政業務的劉德勳，罪狀是劉的配合度低，對國共兩黨取得的政策共識，表現推諉的消極態度；海基會的會務主管也經常曾向馬政府高層抱怨，指責主管經貿業務的傅棟成「很難協調」、壟斷決策資訊、把持決策資源。

馬政府在接獲各方對陸委會的抱怨聲浪中，有的還指涉統籌兩岸經貿談判的傅棟成，在綠色政府執政期間，備受陸委會主委蔡英文的信任，這也成爲傅棟成必須去職的理由。賴幸媛由於自顧不暇，無法確保其他副主委的人事安排。最後，馬英九親自核定，撤換受到蕭萬長倚重的傅棟成。多年來，在藍綠政府執政時期，實質主控兩岸經貿談判的傅棟成，政務官生涯即斷送在馬政府國安團隊手裡。

據一位長期參與大陸事務的資深官員說，馬政府在大陸政策的戰略布局與理論架構，應是近廿年來最爲務實可行，並最具有可操作性的施政方針，但令人困惑的是，陸委會人事的布局、國安體系的橫向聯繫，以至與藍營政黨之間的互動，卻是相互扞格、矛盾不斷的組合。這位資深官員就形容說：「馬英九執政的前兩年，國安體系的工作，幾乎都是在處理政府、政黨與退休政治人物之間的紛爭！」

藍營高層將馬英九的勝選歸因於「五老」的功勞：老天、老美、老共、老婆、老闆（企業界老闆挺馬）。馬英九在謝票之餘，曾在官邸閉門省思未來四年的執政之道。馬英九、周美青夫婦在春節期間，並依序邀請連戰家族、吳伯雄家族、郝柏村家族在總統官邸聚餐。馬英九在請益黨內大老，完成陳冲內閣布局之後，卻因國安團隊與外交、經貿、農政部門的決策評估粗糙，宣布即將有條件「開放美國牛肉進口」，讓老馬準備建構歷史定位的第二個任期就在「美牛風暴」侵襲之際揭開序幕！

女人想當家：小英的女總統之夢

二〇一二年，一月十四日。晚間九時，中選會的開票統計初步揭曉，馬英九總統領先民進黨主席蔡英文將近八十萬票，篤定連任。電視轉播剛播完馬英九冒著風雨在競選總部前的演說；同一時間，在新北市板橋的蔡英文競選總部前廣場，聚集著數以千計的支持者，在滂沱冬雨的悲傷氣氛中，等候蔡英文現身發表演說。

蔡英文遲遲未現身，因她先在總部舉行中外記者會：承認敗選，並宣布辭卸民進黨主席職務。隨後，由競選團隊陪同出現在淒風苦雨的選情之夜，面對依然悲情力挺的眾多支持者。蔡英文以堅毅、感性的口吻，對台下眾多哭泣的選民，發表了令人頗為動容的敗選演說。蔡英文在風雨中，帶著溫情語氣訴說著：

我們承認敗選，也願意接受台灣人民所做的決定。很多支持者聽我這樣講或許會覺得心碎，我們還是要恭喜馬總統。希望他在往後四年，要傾聽人民的聲音，要用心執政，要公平的照顧每一個人民，千萬不要辜負人民的期待。

……

四年前，我們曾經是這麼的絕望，我們所要挑戰的山頂，曾經被認爲是遙不可及。但是，我們咬著牙，整個黨團結在一起，在這四年，一步一步的往前走。這一次，我們已經接近山頂，我們還差一哩路。

……

台灣不能沒有反對的聲音，台灣不能沒有制衡的力量。未來這四年，雖然我們沒有辦法以執政者的角色，來實踐我們的理想；但是，這並不代表，在野就沒有力量。只要大家繼續給我們支持，給我們鞭策，我們一定還有未來！下一次，我們一定可以走完最後一哩路！

蔡英文感嘆總統大選「還差一哩路」的敗選心情，和二〇一〇年底她臨時宣布參選新北市長落敗，有著相當雷同的心情感受。雖然蔡英文那次敗於朱立倫，她和民進黨都認爲是連勝文遭到槍擊的意外結局，不過，新北市長選舉落敗，蔡英文並沒有懷憂，更沒有喪志，反而爲她參選總統激發出巨大能量。

「五都選舉結果，蔡英文應是最大贏家！」台灣各家新聞台的衛星直播不斷刷新朱立倫與蔡英文的得票數，二〇一〇年台灣五都選舉結果剛剛揭曉，遠在兩千公里外的北京涉台策士們，對台灣藍綠新版圖已瞧出端倪，對民進黨權力生態與台灣總統大選情勢的變化，也出現了全新的評估與預判。

五都選舉的開票之夜，留守北京駐地。掌握五都選舉結果後，對涉台官員與學者進行第一時間訪談，探測北京對台灣政局變化的反應。社科院台研所所長余克禮在電話訪談時，對落選新北市長，但順利完成選戰攻略的蔡英文卻「另眼看待」。余克禮當時就篤定地預判：「蔡英文已取得代表民進黨參選二〇一二年大選的有利地位！」

北京對曾任陸委會主委的蔡英文並不陌生，但對「扁後時期」臨危受命接掌民進黨主席，並帶領黨內派系攻城掠地，打贏數場小規模選戰，讓民進黨人氣從谷底迅速爬升的蔡英文，則刮目相看。尤其，五都一役，民進黨雖然輸了席位，但贏了選票，「小英路線」的柔性策略，讓北京看到截然不同的民進黨形象。

盯著台灣各新聞台衛星直播的選舉開票，幾位具有代表性的北京、上海、廈門的涉台研究學者，對國民黨與民進黨在五都選後的政治版圖，基本維持三比二的選舉結果，並沒有喜悅的感覺，反而都有沉重的預感：民進黨已確定走出扁案谷底，蔡英文的聲望，勢將對爭取連任的馬英九構成致命威脅。

儘管大陸涉台研究智庫，對台灣五都選舉與總統大選能否畫上等號，各有不同的評估，但北京涉台策士們一致研判：只要蔡英文獲得提名，「小英路線」成爲民進黨的主流路線，該黨的中國政策論述，勢必會在選戰後期出現「戰術性的結構調整」，最少在政見宣傳策略上，將呈現完全迥異於過去民進黨的選舉廣告。

在兩岸政治舞台上，北京的涉台策士首次看到蔡英文的身影，是在一九九八年十月間，蔡英文以海基會代表團團員身分在京滬兩地參與兩會的「辜汪會晤」。大陸海協會主管人員回憶說：「當時只看到她在記者會擔任辜先生的英文翻譯，誰也沒有想到，她會成爲民進黨主席，居然還能代表民進黨爭逐大位！」

從五都選戰初期，民進黨一度主打反對兩岸簽訂ECFA，以至選戰後期，蔡英文曾調整爲「民進黨如果重新執政，會延續前朝兩岸政策」等等曖昧說法，更顯露聲勢扶搖直上的蔡英文，試圖修正黨內激進路線的變化軌跡。同樣的，蔡英文對敏感議題所採取的反覆調整，也成爲其政治勁敵拿來批判、攻擊的話題。

從歷次選舉的總體情勢來看，要撼動藍綠政治板塊的基本盤，確屬不易，對於二〇一二年大選的決勝點：中間選民的挪移，民進黨關鍵的「贏的策略」，唯有憑藉務實與理性的中國政策。不過，蔡英文雖然已站上有利戰鬥位置，但北京涉台策士觀望的是：「小英路線」能否眞正走出民進黨激化統獨、族群對立的老路？

以台灣五都選舉結果爲例，國民黨基本守住北二都與大台中，民進黨則更深化在南二都的領先幅度。大陸對台智庫的重要學者就認爲，五都選舉不必然與台灣的總統大選畫上等號，但從選舉過程的攻防得知，推動兩岸合作雙贏已成爲大勢所趨，有意爭逐大位的藍綠候選人，勢必都要提出更符合台灣民眾需求的兩岸政策。

「從藍綠得票結果來看，台灣的選民結構，已出現不利於國民黨的關鍵變化，國民黨如未能扭轉，任其發展，對國民黨的執政地位將是空前危機。」余克禮當時就預判：「五都選舉的戰績，讓蔡英文成爲最大贏家，她帶領民進黨走出扁下台後的谷底，黨內地位已無人可以取代，這將有利於她代表民進黨角逐大位！」

廈門大學台灣研究院院長劉國深則認爲，五都選票雖有消長，但藍綠基本維持平盤。民進黨選前曾預估三比二，甚至還預期五都會有機會「全壘打」，這顯然是過度的「自我膨風」。民進黨在南二都雖勝選，但陳菊最終得票數只是上屆高市與高縣民進黨得票總和。五都選舉與台灣總統大選，兩者沒有必然的關連性。

「小英路線」讓涉台學者對解讀台灣選局，更趨務實與多元，並有面對再次變天的「思想準備」。劉國深就說，兩岸因素對台灣選舉的影響已愈來愈小，民進黨對統獨不敢大肆炒作，就兩岸和平發展來看是好事，顯示合作雙贏已成為大勢所趨。他說：「大陸愈來愈不在乎誰當選，就表示兩岸關係的發展愈來愈正常！」

中共涉台學者對蔡英文聲勢看漲所表露出來的複雜反應，基本分為兩類心態：有的是故作鎮定狀，靜觀其變，等台灣朝野政黨競選搭檔組成之後，再行評估，再做因應規劃與建言；有的則憂心對台工作，二〇一二年恐將再度出現四年一度的「怪圈」現象，就是已有民進黨捲土重來，並可能重新執政的心理準備。

一九二一年創黨的中國共產黨，在發動人民革命與鬥爭廿八年之後，在一九四九年終於打敗國民黨，建立新中國。但中共可能無法理解，加入民進黨只有七年的蔡英文，竟能成為獨派政黨提名的總統候選人，並對尋求連任的馬英九構成威脅。

民進黨前主席許信良在五都選後曾訪問北京，並與涉台官員、研究學者晤談。我邀老許在金融街Westin酒店見面，請教他對選後民進黨情勢的研析。許信良強調，經歷五都選舉，民進黨對二〇一二年大選已重新懷抱期待，但是，民進黨若要贏得總統大選，必須積極與中共開展對話，並應理性務實地處理兩岸政策。

許信良分析說，在民進黨內有可能成為總統候選人的天王之中，包括曾敗給馬英九的謝長廷、蘇貞昌，黨主席蔡英文應是唯一可能獲得中間選民支持的民進黨總統候選人；民進黨領導階層應清楚地認識到，民進黨如果不能爭取到中產階級、經濟選民的支持，民進黨根本不可能贏得二〇一二年的總統大選。

許信良曾告別民進黨，二○○八年支持「謝蘇配」，再度回到民進黨。許信良說，民進黨總統候選人將陷入獨派制約或制訂理性兩岸政策的「困境」，而蔡是《兩國論》推手，又曾是經貿談判幕僚，基本教義派很難質疑她，既可爭取到中間選民的信賴，又能掌握獨派票源，她是最有條件突破綠營選票「困境」的人。

許信良並說，藍綠選民基本是六比四格局，五都雖呈現「藍消綠長」，說明國民黨流失不少選票，也反映傳統藍綠結構出現鬆動和不穩的微妙變化。如國民黨無法扭轉「板塊移動」逆流，總統大選就會面臨危機；「經貿牌」雖是馬英九的強項，但基層民眾如果仍感受不到經濟增長的好處，大選時可能會轉而支持民進黨。

不過，長年研究選民結構變遷的許信良說，民進黨在五都雖贏國民黨卅多萬票，但以歷次總統大選的八成投票率來看，仍有一五○萬的中產階級、經濟選民沒有出來投票，這些選民認為五都是地方選舉與他們的權益無關。如果蔡英文無法務實處理兩岸政策，「這一五○萬的經濟選民出來，民進黨還是會輸！」

蔡英文的從政歷程，涵蓋一九八○年代的政府談判幕僚，以至政黨輪替後的陸委會主委。國民黨執政期間，蔡英文曾是李登輝倚重的經貿談判顧問、國安幕僚；民進黨執政期間，則是陸委會主委、行政院副院長。推動兩岸小三通、開放陸媒記者駐台等政策，對近年兩岸較量歷程的決策參與，在民進黨內，無出其右。

蔡英文如何從藍轉綠？因她早期只是隱身幕後的談判顧問，並非政務首長，也不是媒體聚焦的政治人物，外界無從窺知。在政黨輪替前，她的角色是為李登輝籌謀獻策，擘畫研議法案或專案研究。其中，蔡英文曾負責起草陸委會委託的《港澳條例草案》，以及主持李登輝交辦的「強化中華民國在台灣主權地位的研究」。

一九九三年四月至十二月，蔡英文、楊光華、黃立、翁松燃共同主持陸委會委託的「研擬《港澳關係條例草案》」研究計畫。主持港澳條例初稿起草工作，應是她參與政治性法案的重要轉折。《港澳條例草案》納入「國家統一前」序言，是依據《憲法增修條文》而來，蔡英文主持的研究計畫並未排斥「國家統一前」用語。

不過，從《港澳條例草案》在立法技術層面所設定的原則，包括採委任立法，以因應港澳情勢的不確定性；因應台港澳關係在九七、九九後在國際組織間的會員關係，將國際多邊協定或國際組織之下會員間權利義務關係的規範納入條例，避免將來條例內相關規定的效力遭受質疑；設有情勢變遷條款，授權行政機關得機動停止條例的適用；這些政策風險的立法管控原則，處處展現蔡英文擅長的政策評估、風險管理、國家安全網機制的建構等決策模式。

蔡英文曾參與「特殊兩國論」的理論建構，則是李登輝主政期間最具爭議的國安決策。二○○○年政黨輪替，藍下綠上。原任諮詢委員的蔡英文，接受陳水扁徵召接任陸委會主委。她在會見新聞界時說：「過去一段時間以來，因爲『兩國論』的說法遭致很多誤解，並被與台獨劃上等號，新政府今後將不會再提『兩國論』！」

蔡英文的外交辭令，顯示她對政治並不陌生。隨著政務官職的升遷，蔡英文的政治歷練漸趨成熟。李登輝卸任總統前幾天，在總統府走廊巧遇蔡英文，他把蔡英文叫進辦公室，疑惑地問道：「妳怎會這樣說呢？」蔡英文連忙以撒嬌口吻向李登輝解釋道：「您都已經講過了，新政府就不用再提『兩國論』了嘛！」

李登輝執政期間，蔡英文既是參與國安決策的幕僚，還能與黨外領袖康寧祥獲得老李委派參與一九九八年十月上海「辜汪會晤」，證明李登輝對獨派意識濃厚的蔡英文，確有提攜之恩。蔡英文曾回憶說，她在國安會任職時，有次休假陪同母親前往新加坡旅遊，但她們剛到新加坡，就接獲國安會急電告知：「總統緊急召見」。

蔡英文隨即中斷行程，匆忙趕回台灣。蔡英文說，李總統後來獲知她是陪媽媽前往新加坡渡假被電召回來，覺得不好意思，就對她說：「我可以請妳媽媽來官邸吃飯嗎？」蔡英文覺得機會難得，即刻詢問李總統：「我爸爸可以一起來嗎？」李登輝當然表示歡迎。從李蔡互動模式可見，蔡英文深受李登輝的提攜與關照。

參與建構「兩國論」，後來成爲蔡英文從政歷程的「光榮戰役」。但在扁政府成立之初，她在答覆立委質詢「兩國論」的決策背景時，曾拋出耐人尋味的曖昧說法：「如果是我寫的，我會承認；如果不是，我不會掠人之美。」她在答詢過程，字斟句酌，口齒伶俐，思維細膩的律師性格，與陳水扁的律師特質，相互輝映。

思路敏捷的蔡英文，面對藍營立委咄咄逼人，曾比喻說：「兩國論，就像飆車一樣。飆車，是爲了讓車子記住它的極速；兩國論，也是要讓台灣民眾熟悉兩岸政治定位的極大限度。」李登輝當年飆「兩國論」，顯然就是要讓台灣人民深刻體會兩岸定位的極大限度。然而，掌舵者卻忽略做好風險管控與安全防護的重要性。

李登輝當年倡議「兩國論」，不僅讓辜汪台北會晤破局、美中台三邊關係陷入緊張狀態，最後演變成台海動盪的分水嶺。套一句蘇起的說法，這項非典型的政策論述，「台北的朋友（華府）與敵人（北京）都生氣了」。李登輝當年急切地想追求歷史地位，對「兩國論」議題的莽撞操作，終於導致兩岸關係的惡化。

美國總統柯林頓於一九九八年在上海宣布對台「新三不政策」，俄羅斯總統葉爾辛宣布「四不支持」。為防堵台灣主權地位遭到北京「大國外交」的制約與壓縮，李登輝即指示蔡英文、張榮豐，與林碧炤等人，祕密邀集近廿位學者，研擬因應方案。李登輝並指示殷宗文操控的「奉天專案」，資助該小組所需的研究經費。

蔡英文作為專案研究計畫的主持人，一九九九年五月間，該小組即已完成「強化中華民國台灣作為主權獨立國家地位」的專案報告，當年五月廿八日，蔡英文、張榮豐，與總統府副祕書長林碧炤，率同參與研究的幕僚群，在國安會向祕書長殷宗文彙報研究成果，殷宗文在聽取報告後，對小組提出的政策評估與修憲、修法的建議表示贊同，當場做出「九點指示」，並要求幕僚準備向李登輝彙報。

國安會向李登輝提出研究成果彙報後，蔡英文並曾向陸委會主委蘇起、外交部長胡志強說明研究結論。李登輝兩派國安幕僚的理念，從此走向分歧。該項研究結論建議：應減少使用「一個中國」、「兩岸統一」等詞彙；逐步「弱化」《國統綱領》在兩岸關係的地位；研議以跨世紀《兩岸關係綱領》，取代《國家統一綱領》。

蔡英文主導的研究結論建議，為避免使用「一個中國」，讓我國陷入法律與政治論述的困境，應通令全面停用：「一個中國是中華民國」、「一個中國、各自表述」、「一國兩區」、「一國兩府」、「一個國家兩個對等政治實體」、「台灣是中國的一部分、大陸也是中國一部分」等概念；並建議今後在陳述國家主權立場時，不必再提及《波茨坦宣言》與《開羅宣言》等歷史性的國際協議。

對兩岸在外交領域的零和競賽，專案小組建議，在必要時採取決斷措施：「承認中華人民共和國的國家主權」。由於台灣對中國的外交承認，可能挑釁兩岸主權分治的敏感議題，外交部長胡志強曾提醒「不宜採取過激的外交措施」。然而，研究結論剛進行溝通整合之際，李登輝已迫不及待拋出「特殊的國與國關係」。

蔡英文的「政治語言」隨著職務調整而產生變化，國安幕僚時期的隱性，與陸委會主委時期的顯性，就呈現截然不同的樣態。二〇〇〇年六月十六日，政黨輪替仍未滿月，蔡英文在會見美國前國防部長裴利（William J. Perry）時，對美方智庫學者藍普頓（David M. Lampton）詢問北京擔憂民進黨執政後，陸委會例行民調中認同「我是台灣人」的比例上升，是否可能激化兩岸對立情緒。

剛接掌陸委會的蔡英文就坦率地向裴利強調，有關台灣民眾的文化認同，各級學校的教材都有中國文學等文化課程，在社會化過程，台灣民眾被教育自己是中國人、研習中國文化，大陸無須對文化認同感大作文章。蔡英文並告知美國訪客，有關「我是台灣人」認同比例變化的民調，在她上任後已不再公布，以減少爭議。

裴利是著名預防性防禦理論的教授，他特別推介「預防性外交」理念。曾經歷台海危機決策的裴利說：「透過外交避免衝突，遠比事後派遣航空母艦更為重要。」他並舉美方化解一九九四年朝鮮半島軍事危機，說明「預防性外交」在處理區域衝突的實證經驗，極力向負責民進黨中國政策的「綠朝新貴」推銷此一理念。

裴利在會見過程並透露兩年前（一九九八年）中共總書記江澤民曾請他在訪台時，向李登輝總統轉達北京有意恢復會談的訊息，後來辜汪對話也順利於一九九八年十月在上海舉行，辜振甫也曾在北京會見江澤民。蔡英文當時還是海基會代表團成員，裴利認為蔡英文對當時兩岸情勢的起起落落，應有充分的理解。

裴利並表明係以平民身分訪問兩岸，期待透過「二軌外交」了解兩岸看法。他說，政黨輪替之際，應是恢復對話的適當時機，他建議陳水扁政府：兩岸應基於「一九九二年對話之精神」（refer to the spirit of 1992）開展對話。至於一九九二年的談判文件或往來函件如何定義，裴利建議應暫時擱置，他相信扁政府也想恢復兩岸對話。

蔡英文則說，「九二年對話之精神」立意良善，兩岸也都認爲應坐下來談，但因北京運用其國力及高分貝對「一個中國」賦予政治意涵，台灣因受到侷限，無法在國際充分說明台灣對一中的詮釋，對台灣極爲不利。陳總統已表達意願共同處理未來一中的問題，這應已表達足夠善意，台灣仍將設法處理「九二共識」問題，但絕非接受中共所提的一中原則，而是找出雙方都可接受的方式。

對裴利提出復談建議，蔡英文表達了民進黨政府對裴利所提以「九二精神」促請復談建議方案的憂慮。她說：「民進黨政府雖然可以考慮表達『九二年對話之精神』，中國卻可能曲解稱爲『一個中國之精神』。」她回絕了裴利「九二精神」的建議，也等同於阻絕民進黨在二〇〇〇年開啓兩岸「希望之窗」的契機。

蔡英文對扁政府的大陸政策所以擁有相當的決策影響力，主要就在於蔡英文對李登輝政府移交的政策，具有民進黨人所沒有的「詮釋能力」。在裴利離台後，陳水扁在記者會上曾以「沒有共識的共識」（agree to disagree），解讀了兩會在香港會談對一中原則的處理過程，「如果要說有共識，那就是『沒有共識的共識』。」

被視爲扁政府國安決策「鐵三角」：國安會祕書長邱義仁、陸委會主委蔡英文，以及總統府機要室主任馬永成，經過會商，擔心外界解讀爲扁政府已準備「概括承受」舊政府（蔡英文習慣用語）的「九二共識」，蔡英文因擔心政策空間受到國共兩黨舊有政治框架的侷限，緊急會見陳水扁，極力主張應再妥適研議修正。

邱義仁與蔡英文反覆斟酌提出新的論述文案，在向陳水扁彙報並獲認可後，六月廿八日，國安幕僚對陳水扁就職以來的各種反覆說法重新定調。蔡英文在陸委會發表了民進黨政府對如何理解「一個中國，各自表述」的政策聲明：

我們必須再次澄清所謂「一個中國，各自表述」在我方認知的意涵爲：一九九二年十二月，兩岸互派代表在香港舉行會談時，雙方曾針對如何解決「一個中國」問題進行具體討論，但無法獲致任何結論，因此，我方建議以「口頭上各自表述」的方式，暫時擱置此一爭議，中共稍後也致電我方，表示「尊重並接受我方的建議」。這就是對於「一個中國」問題的爭議，兩岸願意以「口頭各自表述」來處理，各說各話最終成爲兩岸共識的實際過程。所謂的「一個中國、各自表述」，就是我方描述此一過程的用語。

依據蔡英文的決策性格，與其對語意學的執著態度，她所說的「所謂的『一個中國，各自表述』，就是我方描述此一過程的用語」，絕對不等同於民進黨已接受「一個中國，各自表述」的用語，兩種語境的表達是不相同的。這種拗口的政策論述，說穿了，就是不願表態是否接受「九二共識」，除了持續深化朝野政黨之間的意識論辯，毫無政策溝通的實用價值，一般民眾更是難以理解。

蔡英文有一回在陸委會記者室透露，她父親蔡潔生每天都看《中國時報》，對兩岸議題相當

上：擔任陸委會主委時的蔡英文與作者合影。
下：陸委會主委蔡英文在馬祖離島接駁船上。

關注，因朝野爭論「九二共識」，有天她父親突然問道：「什麼是九二共識？到底有沒有九二共識？」她花了不少時間把兩會香港會談經過、電傳往來函件，詳細解說，但蔡英文笑稱，她父親聽完後，「似懂非懂，還是一臉茫茫然的表情」。

在扁政府時代，蔡英文扮演了國安決策核心的政務角色。她負責扁政府中國政策的執行，並主導兩岸法律體系的修正。在四年主委任期，蔡英文最受矚目的功能，就是在陳水扁祭出「台灣中國，一邊一國」的兩岸定位新論述，被美國布希政府與華府智庫視爲「麻煩製造者」後，蔡英文全程扮演了「麻煩善後者」的角色。

作爲陸委會主委，但當時仍未加入民進黨的蔡英文，並未參與陳水扁召集的「官邸善後會議」，蔡英文指派首席特任副主委陳明通代表出席。當天與會的黨政首長包括：行政院長游錫堃、總統府祕書長陳師孟、國安會祕書長邱義仁、中央黨部祕書長張俊雄、中國事務部主任陳忠信，以及扁最親信的幕僚：馬永成與林錦昌。

陳水扁祭出「一邊一國」，關鍵觸動點在於兼任黨主席之日，北京宣布與諾魯建交，加以北京抵制「大膽談話」所致。據出席「官邸會議」的首長轉述，陳水扁曾以誇張手勢，配合激昂語氣說道：「別人拿著槍頂著頭，我還可以忍受；現在水都淹到鼻子了，我還不能吭氣嗎？中共既然最怕公投，我們就要來搞公投！」

玉山官邸會議，其實就是危機善後處理會議。針對「一邊一國」論述即將引爆美中台互動危機，決策會議必須擬定善後措施與應變作爲，始能逐步化解。「一邊一國」出檯四十八小時後，八月五日，上午十時。蔡英文在陸委會召開臨時中外記者會，並代表陳水扁政府針對兩岸政策的基本立場，宣讀四點聲明：

一、大陸政策主軸沒有改變，以陳總統就職演說及其後重要政策宣示為主要內涵；

二、兩岸經貿政策將會持續推展。目前已將「戒急用忍」政策調整爲「積極開放，有效管理」，也將間接經貿改爲直接往來，並開放直接通匯；

三、政府追求建構穩定、有建設性的兩岸互動關係未變；

四、對於我方的善意，大陸並沒有具體明顯回應，並持續在外交上打壓我們的活動空間；在軍事上強調不放棄武力犯台，並大幅強化對台軍事部署。這些都是不友善的舉措。

扁政府國安幕僚善後處理「一邊一國」，重點在於加強台美溝通，並以「危機變轉機，轉機變契機」作爲指導戰略，緩和華府對扁政府的不信任，尋求美方對扁政府處理兩岸議題的理解。蔡英文作爲「麻煩善後者」，就像救火隊一樣，奉命前往華府「滅火」，會見美國國務院副國務卿阿米塔吉（Richard Armitage）、華府國安官員與決策智庫，澄清並解釋扁政府既定的中國政策立場。

據蔡英文事後轉述，阿米塔吉直接坦率地對扁提出「台灣中國，一邊一國」的論述，表達高度關切，但阿米塔吉並非質疑扁不能發表這類論述，他充分理解台灣民選總統的特質。但對於扁政府並未事前知會，即拋出敏感論述，爲美中台互動帶來緊張，進而影響區域的穩定發展，美方曾再次表達樂見兩岸儘速復談的既定立場。

蔡英文則澄清：阿扁所說的「一邊一國」只是對兩岸現狀的事實陳述，並不代表中國政策將有調整；阿扁所說「走自己的路」，意指要走民主之路、自由之路、人權之路、和平之路，並非要走台獨之路；至於「公投立法」，僅止於呼籲「認眞思考公民投票立法的重要性和迫切性」，並無意即刻在立院推動公投立法。

蔡英文為爭議論述赴美溝通前後，已兩度藉由出席僑界活動之便訪問華府。二〇〇二年十一月，雙方在華府曾就中美峰會「布江會談」、錢其琛倡議「兩岸航線」定位論，以及中共十六大等交換意見。被華府智庫形容為「聽懂美方講的話」的蔡英文，成為陳水扁執政期間，扁政府與華府高層政策對話的「指定窗口」。陸委會與美國AIT之間也建立資深官員定期溝通機制。

當蔡英文還在華府期間，外界質疑她趕赴華府向美方澄清、解釋，儼然「負荊請罪」，有媒體指稱蔡在會晤阿米塔吉時，曾代表扁政府向美方提及「歉意」、「惋惜」云云。據陸委會官員說，蔡在看到剪報後怒不可遏，緊急指示陸委會聯絡處澄清。陸委會官員當晚隨即針對部分媒體駐華府記者發出的報導提出澄清。

兩國交涉，作為談判代表，最怕被指摘出賣國家利益；蔡英文在華府看到媒體評論的憤怒，自可想見。據陪同蔡英文參與會晤的前駐美代表程建人回憶，蔡英文與阿米塔吉的談話氣氛還不錯，雖有不同見解，但溝通非常友善。蔡英文在華府溝通過程最尷尬的，應是會見美國副總統錢尼辦公室亞洲安全顧問葉望輝（Stephen Yates）。

程建人回憶說，葉望輝對民進黨政府是很友善的，也支持台灣民主化議題，但葉望輝在會見蔡英文時，嚴厲地批評阿扁貿然提出「台灣中國，一邊一國」，對當時布希政府的兩岸政策造成困擾，也使得華府對台灣的支持受到干擾。葉望輝還說，布希總統、錢尼副總統本來很支持台灣的，但這個事件之後，已經大受影響！

二〇〇七年四月十五日，葉望輝在應邀來台出席國際研討會時透露，陳水扁挑起的「一邊一國」事件，使得布希對陳水扁的成見極深，並持續至今。他形容說，以布希的脾氣，對某人印象一旦形成，就極難改變，陳水扁已被劃歸爲不利對象；狀況一再重演，對華盛頓往後針對台灣的作爲有很大影響。

阿扁的「一邊一國」，猶如「烽火策略」的濫觴，但還沒燒到北京，就先惹火小布希。葉望輝說：「二〇〇二年八月，布希政府正在籌謀出兵伊拉克，考慮透過聯合國安理會作成決議，以取得出兵伊拉克的正當性，中國態度十分重要。但陳水扁拋出一邊一國，美國政府是經由媒體，而不是經由外交途徑得知，十分震驚。」

二〇一一年二月廿三日，蔡英文爲布局參與總統大選，成立民進黨智庫。蔡英文對台灣發展與中國的關係，主張應從台灣認同出發，兩岸必須維持「和而不同，和而求同」。民進黨處理中國問題，不能像國共兩黨，侷限在兩岸結構或陷入歷史框架，更不能被政治前提壓縮處理兩岸問題的空間。處理兩岸議題必須要有國際戰略思考，如果只有在兩岸議題上打轉，無法根本解決台灣與中國的問題。

蔡英文認爲，台海現狀是國際權力結構和東亞近代歷史演變的結果，必須要把台灣放在國際結構，才能拉出必要的戰略縱深。兩岸議題要考量全球與區域戰略的平衡，要和亞洲各國站在一起，台灣應該以國際多邊體系做爲與中國互動的架構，才不會像馬政府陷入中國鎖定的框框裡，以政治退讓，交換經濟利益。

她並批評，國民黨走的是「和而要統，和而必統」路線，因爲馬政府執政三年，不管在政治、經濟、外交施政都以中國認同、中國價值爲核心。她認爲，台灣與中國彼此不同，在歷史記憶、信仰價值、政治制度、社會認同都不一樣；但台灣與中國有共同的責任和利益，就是追求和平穩定的關係，掌握繁榮發展契機。

蔡英文的「和而不同，和而求同」，雖不見民進黨慣用的台獨論調，但「一邊一國」的論述，與扁政府並無二致。只是曾負責草擬港澳條例，在陸委會主委任內還曾主導修改兩岸條例的蔡英文，還是使用傳統二分法，攻擊使用同一部法律的馬政府是親中政權，卻未能理性提出何謂「陷入中國設定的框框裡」的法理論述。

蔡英文的「和而不同」，其實質意涵與國共兩黨的「各自表述」有多大區別，從有限的論述確是不易論斷。同時，倡議「和而求同」，與國共之間「求同存異」之說，又存在多少本質差異，從蔡英文的詮釋與民進黨策士們的補充解讀，仍難以對蔡英文的政策思維做出實質判定。誠如北京學者所言，八字箴言只是因應黨內初選的「選舉語言」。

八字箴言是迴避意識形態的論述用語，改以抽象辭彙處理複雜敏感的兩岸政策，這是有脈絡可循的，與扁政府「積極開放，有效管理」的經貿政策，異曲同工。因此，涉台學者對「和而不同」的眞正潛台詞，究竟是隱性的「兩國論」，或柔性包裝的「一邊一國論」，甚或是進階版的「和平台獨」，各有評析，仁智互見。

蔡英文在宣布參與黨內初選時說：「我們要作自己的主人，要爲這塊土地付出。不能讓公平與正義遠離，人民期待著新政治、新社會與新經濟。新世代的力量正在興起，我們要走一條不一樣的路。我聽見了台灣的聲音，我也聽到了人民的聲音。讓我們把下一個世代的能量找出來，把未來的責任扛起來，把台灣一起贏回來！」

經過幾輪電視辯論會之後，民進黨展開「對比式全民調」，即以參選黨內初選者蔡英文、蘇貞昌、許信良，分別與馬英九進行對比式民意調查，取其領先馬英九較爲多數者爲勝選。二〇一一年四月廿七日，民進黨公布黨內初選候選人「對比式全民調」的結果，蔡英文僅以些微領先，獲得民進黨提名角逐總統大位。

蔡英文從台灣史上第一位女性反對黨主席，躋身成爲第一位女性總統候選人，競選期間還打出「第一位女總統」的宣傳訴求！十三年前，隨同辜振甫訪問京滬，論資排輩只能敬陪末座的蔡英文，十三年後，搖身一變，成爲最耀眼的女性總統候選人。儘管未能如願成爲「第一位女總統」，但參選過程已締造多項歷史紀錄。

二〇一一年三月底，李光耀由女兒李瑋玲陪同訪台，除會見馬英九、蕭萬長、連戰、吳伯雄，還會見蔡英文、蘇貞昌。據政府高層首長轉述，李光耀曾提及他對民進黨精英的評價。李光耀與民進黨人晤談後的印象是「蘇貞昌務實、理性，很想有一番作爲；蔡英文則對攸關兩岸政策的重要問題，始終不願表達明確態度。」

更早之前，二〇〇〇年五月廿日，台灣首度政黨輪替。當年九月，李光耀首度應綠色政府之邀訪台，住進桃園大溪鴻禧山莊的「寰鼎別館」。當時擔任陸委會主委的蔡英文，就曾兩度與國安會幕僚、陸委會官員，聯袂前往大溪密訪李光耀，並就民進黨上台後的兩岸政局與亞太政經形勢，向李光耀請益因應之道。

李光耀面對民進黨主管國安事務與兩岸政策的核心官員，曾剴切地問道：「民進黨政府如何看待未來十年至廿年，台灣與中國之間的政經關係？」據蔡英文事後轉述說，他們曾坦率相告，台灣政黨生態相當複雜，新政府連近期情勢會如何演變，有時都難以掌握，對未來十年或廿年兩岸關係發展，確實仍未具體思考。

據稱，李光耀聞言，難以置信地說道：「你們負責中國政策的決策官員，怎能不去思考未來十年至廿年的兩岸關係呢？這是攸關你們下一代子孫生存發展的重要問題啊！」當年，民進黨並沒有做好執政準備，就匆促登上歷史舞台，在台灣藍綠惡鬥，政黨對立的複雜政治生態裡，根本不可能有長期的政策布局。

蔡英文雖曾累積局部選戰的勝利，重新凝聚渙散的民氣，並對馬英九構成極大威脅，但最終還是敗選收場。李光耀當年對民進黨的諍諍之言，正擊中民進黨中國政策的要害，點出民進黨缺乏長程戰略思維的罩門，這也是蔡英文在敗選後必須務實面對、民進黨必須嚴肅思考，攸關二〇一六年能否爭取執政的「關鍵之鑰」！

第 2 章

兩岸新形勢

麥田春雪：胡錦濤的二〇〇八

二〇〇八年，對中國大陸的歷史來說，這是榮耀與動亂交錯，天災與人禍交織，民族危機與國家崛起並行的年代；對兩岸關係的發展而言，這是雨過天青、否極泰來，兩岸猿聲啼不住，輕舟已過萬重山的歷史新局。回顧這一年驚濤駭浪的中國政局與戲劇轉折的兩岸新形勢，就不得不從二〇〇八年的第一場春雪談起。

二〇〇八年的第一場春雪，誰都沒有想到，最後竟演變發展成爲近代中國五十年不遇，甚至百年不遇的一場特大凍雨冰雪災難！南中國前所未見的罕見暴雪，像是幽靈瘟神，預示著拉薩暴亂、汶川大地震、毒奶事件的發生，但這場春雪也揭開了二〇〇八年兩岸關係復甦、北京舉辦奧運、神舟太空人升空等重大歷史進程。

一月中旬。中國江淮大地，氣溫驟降，寒氣逼人，南方各省迎來新年的第一場春雪。任誰都沒有想到，這場原來可能是瑞雪兆豐年、細雪輕飄的「春之雪」，竟是二〇〇八年動盪中國的「神祕序曲」。剛行使台灣公民權利，投完立委選舉選票，趕往北京駐點採訪的「北漂一族」，得以及時見證連串動盪的歷史場景。

二〇〇八年一月十二日，台灣立委選舉投票日。同一天，正在安徽考察的中共總書記、國家主席、中央軍委主席胡錦濤，和左右護法——中共中央辦公廳主任令計畫、中共中央政策研究室主任王滬寧，由黨政軍高層陪同，在安徽展開春節前的視察、調研工作。祖籍安徽績溪的胡錦濤，在接掌黨政軍大位之後，並未刻意安排家鄉的考察，但這趟安徽之行，卻是他思考如何開展「後胡錦濤時代」第二個五年任期的關鍵行程。

根據大陸隨行記者的描述，總書記的龐大車隊，在途經安徽阜南縣考察途中，胡錦濤在鄉間麥田停車。跨出車門，踏著春雪，走進了一處覆蓋著層層薄雪的小麥田。穿著深色風衣夾克的胡錦濤，在黨政官員簇擁陪同下，健步地踩進麥田，蹲了下來，隨手掬起一把冰淨澄澈的雪水，還頻頻詢問地方官員，這場春寒小雪對今年小麥長勢會有什麼影響？

瑞雪兆豐年，原是中國傳統官場期待的政治氣象。安徽老家迎來的第一場春雪，對準備跨越「〇八魔咒」的胡錦濤來說，應該更期待它是風調雨順、國泰民安的徵兆。尤其，一月十二日夜裡，胡錦濤在安徽駐地聽取中共中央幕僚彙報台灣立委選舉結果，國民黨贏得歷史性的大勝，擁有立法院絕對多數的席位，得以掌控重大政策立法動向，相信胡錦濤在老家的春雪之夜，心情應是暖呼呼、溫馨的。

不幸的是，安徽的這場春雪，並非瑞雪，而是後來演變成爲中國近百年來特大冰雪風暴的災難前兆。這一場歷史性的特大冰凍暴雪災情，就是從一月中旬開始，從江淮大地逐步擴散蔓延至南中國各省、市、自治區，以至冰封整個中國的半壁江山，爲中國開啓了二〇〇八年天災人禍不斷、悲劇喜劇交錯輝映的時代序幕。

胡錦濤這次回到安徽家鄉，心情的感觸應是更爲特別的，尤其，在二〇〇七年秋爲了中共十七大的人事布局，胡雖位居總書記，理應「全盤掌控」，但他對中共第五代接班梯隊的規劃，在最後關頭出現戲劇化的轉折，他極力扶植的共青團新世代李克強，突遭上海幫、太子黨，解放軍系統的「聯手叫板*」，最後將接班順位拱手讓給了習近平，這對胡錦濤而言，雖不是權力危機，卻是執政以來的重大挫折。

與其說，胡錦濤這次回安徽老家視察調研是尋求政治溫暖，不如說，此行是在思索如何突破執政瓶頸，並籌謀策劃「後胡錦濤時代」的各項施政重點，而當時快速演變的台灣新政局，正是胡錦濤思圖重振領導權威的關鍵切入點。尤其，從二〇〇五年四月以來，胡錦濤主導開展的兩岸政黨交流，已奠定有利的發展基礎。

在台灣立委選舉前夕，胡錦濤視察安徽，探訪工農群眾，行程並沒有特別之處，但胡錦濤在安徽調研期間，專程檢閱解放軍南京軍區空軍部隊，並接見駐安徽合肥部隊師級以上幹部，「一手抓軍務，一手抓政務」，面對未來台海情勢所需的軍政任務，做好軟硬兩手準備，才是這位共黨總書記最核心、最深層的決策思維。

據《解放軍報》一月十六日的報導，胡錦濤一月十一日至十三日，在空軍司令員許其亮、空軍政治委員鄧昌友、南京軍區司令員趙克石、政治委員陳國令等人陪同，冒雨前往空軍某部考察，並會見駐合肥部隊師以上幹部。胡錦濤以中央軍委主席身分視察，對台軍事部署與政策言論，自然格外受到矚目。

《解放軍報》形容說：「十一日上午，胡錦濤一到安徽，就冒雨驅車一個半小時來到空軍某部。官兵們精神抖擻地列隊在戰機前。胡錦濤頂著凜冽的寒風，踏著積水，健步走到飛機前，與機務人員親切握手，看望列隊在戰機前的官兵，向大家致以親切的問候。隨後，胡錦濤來到一座寬敞明亮的飛機機庫，察看各型空軍裝備。勉勵飛行員要刻苦訓練，掌握技能，爲祖國和軍隊創造新的業績。」

在國民黨贏得立院絕對多數席次之際，胡錦濤對南京軍區部隊的講話，透露中共對台海新情勢，將有新的決策思考。胡錦濤說：「今年是全面貫徹落實黨的十七大作出的戰略部署的第一年，也是推進軍隊建設和軍事鬥爭準備的重要一年。希望部隊認眞抓好用中國特色社會主義理論體系武裝官兵的工作，切實打牢部隊高舉旗幟、聽黨指揮、履行使命的思想政治基礎。要扎實做好軍事鬥爭準備！」

「做好軍事鬥爭準備！」是中共幾代領導人處理台灣問題從未放棄過的立場，在民進黨執政時期，總書記兼軍委主席胡錦濤「聽黨指揮」的號令，格外受到矚目；但是「兩手抓」：一手軟，一手硬，則是胡錦濤執政以來處理兩岸問題的特有風格。尤其，胡錦濤自二〇〇五年主導開啓兩岸政黨交流以來，實踐新時期對台工作的目標，完全寄希望於二〇〇八年台灣內部的兩次重要選舉：立法委員選舉、總統大選。惟有期望國民黨贏得兩項選舉，始能創造開啓兩岸新局的有利條件。

「北京因素」經常成爲台灣選舉過程中，被獨派政黨與候選人拿來炒作的題材。爲避免淪爲台灣選戰的政治題材，從二〇〇七年下半年，即台灣兩項選舉進入白熱化階段，中共當局即通令涉台研究機構、學者專家，禁止他們接受媒體訪問談台灣選舉，也不得署名對台灣選情發表評論，並不得舉辦有關台灣選舉的兩岸座談會。沉潛低調，靜觀其變，就是擔心橫生枝節，破壞可能出現的兩

註：「叫板」爲京劇術語，引伸爲對抗、挑戰。

岸契機。

同時，基於中美開展「建設性合作關係」的需要，胡錦濤在推進兩岸關係的布局上，對於和美方的溝通，採取比江澤民時代更為積極的合作態度。為因應漸趨成熟的兩岸新形勢，胡錦濤既與國民黨維繫密切交流，並與美國布希政府保持密切對話；在台灣立委選舉前一個多月，二〇〇七年十二月六日，胡錦濤與布希電話會談時，對處理涉台問題，再次確認彼此的立場：

胡錦濤說：「妥善處理台灣問題是確保中美關係穩定健康發展的關鍵。台灣當局正變本加厲地推行『入聯公投』等台獨分裂活動，對台海和平穩定構成嚴重威脅和挑戰。堅決反對和制止台獨，維護台海和平穩定，符合中美共同戰略利益。」

布希則回應說：「美中關係很重要，美方高度重視。美中戰略經濟對話和美中戰略對話是雙方開展合作的成功平台，希望對話取得更多進展。同時，美方將同中方在台灣問題上保持合作。」

二〇〇八年元旦，兩岸關係邁入關鍵轉折期。胡錦濤在全國政協新年茶話會發表講話時，對台灣問題重申「和平統一、一國兩制」的基本方針和「江八點」主張，他並宣示「四個決不」：堅持一個中國原則決不動搖，爭取和平統一的努力決不放棄，貫徹寄希望於台灣人民的方針決不改變，反對台獨分裂活動決不妥協。牢牢把握兩岸關係和平發展的主題，真誠為兩岸同胞謀福祉、為台海地區謀和平。

雖然北京對國民黨贏得立委選舉，對兩岸關係發展樂觀期待，但對三月間的總統大選，仍存有疑慮，解放軍對台軍事動向即保持「高度戒備」狀態。二月廿日，中央軍委副主席徐才厚在北京「八一大樓」會見美軍前參謀聯席會議副主席歐文斯率領的退役將領訪問團時，特別對陳水扁政府與美國布希政府發出警告訊號：「陳水扁瘋狂推動『入聯公投』等台獨分裂活動，嚴重威脅著台海地區的和平穩定與中美共同利益。中方讚賞布希總統和美國政府多次表示堅持『一個中國』政策的立場，希望美方認清陳水扁的台獨本質及其冒險性，停止美台官方和軍事往來，停止售台武器，不向台灣當局發出錯誤信號！」

二月廿六日，胡錦濤在北京會見美國國務卿萊斯時說：「中方始終從長遠角度和戰略高度把握兩國關係，妥善處理彼此重大利益關切，特別是慎重處理台灣問題，堅決遏制台獨分裂勢力的冒險行徑，維護台海及亞太和平穩定，確保中美建設性合作關係持續穩定發展。」萊斯則對即將舉行投票的台灣大選表態：「美方在台灣當局推動的入聯公投多次表明立場，認爲入聯公投不應舉行。」

三月四日，距離總統大選仍有十八天，全國政協、全國人大開幕。胡錦濤藉由參加全國政協十一屆一次會議民革、台盟、台聯「聯組會」的場合，闡述了他對新時期開展對台工作，發展兩岸關係的新思維。這項談話後來成爲二〇〇八年指導中共對台工作與開展兩岸各項交流的重要指導思想，胡錦濤的論述包括：

> 台灣問題事關祖國完全統一，事關國家核心利益。實現兩岸關係和平發展，基礎是堅持一個中國原則，目的是爲兩岸同胞謀福祉，途徑是深化互利雙贏的交流合作。我們要繼續推動兩岸直接三通，也要繼續努力爭取恢復和進行兩岸協商談判。
>
> 台灣任何政黨，只要承認兩岸同屬一個中國，我們都願意同他們交流對話、協商談判。談

判的地位是平等的，議題是開放的，什麼問題都可以談。我們期待，兩岸雙方共同努力、創造條件，在一個中國原則的基礎上協商正式結束兩岸敵對狀態，達成和平協定，構建兩岸關係和平發展框架，開創兩岸關係和平發展新局面。

我們要最廣泛地團結台灣同胞，團結的人越多越好。對於那些曾經對台獨抱有幻想、主張過台獨，甚至從事過台獨活動的人，也要努力爭取團結，只要他們回到促進兩岸關係和平發展的正確道路上來，我們都將熱情歡迎，以誠相待。

大陸和台灣同屬一個中國，中國是兩岸同胞的共同家園。任何涉及中國主權和領土完整的問題，必須由包括台灣同胞在內的全中國人民共同決定。我們絕不允許台獨分裂勢力以任何名義任何方式把台灣從祖國分割出去。

三月廿二日，總統大選結果揭曉，馬英九、蕭萬長當選新一屆中華民國總統、副總統。國民黨贏得立委選舉之後，再次贏得總統大選，宣告台灣出現第二度「政黨輪替」，國民黨政府即將重新執政。儘管大選前一周，西藏驚爆「三一四拉薩事件」，但對亟欲突破兩岸僵局的胡錦濤來說，他所期待的兩岸新形勢已然出現！

就在民進黨支持者陷入哀傷谷底，國民黨支持者慶祝奪回執政權的第四天，胡錦濤藉由新一輪「布胡電話會談」的機會，公開倡議兩岸將在「九二共識」基礎上恢復商談的重大政策訊號。胡錦濤透過中美元首電話會談拋出兩岸復談訊息，既在爭取布希政府理解，也蘊涵著北京藉機要求美方必須減少對台軍售的外交意圖。

「九二共識」是蘇起對一九九二年香港會談所歸納的創見，其實，體現「一個中國，各自表述」精神的「九二共識」，北京初期並未接受，但經過民進黨執政八年的磨合，基於開展兩岸新局的現實需要，北京從二〇〇五年即改採彈性策略，接受這項用語，更在馬英九當選總統之後，由胡錦濤親自拍板，準備在「九二共識」的政治基礎上，推進一連串因應兩岸新形勢的突破性作為。

據中共涉台幕僚回憶，胡錦濤與布希在電話會談的談話，是北京開啓兩岸互動新局的「起手式」。隨後，接受「副總統當選人」蕭萬長以基金會董事長身分出席博鰲論壇年會、再邀國民黨榮譽主席連戰訪問北京、與國民黨主席吳伯雄舉行兩岸執政黨會談，邀請江丙坤訪京，舉行首次「江陳會談」，都是早已規劃完成的方案。

參與中共對台決策規劃的一位核心幕僚，在回顧二〇〇八年兩岸新形勢快速演進的發展歷程，曾意有所指地透露：「其實，中共中央當時還提出了更多兩岸交流交往的具體建議，只是馬政府仍未回應而已！」至於中共出招，國民黨仍未接招的「建議」為何？這名核心幕僚語帶保留地說：「目前還不到公開的階段。」

胡錦濤全盤主導的對台工作布局，並非全然順利，過程波折不斷：南方特大冰凍災情、三一四拉薩騷亂、五一二大地震，都曾干擾既定布局。國民黨榮譽主席吳伯雄就回憶說：「兩黨會談雖已敲定，但發生五一二大地震後，中共中央還是發來兩黨會談邀請，我曾詢問對方，發生重大災難，各地忙於救災，如果延期舉行，我們可以理解，但對方堅定地回應：救災固然重要，兩岸、兩黨關係的開展也很重要！」

中共中央當時還宣布：汶川大地震「頭七」之日起三天，訂為中國的「國殤日」，全中國為大地震死難的平民百姓降半旗致哀。為接續採訪隨之而來國共「吳胡會談」，在中國「國殤日」的最後一天，我從四川災區趕回北京，拍下了天安門廣場五星紅旗降半旗的歷史畫面，數以萬計的北京市民，在廣場守候到五星紅旗緩緩降下爲止。夜幕低垂，激動的北京市民，嘶啞地高喊：「四川雄起！中國加油！」

五月廿八日，下午一時，經過層層安檢，冗長等候，終於進入大會堂「迎賓廳」，中共中央與國台辦官員反覆提醒：「總書記會見吳伯雄主席的過程，不接受訪問，現場記者不可以提問，請遵守配合。」下午三時，胡錦濤率領中共中央主管，歡迎吳伯雄率領的國民黨代表團。這一天，是馬英九在台北就職總統的第九天，「吳胡會談」成爲國共兩黨同爲執政黨之後的首次領袖高峰會。

從國共兩黨的會談歷史進程來看，二〇〇八年五月的「吳胡會談」，應是一九四九年共產黨建立新中國，兩岸分裂分治六十年之後，兩岸執政黨的首次會談（二〇〇五年四月，連戰訪問北京時，民進黨是執政黨，國民黨是在野黨）。「吳胡會談」達成的政策共識與開展交流的建議，隨即成爲兩岸執政當局施政的政策目標。

剛從災區回到北京的胡錦濤，首先對台灣民眾給予災區慷慨援助的愛心和善舉表達衷心感謝。胡錦濤說，吳主席首次以國民黨主席身分率團來訪，這是新形勢下國共兩黨關係和兩岸關係的大事。兩岸關係發展面臨著難得的歷史機遇，希望兩岸共同努力，「建立互信、擱置爭議、求同存異、共創雙贏」。吳伯雄則回應，兩岸關係撥雲見日、雨過天青、建立互信、創新合作的時刻已經來臨！

二〇〇八年結束前一個月，胡錦濤和連戰再度會面，但這回見面的場合，既不是在北京的「國共論壇」，也不是中南海瀛台的「夜宴」，而是遙遠的南美洲秘魯首都利馬：亞太經濟合作會議（APEC）非正式經濟領袖峰會的國際場域。連戰以中華民國總統馬英九任命的「領袖代表」身分，首次出席了APEC領袖峰會。

連戰曾任中華民國副總統，也同時兼具國民黨榮譽主席身分，這是台灣自一九九三年首度參與美國西雅圖APEC領袖會議以來，領袖代表層級最高的一次。當然，這場「連胡會」所以能順利舉行，美國布希政府的支持，胡錦濤主席的理解（最少沒有公開反對），以及兩岸互動新形勢的發展趨勢，都是促成的關鍵因素。

儘管北京對台灣參與國際事務開了一扇小窗，但對連戰出席利馬APEC峰會，以及胡錦濤會見連戰的新聞處理，中國官媒仍將會面視為兩岸、兩黨的交流，避談APEC場合，也不說是參與領袖峰會。因此，中台辦、國台辦主任王毅不但繞過半個地球，專程從北京飛往秘魯陪見，新華社也簡略地發出電訊：

【新華社利馬十一月廿一日電】中共中央總書記胡錦濤和夫人劉永清廿一日在利馬會見了中國國民黨榮譽主席連戰和夫人連方瑀。胡錦濤表示，連主席是我們的老朋友，今天老朋友再次見面，我感到格外高興。多年來，連主席為兩岸關係和平發展進行了不懈努力，作出了積極貢獻，我們對此高度評價。

胡錦濤指出，當前，兩岸關係已呈現良好發展局面。前不久，海協會代表團訪問台灣，同海基會共同簽定了兩岸空運、海運、郵政、食品安全四項協議，為兩岸同胞謀得實質性利益。這次訪問的成功，標誌著兩岸關係發展又掀開了新的一頁。這也表明，兩岸雙方加強交流合作是人心所向、大勢所趨。

連戰對同胡錦濤相見感到十分高興。這次會面象徵兩岸關係走向合作和發展。最近海基會和海協會簽署的四項協議在台灣受到大多數民眾歡迎。兩岸關係發展不僅是兩岸同胞之福，也爲世人所樂見。連戰贊成胡錦濤關於兩岸加強經濟交流合作、應對國際金融危機的看法，表示兩岸可以共同爲全球經濟發展作出貢獻。

二〇〇八年最後一天，北京人民大會堂。經歷罕見冰凍雪災、拉薩動亂事件、汶川大地震、北京奧運會，以及兩岸和平新局等連串事件的胡錦濤，「關關難過關關過」。在紀念《告台灣同胞書》卅周年座談會上，胡錦濤面對近千位各部委、涉台機構、研究學者，發表題爲「攜手推動兩岸關係和平發展．同心實現中華民族偉大復興」的重要講話，「胡六點」終於取代「江八點」成爲對台政策的指導綱領。

胡錦濤在攸關歷史定位的演說中強調：「兩岸關係歷經風雨坎坷，站在了新的歷史起點上。展望未來民族之光明發展前景，我們應該登高望遠、審時度勢，本著對歷史、對人民負責的態度，站在全民族發展的高度，以更遠大的目光、更豐富的智慧、更堅毅的勇氣、更務實的思路，認眞思考和務實解決兩岸關係發展的重大問題。」胡並對未來推動兩岸關係和平發展，歸納爲六點主張：

一、恪守一個中國，增進政治互信。維護國家主權和領土完整是國家核心利益。世界上只有一個中國，中國主權和領土完整不容分割。一九四九年以來，大陸和台灣儘管尚未統一，但不是中國領土和主權的分裂，而是上個世紀四〇年代中後期中國內戰遺留並延續的政治對立，這沒有改變大陸和台灣同屬一個中國的事實。兩岸復歸統一，不是主權和領土再造，而是結束政治對立。

二、推進經濟合作，促進共同發展。兩岸可以爲此簽定《綜合性經濟合作協議》，建立具

二〇〇八年十二月三十一日，胡錦濤發表胡六點。

有兩岸特色的經濟合作機制。建立更加緊密的兩岸經濟合作機制進程，有利於台灣經濟提升競爭力和擴大發展空間，有利於兩岸經濟共同發展，有利於探討兩岸經濟共同發展同亞太區域經濟合作機制相銜接的可行途徑。

三、弘揚中華文化，加強精神紐帶。中華文化在台灣根深葉茂，台灣文化豐富了中華文化內涵。台灣同胞愛鄉愛土的台灣意識不等於台獨意識。要加強兩岸青少年交流，不斷爲兩岸關係和平發展增添蓬勃活力。我們將繼續採取積極措施，包括願意協商兩岸文化教育交流協議。

四、加強人員往來，擴大各界交流。對於那些曾經主張過、從事過、追隨過台獨的人，我們也熱誠歡迎他們回到推動兩岸關係和平發展的正確方向上來。希望民進黨認清時勢，停止台獨分裂活動，不要再與全民族的共同意願背道而馳。只要民進黨改變台獨分裂立場，我們願意作出正面回應。

五、維護國家主權，協商涉外事務。兩岸在涉外事務中避免不必要的內耗，有利於增進中華民族整體利益。對於台灣參與國際組織活動問題，在不造成「兩個中國」、「一中一台」的前提下，可以通過兩岸務實協商作出合情合理安排。解決台灣問題、實現國家完全統一是中國內部事務，不受任何外國勢力干涉。

六、結束敵對狀態，達成和平協議。爲有利於兩岸協商談判、對彼此往來作出安排，兩岸可以就在國家尚未統一的特殊情況下的政治關係展開務實探討。爲有利於穩定台海局勢，減輕軍事安全顧慮，兩岸可以適時就軍事問題進行接觸交流，探討建立軍事安全互信機制問題。

「胡六點」出檯，中共對台政策換了全新版的指導綱領。走出人民大會堂，走向天安門廣場，面對著城樓上的毛澤東畫像，突然想起中共不同世代領導人的對台政策思維。從毛澤東的武力解放、砲擊金門；鄧小平的和平統一、一國兩制；江澤民的武力威嚇、火砲軍演；以至胡錦濤的先經後政、互利雙贏。不同世代，各有謀略與攻略，但中共歷代領導人有誰敢於放棄「實現完全統一」的歷史大夢啊？

經營博鰲：微笑老蕭的融冰之旅

二〇〇八年的第二次政黨輪替，藍上綠下，就像一齣兵疲馬困的「政治大戲」。選戰落幕第四天，激情已歸於平靜；馬蕭團隊忙著籌謀策畫，組建馬政府；扁呂團隊也忙著啓動碎紙機，夜以繼日地銷毀扁政府不願交接、交代的機密檔案。

台北市仁愛路三段一三六號，芙蓉大廈九〇一室。窗外雖然車水馬龍，熙來攘往，但「兩岸共同市場基金會」辦公室，氣氛肅靜，異常平和。寥寥可數的會務幕僚，各司其職，並沒有因爲董事長蕭萬長當選中華民國副總統，出現熱鬧景象。

「兩岸共同市場基金會」執行長洪讀，幾經斟酌用語之後，審愼地拿起話筒，按照馬蕭團隊內定的「國安幕僚」蘇起，與基金會顧問詹火生等人預先草擬的「劇本」，準備與位於北京的「博鰲亞洲論壇」祕書處項目經理韓秀梅電話聯繫。

洪讀與韓秀梅已是舊識，雙方近年來經常溝通聯繫博鰲論壇的會務、活動訊息。這一天，洪讀小心翼翼地在電話這一端探詢：「基金會董事長蕭萬長先生，計畫下個月中旬親自率團出席今年博鰲論壇的年會，現在還可辦理報名手續嗎？」

韓秀梅聽到洪讀傳遞的簡短訊息，明顯地意識到，這通電話不是例行的會務詢問，也理解到這不是博鰲亞洲論壇祕書處可以回答的問題。據稱，韓秀梅只是約略答稱：「這個問題，我們要向中央有關部門請示後，才能給基金會答覆。」

蕭萬長此時既是博鰲亞洲論壇在台灣唯一的團體會員：「兩岸共同市場基金會」的現任董事長，又是剛當選的「中華民國副總統當選人」。雙料政經身分，讓蕭萬長能否出席二〇〇八年博鰲論壇年會，意外地成爲中外輿論關注的新聞焦點。

時間回到二〇〇八年三月廿二日，「馬蕭配」高票當選中華民國總統、副總統。隔天上午，馬蕭兩人會面，馬英九談到他計畫在五二〇宣誓就職總統前，安排前往美國、日本、歐洲訪問，對美日等國際社會說明新政府的治國理念與大政方針。

蕭萬長就建議說，如果有機會的話，他是否也可規畫在就職前，尋找適當機會，以適當身分，前往中國大陸訪問。蕭萬長所提的「適當機會、適當身分」，其實，就是指預定當年四月中旬即將舉行的「博鰲亞洲論壇」二〇〇八年的年會。

祕書處設於北京的「博鰲亞洲論壇」是中國主導設立的區域性經貿平台，中國有意藉此與「亞太經濟合作組織」（APEC）較量的經貿論壇，每年三月或四月間，在中國海南的博鰲舉行年會，中國國家領導人則是每屆年會的主要演講貴賓。

蕭萬長向馬英九分析說，在二〇〇〇年政黨輪替後，他曾以兩岸共同市場基金會董事長身分多次訪問中國，並曾在論壇場合與中國領導人會面、晤談，北京對他倡議兩岸應建立「共同市場」的合作理念，愈來愈關注，也相當認同，如能突破重重障礙，在就職之前訪問大陸，他相信對馬英九安排訪問美日兩國，將有政策指標作用。

就在馬蕭研議出訪之際，三月廿六日晚間，北京、華府傳來中國國家主席胡錦濤與美國總統布希舉行「布胡電話會談」的重要訊息。胡錦濤向布希表明，將在「九二共識」的政治基礎上，恢復兩岸兩會的協商。馬蕭核心幕僚獲得訊息後，即刻展開部署，「蕭萬長能不能出席博鰲論壇？」即成為測試北京政策動向的指標。

中國外交部與官方通訊社「新華社」網站，當天（三月廿六日）同時都刊載了有關「胡錦濤主席同布希總統通電話」的新聞稿，其主要內容為：

胡錦濤表示，在「九二共識」的基礎上恢復兩岸協商談判是我們的一貫立場。我們期待兩岸共同努力、創造條件，在一個中國原則的基礎上，協商正式結束兩岸敵對狀態，達成和平協定，構建兩岸關係和平發展框架，開創兩岸關係和平發展新局面。

布胡電話會談後，美國國家安全顧問照例會向新聞界簡報。根據白宮國家安全顧問哈德利（Stephen Hadley）對華府記者進行的新聞簡報，他轉述了胡錦濤在電話中對布希所提以「九二共識」復談的說法，哈德利並對「九二共識」提出詮釋說，雙方雖然都承認「一個中國」，但雙方同意對一中的定義可以有所不同：

He said that it is China’s consistent stand that the Chinese mainland and Taiwan should restore consultation and talks on the basis of the 1992 consensus, which sees both sides recognize there is only one China, but agree to differ on its definitions.

除了發出中文電訊稿，最受到關注的是，新華社對外部同時發出了英文版電訊稿。Xinhua News電訊稿內容幾乎與哈德利在華府的英文簡報完全相同。據新華社內部透露，這篇出自資淺編輯的英文電訊稿，並未知會港台部資深編輯，對外部的年輕編輯對涉台新聞的敏感度，並不像港台部掌握比較精確，因此，在未經縝密審稿的情況下即發出英文電訊稿。

新華社是直屬中國國務院的國家通訊社，對總書記、國家主席、軍委主席、政治局常委、政治局委員、國務院總理、副總理級別以上領導人的談話，或涉外活動，通常都會以多語種對外發布。「布胡電話會談」的內容，在經由中央辦公廳、外交部幕僚確認後，就交由新華社對外發稿。

就在馬蕭團隊期待執政後儘速開啟兩岸復談之際，布胡電話會談的政策訊號，不啻是爲即將成立的馬政府帶來極大的利多訊息，馬政府內定的國安幕僚更將新華社英文版電訊稿視爲北京當局對「一個中國，各自表述」論述方案，出現重大轉變的政策訊號。

殊不知，英文電訊稿竟是新華社年輕編輯的「意外作品」，但涉台部門如同啞巴吃黃蓮，有口難言，電訊稿既出，既不能承認，又不好公開否認，潑馬團隊冷水，只能默默承受馬團隊的片面解讀。三年多以來，涉台幕僚對這句「but agree to differ on its definition」經常是「欲言又止，欲語還休」，就是不曾公開承認過。

在布胡電話會談倡議兩岸在「九二共識」基礎上復談的「底牌」掀開之後，隔天，馬英九、蕭萬長，以及蘇起等人再度聚集會商，並審慎評估中美兩國關係對兩岸復談可能產生的推進作用。馬蕭團隊即決定「借力使力，借勢造勢」，計畫把蕭萬長推向博鰲亞洲論壇，作爲馬政府成立前測試兩岸關係水溫的「試金石」。

預定四月中旬開幕的「博鰲亞洲論壇」年會，早已報名截止，新聞採訪申請也早就結束，「兩岸共同市場基金會」雖然決定組團前往，但原計畫是由基金會顧問詹火生率團與會。在獲知北京政策動向後，蕭萬長即依規劃指示詹火生、執行長洪讀與博鰲論壇祕書處緊急聯繫，探詢蕭萬長率團出席博鰲論壇的可能性。

就在洪讀執行長將馬蕭團隊試探性的意向傳遞給博鰲祕書處項目經理韓秀梅之後，第二天，北京就傳來讓馬蕭團隊備感振奮的訊息。韓秀梅透過電話回覆洪讀說：「我們非常歡迎蕭萬長董事長率團出席博鰲亞洲論壇，有關代表團補辦註冊，以及隨行記者申請採訪手續，沒有問題！」

蕭萬長這趟被稱為「兩岸融冰之旅」的特殊任務，由於臨時起意，決定時間過於倉促，代表團根本訂不到台北經香港轉往海口的機位。期間，更有幕僚建議最後可能只有包機赴會了，不過，由於包機費用的開銷過於龐大，蕭萬長堅持不宜訂包機，希望能向有關航空公司爭取到更多的機位，以利代表團集體行動。

就在訂位極不順暢之際，大陸國台辦聯絡局副局長李勇致電洪讀，幾經協調，最後敲定安排東方航空以類似「加班機」的營運模式，為台灣代表團加開班機從香港飛往海口，既可滿足代表團的需要，也有利於大陸對台部門在海口機場，安排蕭萬長與代表團團員直接從停機坪下機，給予高規格禮遇通關的接待作業。

代表團成員原來都是基金會的董監事，如張忠謀、辜成允、焦佑倫，但因此行蕭萬長還將會晤中共總書記、中國國家主席胡錦濤，基金會特別加邀蘇起（後來出任國安會祕書長）、陳添枝（後來出任經建會主委）、王郁琦（後來出任總統府發言人）隨行，參與「蕭胡會」的幕僚作業，並扮演策士、對外發言等角色。

二〇〇八年博鰲亞洲論壇年會所以受到各方矚目，主要是胡錦濤親自出席並發表演說，台灣的「候任副總統」蕭萬長得以率團與會更是眾所矚目的焦點。同時，在中國改革開放卅年之際，大會主題訂爲「綠色亞洲：在變革中實現共贏」，研討綠色能源政策、政府與企業的合作模式，加以受到美國次貸危機的衝擊，各方關切中國在金融改革與創新的作爲，使得本屆論壇更加受到重視。

四月十二日，歷史性的「蕭胡會」登場。蕭胡兩人以「先生」相稱，胡錦濤委託蕭萬長「請代我向馬先生問好，也向國民黨主席吳伯雄、榮譽主席連戰問好」。蕭萬長並逐一介紹代表團成員。當與張忠謀握手時，胡親切地問候：「好久沒看到您囉，您氣色很好哦！」當老蕭介紹蘇起時，胡頻頻說著：「我聽過這個名字！」胡可能還沒把「九二共識」與蘇起名字掛勾，否則，他可能會表現得更爲熱情。

當台泥董事長辜成允趨前與胡錦濤握手時，早年無緣與海基會前董事長辜振甫見面的胡錦濤特別感性地說道：「令尊雖然仙逝，但他老人家對兩岸關係和平發展的貢獻，是讓人深深懷念的！」辜成允握著胡錦濤的手當面回應說：「家父在天之靈，一定也會很高興！」

蕭胡坐定位後，作爲東道主，並主導這項峰會的胡錦濤說，很高興和「蕭先生」在博鰲見面，歡迎蕭先生參加論壇，兩岸經濟交流合作面臨歷史性機遇，當前兩岸經濟合作，需要雙方共同努力。他說：「藉這個機會，我願意和蕭先生就兩岸經濟交流合作問題交換意見，蕭先生您是這方面的專家，是不是請你先講？」

客隨主便，蕭萬長就說：「我是台灣經濟發展的一個老兵，深深感覺到台灣經濟發展跟亞洲經濟、世界經濟是離不開的，從兩岸經濟發展的歷程來看，廿幾年來，從無到有，這樣的進展顯示兩岸逐漸變得密不可分。事實證明，兩岸經濟發展，是兩岸人民共同的期待，可以改善人民的生活，也可以促進區域和平。」

胡錦濤接著強調：「當前，兩岸經濟交流合作面臨著重要的歷史性機遇，需要雙方共同努力，大力推進。在新的形勢下，我們將繼續推動兩岸經濟文化等各領域交流合作，繼續推動兩岸週末包機和大陸居民赴台旅遊的磋商，繼續關心台灣同胞福祉並切實維護台灣同胞的正當權益，繼續促進恢復兩岸協商談判。」

會見過程，胡並意有所指地說：「眾多海內外各界人士出席本次論壇年會，從一個側面反映了亞洲各國各地區加強交流、促進合作、尋求共贏的強烈願望，也給我們在新形勢下深入思考兩岸經濟交流合作提供了重要啓示。」胡錦濤此刻點出「新形勢」的歷史機遇，正是他在幕後主導推動博鰲「蕭胡會」的深層考量所在。

第六度率團出席博鰲論壇年會的蕭萬長則說：「兩岸經濟密不可分。長期以來，兩岸經貿關係發展發揮著穩定兩岸關係的正面作用。兩岸經濟交流與合作克服了種種不利因素取得進展，得來不易。現在是新的開始。希望儘快啓動兩岸週末包機，並實現大陸居民來台灣旅遊。希望能儘快恢復兩岸協商，以利交流與合作。」

蕭並說：「實現兩岸直航和經貿關係正常化是必走的路，而且代表著兩岸首次實現全面開放交流，具有長遠意義。政策要開放，態度要務實，步伐要穩健，兩岸經濟交流合作才能走得順，也才能爲兩岸創造更大利益。希望能**正視現實、開創未來，擱置爭議，追求雙贏**，爲兩岸關係開創互信、互諒、互助、互利的新時代。」

在蕭萬長代表馬政府傳達十六字箴言後，胡錦濤隨即回應：「早在卅年前，我們就主張開展兩岸經濟交流合作。自上世紀八〇年代，兩岸同胞隔絕狀態被打破以來，經過廿年的發展，兩岸經濟交流合作取得了顯著成就，形成了互惠互利的良好發展局面。事實充分證明，開展兩岸經濟交流合作，是兩岸關係發展中最有活力的因素，是增進兩岸同胞福祉、擴大兩岸共同利益的有效途徑。」

對台灣經歷八年「綠色執政」，胡錦濤則強調：「近八年來，由於眾所週知的原因，兩岸關係屢屢出現波折，兩岸經濟交流合作也因此受到嚴重干擾。這種局面是兩岸同胞都不願看到的。在當今世界經濟競爭更爲激烈的形勢下，兩岸同胞應該抓住難得機遇、共同應對挑戰、切實加強合作、努力共創雙贏。實現兩岸關係和平發展，是兩岸同胞的共同願望所繫、共同利益所在。」

胡錦濤最後說：「當前兩岸關係正朝著和平穩定的方向發展，加強兩岸交流合作的願望進一步增強，這是人心所向、大勢所趨。兩岸是血脈相連的命運共同體，兩岸關係的前途應該掌握在兩岸同胞自己手中。我們推動兩岸關係和平發展的信念不會動搖。希望兩岸同胞攜手努力，共同開創兩岸關係和平發展新局面。」

蕭萬長順利出席博鰲論壇，會晤中共總書記胡錦濤，對即將執政的馬政府，開啓了和平發展的「機會之窗」。後來接任「兩岸共同市場基金會」董事長的前勞委會主委詹火生，形容這項新契機的形成是「歷史的偶然」，而形成這次歷史偶然的原由，他認爲是經由兩項因素的「聚合」（Convergence）而成：一是出席會議身分的正當性與模糊性，二是出席論壇時間的合理性與常態性。

其實，蕭萬長於二〇〇〇年三月，「連蕭配」競選失利後，即專注兩岸經貿交流與發展。成立基金會、關注兩岸與國際經濟動向，即成爲老蕭的生活重心。有一回，在海南博鰲海濱的索菲特大飯店餐廳花園茶敘時，蕭萬長夫人李俶賢就曾感慨說道：「老蕭是個閒不下來的人，離開政府公職後，有機會來大陸各地走走看看，還可以爲台商提供一些意見，這是很難得的機會！」

二〇〇〇年的總統大選，因連宋分裂，陳水扁漁翁得利。國民黨在大選落敗，蕭萬長即以其政商界廣闊人脈，號召工商界領袖組成「兩岸共同市場基金會」，透過基金會平台，赴大陸各地參訪，並對經貿議題善盡言責。然而，過度理想主義色彩的蕭萬長，有時因缺乏「政治正確」，也曾招致中共涉台部門在背後「放冷槍」。

二〇〇一年五月間，身兼國民黨副主席的蕭萬長，率領台積電董事長張忠謀、海基會前副董事長焦仁和、台泥總經理辜成允等董監事訪問北京。這是蕭萬長首次訪問中國，他在紫光閣會見錢其琛時，曾促請北京重視扁政府拋出的政策訊息。蕭萬長說：「陳水扁就職以來發表多項談話，大陸應予重視，並應適時予以回應。」

張忠謀隨後發言：「陳水扁當選總統後，嘗試採取『中間路線』，也有誠意推動兩岸關係，應該順勢『推他一把』。」兩人著眼於兩岸良性互動的善意建言，被北京理解爲有意在爲扁政府說項。據涉台官員透露，當時分管中共中央對台工作日常事務的國務院副總理錢其琛，在蕭、張兩人發言後，表情頗爲不悅，會見活動據稱比原定時間提早結束。

錢其琛當場曾回應說，「陳水扁就職以來，講了很多話，但他這個不做，那個不做，不知道他要做什麼！他就任快一年了，大陸將看看他會怎麼說。堅持一個中國原則是大陸一貫立場，發展兩岸經貿交流與合作，實現兩岸直接三通，符合兩岸的共同願望和根本利益，已成爲台灣絕大多數黨派、團體和民眾的共識。希望台灣當局爲兩岸經濟交流與合作發展，多做實實在在的事情，不要設置障礙。」

涉台官員事後回憶說，當台灣訪客離開紫光閣，錢其琛指示涉台部門對訪問團行程，適度「調整」接待規格。原希望會見主管經貿的國務院副總理李嵐清，並在上海會見汪道涵的行程，隨即遭到刪除。不過，訪問團在上海依然見到時任中共上海市委書記的黃菊，接待規格並未明顯調降，但錢其琛對國民黨副主席與台灣工商界領袖在北京為扁政府說項，顯然還是無法以平常心看待。

新華社處理「蕭錢會」的報導，也可看出北京對老蕭首航北京的謹慎，電訊稿僅簡短說：「中共中央政治局委員錢其琛今天在中南海紫光閣，會見了中國國民黨副主席蕭萬長」云云，至於「兩岸共同市場」之名，以及老蕭引述陳水扁就職演說的內容，完全略過不提。中共涉台部門首次接待蕭萬長，既未安排江澤民會見，還刪減部分行程，應該都與蕭萬長、張忠謀發言有關。

我過去經常向蕭萬長請益經貿問題，也曾邀請蕭先生在「兩岸新聞記者聯誼會」對新聞界發表他推動兩岸共同市場的理念。蕭先生有天中午邀約在基金會餐敘。當時，陳水扁曾多次在民進黨選舉造勢場合恣意攻擊老蕭推動的「兩岸共同市場」理念，甚至還變本加利，扣上「兩岸共同市場就是一中市場」的紅色帽子。聊到個人理念遭扁汙衊，老蕭還曾激動地說道：「他怎麼可以這樣無的放矢呢！」

在馬英九邀請行政院長吳敦義搭檔組成「馬吳配」，尋求競選連任前夕，二〇一一年五月卅一日，蕭萬長召開臨時記者會，宣布他將履行參選時所做「只輔贊一任」的承諾，不再搭配參與二〇一二年的台灣總統大選。蕭萬長在聲明中表示：

> 四月下旬，萬長已與馬總統商定，依四年前『只輔贊一任』之君子協議，不再搭配參與二〇一二連任大選。一俟明年五月任滿即還我初服，歸隱林泉。

……

個人的生命有限，國家的生機無窮；中華民國圖求長治久安，端賴國人同胞鍥而不捨，接棒努力，是以古人有「世代交替」之明訓，此所以萬長有「只輔贊一任」之思考；惟國家建設非一蹴可成，諸般措置，常非十年二十年不見其功，因此，政治穩定乃國家建設之必要條件。

……

馬總統正值盛年，就任以來，凡百政務莫不殫精竭慮，南北奔波近乎席不暇暖；如今，兩岸和平曙光乍現，經濟復甦方興未艾，基於使命自當爭取連任，繼續奮鬥，以底於成，深盼國人同胞熱烈支持馬總統。萬長未來一年任期，除一本初衷，盡心盡力輔贊之外，亦將參與輔選工作，殷盼國人同胞隨時不吝指教。

事隔幾日，前往總統府看望微笑老蕭。看他每天排滿活動行程，我建議說：「現在沒有什麼比你的健康更重要了！你目前最重要的行程，就是要天天打球，保持身心健康愉快！」雖然當天老蕭所談的話題，都是如何有效處理「塑化劑食品」的嚴肅民生問題，但聽聞我建議他保持運動，維持健康，他馬上露出那招牌式的「微笑老蕭」一號表情。

蕭萬長遵守選前承諾「只輔贊一任」，四年任滿，「還我初服，歸隱林泉」，光明磊落，乾淨俐落，難得贏得台灣輿論的一致佳評。老蕭以現任副總統身分，公開明志，有助世代交替，君子坦蕩蕩的風度，比起部分藍綠「天王級」領袖，每選必輸，每輸必說退出政壇，但卻又反覆食言，遺禍政壇。以此觀之，老蕭對攸關台灣朝野領袖歷史評價的「下台背影」，確實立下優雅、高尚的從政典範。

化劍爲犁：連胡會談的和平願景

二〇〇五年四月廿九日，上午十時。北京大學，辦公樓禮堂。

這一刻，兩岸關係發展史的歷史瞬間！它深刻地映入了北大師生的歷史記憶。透過中國中央電視台四套（CCTV-4）史無前例地對全球進行衛星實況轉播，以及美國有線電視新聞網（CNN）重點式全球直播，國民黨主席連戰在北大校園的演說，成爲數億中國人民傾聽的重要演說，更是全世界密切關注的台海新動向：

北京大學的校址，就是當年燕京的校址，我母親在三〇年代在這裡念書，所以今天來到這裡，倍感親切。看到斯草、斯木、斯事、斯人，想到我母親在這兒年輕的歲月，在這個校園接受教育、進修成長，心裡面實在是非常親切。她老人家今年已經九十六歲了，我告訴她，我要到這邊來，她還是笑咪咪的很高興。台灣的媒體說我今天回母校：母親的學校。這是一個非常正確的報導！

……各位都知道，長久以來，戰爭流血不止是我們之間，整個世界，都普受它的痛苦和摧殘。聯合國前面有一個雕塑，一把槍打了結要斷了，它的含義很深。今天我來到這裡，讓我回憶到以色列特拉維夫的猶太人博物館前面寫的一段話：全世界的猶太人對於彼此都負有責任。我們雖然曾經彼此有過戰爭，有過流血，今天要談溝通和平，有的時候覺得談何容易。但是猶太人的話讓我感觸良深。我相信有智慧、有能力的中華兒女，都可以理解，化刀劍爲犁鋤，化干戈爲玉帛，點滴的心血累計而成我們長長久久的和平關係。

……大家都是將來國家、社會，乃至民族的領航員。在這樣的時刻，我想到美國雷根總統說的話：假如我們不做，誰來做？現在不做，什麼時候做？我就是因爲這樣，所以來到這裡。讓我們共同堅持互惠雙贏，堅持和平。這是我們自我的期許，也是向歷史負責任。唯有我們能夠達到這樣的目標，爲民族立生命，爲萬世開太平，這將是中華民族爲舉世稱讚最重大的成就，也是我們面對世世代代炎黃子孫共同的光榮！

連戰慷慨激昂地在台上演說時，坐在前排的行政院前副院長徐立德、國民黨副主席林豐正，以及徐立德的祕書馬紹章等人，聚精會神，專注聆聽連戰演說。他們對連戰備而不看講稿的表現，浮現出讚嘆的神情。尤其，起草這場演說初稿，並負責彙整各方幕僚意見的馬紹章，手裡拿著書面講稿，他發現連戰的現場演說，除了少數幾句用語、段落，略有調整，幾近百分之百的完美演出。

就在連戰站上北大禮堂演說的十天前，四月十九日，國共兩黨核心幕僚與文膽，在「釣魚台國賓館」進行最後一輪的幕僚作業，兩黨敲定「和平之旅」的重要行程：南京祭中山陵、北京大學演講、西安祭祖母墳、上海會見台商，以及每個城市的參訪路線、活動型態、接待人員等，最重要的是，雙方還敲定了「連胡會談」後即將共同發布新聞公報的〈兩岸和平發展共同願景〉初稿內容。

連戰在評估是否適時訪問中國，開展國共兩黨交流，徐立德的意見，始終是連戰最信賴的依據。如同連戰在擔任行政院長時期，徐立德是史上最有實權的副院長。因此，二〇〇五年初，當中共中央透過管道傳遞胡錦濤總書記有意邀請台灣政黨領袖訪問北京時，徐立德即刻指派馬紹章參與先期幕僚作業；起草連戰北大演說初稿、兩黨新聞公報初稿，即成為馬紹章的「絕密任務」。

國共兩黨最後一輪幕僚會議，是在兩黨中央敲定「連胡會談」的日程後舉行的。三月卅一日，「中共中央對台工作領導小組」祕書長、國務委員唐家璇在中南海紫光閣，會見國民黨副主席江丙坤率領的訪問團。江丙坤說，希望國民黨訪問團此行能轉化為打破兩岸僵局的「破冰之旅」。

外交出身的唐家璇回應說，國民黨訪問團在大陸的時間雖然不長，但行程相當豐富，取得豐碩成果，並已達到「緬懷之旅」、「經貿之旅」的目標。依據中共對台決策模式，只要中共中央對台工作領導小組核心成員發表政策講話，意味著中共邀請連戰訪問的決策作業已拍板定案！

據透露，稍早前，親民黨已派遣秦金生與張顯耀與中共代表密商，並率先轉達親民黨主席宋楚瑜願意接受胡錦濤邀請訪問北京，中共中央對親民黨率先表態極為重視，但認為政黨交流，應先從國共兩黨啓動為宜，因此，指派涉台部門負責人告知國民黨有關宋楚瑜的態度，中共中央堅持優先邀請連戰訪問北京。

當時兩岸仍處對立狀態，剛連任的陳水扁，亟於修補兩岸關係，既想分化國親合作，又想搭建兩岸管道；宋楚瑜則計畫透過「宋胡會」與「扁宋會」，為他在兩岸之間創造關鍵性的角色；然而，胡錦濤只是想在兩岸之間尋找突破點，爲中共對台工作做好戰略布局，國共兩黨恢覆交流，才是北京籌謀策劃的重點「主戲」。

因此，當兩黨幕僚在台港北京各地，經過兩三個月反復對話、溝通、折衝、密商，敲定「國共兩黨交流」劇本大綱之後，在紫光閣的會見過程，唐家璇鄭重地代表中共中央當面告知江丙坤：中共政治局常委、全國政協主席賈慶林，當晚即將代表中共中央邀請國民黨主席連戰訪問大陸。

唐家璇並告訴江丙坤，有關中共對連戰的邀訪計畫，賈慶林當晚在北京飯店宴請江丙坤時，會再做出「更爲正式的宣布」。這項邀請的重大政治訊息，當天就會透過新華社對全世界發布。對中共而言，這是攸關「國共第三次合作」的歷史盛事，宣傳規格極高，自然是特事特辦。

在兩黨確認國民黨代表團訪問行程、邀訪層級後，江丙坤在晚宴前即直接打手機給正在日本訪問的連戰，江丙坤彙報訪問成果，並在電話中向連戰預告：中共中央當晚即將對他發出正式邀訪。連戰在接獲江丙坤電告後，並未多言，但對江丙坤完成溝通任務，表達慰勉。

當晚，賈慶林在會見江丙坤時宣布：「國民黨主席連戰已表達來大陸訪問的意願，我們歡迎並邀請連戰主席在他認爲合適的時候訪問大陸。」當時隨團訪問的連戰祕書丁遠超，曾提醒對方，國共交流應相互尊重，平等對待，賈主席是代表全國政協，或代表中共中央，或代表中央總書記邀訪，建議中共方面應更明確對外說明。

三月中旬，大陸全國人大會議剛審議通過《反分裂國家法》，台灣朝野嚴重關切。因此，賈慶林刻意強調：「經過兩岸同胞的共同努力，當前兩岸關係中出現了一些有利於遏制台獨分裂活動的新的積極因素，台海緊張局勢出現了某些緩和的跡象，但反對台獨分裂勢力及其活動的鬥爭仍然是嚴峻的、複雜的。」

賈慶林並說，兩岸關係仍面臨著兩種前途：一是台獨分裂勢力繼續推動台獨活動，肆意製造兩岸對抗，從而導致兩岸持續緊張，甚至再次瀕臨危險的邊緣；二是台獨活動被有效遏制，兩岸關係得以和平穩定發展。第一種前途是違背兩岸利益和願望的，是走不通的；第二種前途是符合兩岸利益和願望的，是光明大道。

他說，一九四九年以來，儘管兩岸尚未統一，但「大陸和台灣，同屬一個中國」的事實從未改變。這不僅是大陸的立場，也見諸台灣現有規定和文件。當年，由於兩會堅持對一個中國的認同，暫時擱置了對一個中國政治涵義的分歧，達成「九二共識」，由此實現「辜汪會談」。現在，應該堅持體現一個中國原則的「九二共識」，爭取在「九二共識」的基礎上談起來，以利於改善和發展兩岸關係。

中共既爭取國共合作，但也不忘對執政的民進黨隔海喊話。賈慶林提出「四個只要」：只要是對台灣同胞有利的事情、只要是對促進兩岸交流有利的事情、只要是對維護台海和平有利的事情、只要是對和平統一有利的事情，大陸都會盡最大努力去做。他並強調：「爲改善和發展兩岸關係，我們也歡迎認同『九二共識』、反對台獨、主張發展兩岸關係的台灣其他政黨主席來大陸訪問！」

三月卅一日晚間，陳雲林特別以接受新華社採訪的形式，就國民黨關切的邀訪層級等疑慮，發表了〈中央台辦主任陳雲林就江丙坤率團來大陸參訪答問〉。陳雲林的權威解讀，係在提醒外界正視中共邀請連戰訪問大陸的政治意義，其中，他也對中共中央對台工作領導小組的邀訪計畫、決策思維作出政策解讀：

記者問到，賈慶林主席在會見江丙坤副主席時，邀請中國國民黨主席連戰先生訪問大陸。

這是否表示大陸正式向連戰發出訪問邀請？陳雲林說，國民黨主席連戰先生表達了來大陸訪問的意願。今天，中共中央政治局常委、全國政協主席賈慶林在會見江丙坤副主席時，是代表中共中央、代表中共中央總書記胡錦濤，歡迎並邀請連戰主席在他認為合適的時候訪問大陸。

記者問到，有消息說民進黨主席（陳水扁）表示不排除來大陸訪問，陳雲林說，只要承認一個中國原則，承認『九二共識』，不管是什麼人、什麼政黨。也不管他們過去說過什麼、做過什麼，我們都願意同他們談發展兩岸關係、促進和平統一的問題。只要民進黨放棄《台獨黨綱》，停止台獨分裂活動，我們願意作出正面回應，與之接觸交往。

連胡會談定調，藍綠對決升高。江丙坤仍未回到台灣，扁政府就已迫不及待地展開砲轟。四月一日，陳水扁總統率先開砲：「我們有自己的國家，有自己的政府，要跟人家協商談判，涉及敏感、嚴肅課題，應該先經過政府允許或授權。連向政府打一聲招呼都沒有，如果跟政府沒有共識，如果在台灣內部不先尋求朝野共識，就一廂情願想推國共共識，有什麼意義？」

陳水扁還說：「台灣的不同政黨對兩岸政策，或許可以有不同的主張、意見，但對外，台灣國家利益只有一個，必須只能有一個聲音，一個能代表全民意志、捍衛台灣整體利益的共同語言、共同聲音。」

副總統呂秀蓮更怒罵國民黨「對不起台灣人民」。她說，國民黨從以前的反共，到「公然親共」，要如何對台灣人民交代？她並指責，在中國仍有七百多顆導彈對準台灣之際，在中國通過《反分裂國家法》之後，若國民黨真有辦法，就該讓中國撤除對台的七百多顆導彈，就該事先阻止通過《反分裂國家法》。

在高雄市長時曾倡議與廈門締結「姐妹港」的閣揆謝長廷，雖然曾對江丙坤大陸行表達「樂觀其成」，但隨即質疑江與中國達成共識的代表性：「江丙坤所達成的共識不能代表行政院，如果風氣一開，將變成台灣各政黨競爭，把兩岸問題拿來比賽，比誰最開放、比誰能先跟對方簽定協議，這樣對台灣與政府都極爲不利。」

儘管外界砲聲隆隆，但國共兩黨自二〇〇五年初敲定舉行領袖峰會後，兩黨爲磋商邀訪形式、行程等細節，連胡曾分別指定國民黨副主席林豐正、中央台辦主任陳雲林爲聯繫人，並率領蔡勳雄、張榮恭、馬紹章、黃福田與李炳才、李亞飛、黃文濤、馬曉光、程金中等人，先後在香港、北京，舉行多次核心幕僚會議。

由於連戰是卸任副總統，享有特勤維安保護的警衛措施，既是首次訪問中國大陸，原有國安特勤與警方的保護自然不能有任何疏漏。國民黨幕僚在磋商連戰大陸行程之初，即提出「安全人員必須隨身配槍保護」的要求，中共雖表示將調派中央警衛局高階特勤保護，但爲表示對連戰特殊職務的尊重，北京在最後一輪幕僚會議，確認同意台灣警官可以「帶槍入境」貼身保護連戰的要求。

在連戰確定將以黨主席身分訪問大陸後，再次委託徐立德統籌幕僚作業。任職國民黨智庫的馬紹章，因兼任徐立德祕書，因緣際會，全程參與了國共兩黨的歷史會談。馬紹章依據徐立德指示，成爲連戰北大演講稿、連胡公報初稿的原始起草人。同時，負責彙整兩黨幕僚會議對共同發布文件的修正意見。

有關新聞公報的格式，根據國民黨幕僚草擬的初稿，直接說明兩黨會談的原則與立場，並歸納爲五項「兩岸和平發展共同願景」，作爲兩黨共同推動的目標。但北京當時未曾聽聞「願景」一詞，中共幕僚不解其實質意涵，一度反對使用「願景」用語，經由國民黨幕僚反覆說明「願景」的實質意涵，具有積極性、樂觀期待的願望，最後中共勉強同意接受國民黨提出的「願景」。

「願景」在台灣是相當普遍的用語，但在大陸並不多見，經過兩黨納入政黨交流文件之後，就變成了熱門用語。二〇〇六年，大陸天津等地的高校聯招，就出現「願景」的作文題目，由於這在中國大陸只是剛出現的新詞彙，很多考生根本沒注意到國共論壇達成的五項願景，對新詞彙的眞正意涵都還無從領略，因此，「願景」一詞的出現，引起了更多層面的社會關注與議論。

有關「九二共識」的表述，根據國民黨草擬的初稿，曾提及「堅持體現一個中國，各自表述的『九二共識』」，但中共反對「一個中國，各自表述」的用語，要求修改爲「堅持體現一個中國原則的『九二共識』」，反對寫入「各自表述」，但也同樣遭到國民黨的反對。雙方反覆折衝，幾度修飾，最後，既不在新聞公報裡納入中共堅持的「一個中國」四字，也沒有國民黨主張使用的「各自表述」。

據參與核心磋商的國民黨幕僚透露，國民黨作爲台灣的反對黨，在與中共開展政黨交流之際，首應堅守台灣的立場與民主價值，對事涉敏感，極易引爆爭議的「一個中國」，在台灣都無法取得共識的情況下，對兩黨準備發表的會議文件，更應審愼處理。因此，連戰最後拍板：如果中共無法同意將「各自表述」載入公報，那國民黨也堅持公報不能出現內涵仍有爭議的「一個中國」四字。

二〇〇五年四月廿九日晚間，國共兩黨各自透過兩岸媒體對外發布〈中國國民黨主席連戰與中國共產黨總書記胡錦濤會談新聞公報〉全文，連戰在出席胡錦濤瀛台晚宴前並在北京飯店舉行記者會。兩黨並沒有安排公報簽署儀式。大陸央視晚間七時新聞聯播，對十三億人民發出新華社所公布的「連胡會談」新聞公報全文。其中，〈兩岸和平發展共同願景〉的五項目標是：

一、促進儘速恢復兩岸談判，共謀兩岸人民福祉：促進兩岸在「九二共識」的基礎上儘速恢復平等協商，就雙方共同關心和各自關心的問題進行討論，推進兩岸關係良性健康發展。

二、促進終止敵對狀態，達成和平協議：促進正式結束兩岸敵對狀態，達成和平協議，建構兩岸關係和平穩定發展的架構，包括建立軍事互信機制，避免兩岸軍事衝突。

三、促進兩岸經濟全面交流，建立兩岸經濟合作機制：促進兩岸展開全面的經濟合作，建立密切的經貿合作關係，包括全面、直接、雙向三通，開放海空直航，加強投資與貿易的往來與保障，進行農漁業合作，解決台灣農產品在大陸的銷售問題，改善交流秩序，共同打擊犯罪，進而建立穩定的經濟合作機制，並促進恢復兩岸協商後優先討論兩岸共同市場問題。

四、促進協商台灣民眾關心的參與國際活動的問題：促進恢復兩岸協商後，討論台灣民眾關心的參與國際活動的問題，包括優先討論參與世界衛生組織活動的問題。雙方共同努力，創造條件，逐步尋求最終解決辦法。

五、建立黨對黨定期溝通平台：建立兩黨定期溝通平台，包括開展不同層級的黨務人員互訪，進行有關改善兩岸關係議題的研討，舉行有關兩岸同胞切身利益議題的磋商，邀請各界人士參加，組織商討密切兩岸交流的措施等。

從雙方發表的連胡公報，對兩黨開展交流的政治基礎，除了使用「九二共識」，通篇找不到「一個中國」一詞，這是雙方幕僚爲避免爭議所採取的妥協方案。強調「九二共識」的基礎，避開「一個中國」的敏感性，日後更成爲二〇〇八年馬英九當選總統後，兩岸恢復對話商談的政治基礎。國共兩黨的連胡公報，與十餘天後，親民黨與中共達成的宋胡公報，則呈現不同形式的安排。

二〇〇五年五月十二日，親民黨主席宋楚瑜與胡錦濤舉行會談後所發表的宋胡公報，對兩岸未來恢復商談的政治基礎，曾採取「兩案並陳」的方式處理，就是將一九九二年兩會在香港會談先後提出的口頭表述方案內容並列，但在「九二共識」之後，出現一句頗受矚目，但親共兩黨各有解讀的「兩岸一中」用語，顯然與國共兩黨採取「戰略性模糊」的處理方式，呈現明顯差異：

一九九二年兩岸達成的共識應受到尊重（一九九二年兩會各自口頭表述原文：海基會表述：在海峽兩岸共同努力謀求國家統一的過程中，雙方雖均堅持一個中國的原則，但對於一個中國的涵義，認知各有不同。海協會表述：海峽兩岸均堅持一個中國的原則，努力謀求國家統一，但在海峽兩岸事務性商談中，不涉及一個中國的政治涵義。）在前述兩岸各自表明均堅持一個中國原則，即「九二共識」（「兩岸一中」）的基礎上，盡速恢復兩岸平等協商談判，相互尊重，求同存異，務實解決兩岸共同關心的重大議題。

連胡會後的「瀛台夜宴」，在連胡會談期間，則是眾所矚目的焦點，畢竟這是兩岸分裂分治五十餘年來，兩黨最高領導人在舉行會談後的首次晚宴，地點是在位於中南海最核心的「瀛台」。這場極度私密的晚宴，被外界視爲胡錦濤對連戰表達最高禮遇的「家宴」。尤其，晚宴前兩人單獨密談細節，以及兩黨高層在宴席上的晤談內容，無一不是中外新聞界追逐的焦點話題。

然而，「瀛台夜宴」蒙上諸多傳說與政治耳語，就在於夜宴是一項既不公開，也沒有會談紀錄的聚會，國共兩黨始終沒有對外發表過夜宴觸及的話題內容。連戰夫人連方瑀女士在當年八月出版的《半世紀的相逢：兩岸和平之旅》一書，則成爲描述「瀛台夜宴」場景的獨家報導。

連方瑀側寫這場夜宴，曾形容是「一頓完全不政治的晚餐」。晚宴上，東道主胡總書記特地備有頂級茅台、長城干紅。胡錦濤提到他當年在貴州工作時，特別推廣茅台酒，但因產量不夠多，他就要求使用相同技術、相同酵母，到其他地方嘗試生產，但怎麼試，味道就是不對，後來發現氣候的緣故，只好再回到原生產地，擴大生產面積，才得以釀造更多的茅台酒，供應市場的需要。

胡錦濤平時不大喝酒，但在瀛台宴請連戰，或許覺得是難得的盛會，心情特別開朗，喝了不少超過五十年的「特供茅台」，這種超頂級茅台是喝一瓶，就少一瓶的精品，但東道主熱情洋溢地勸酒。觀察細膩的連方瑀寫道：「一旁的吳儀副總理拍拍他（指胡錦濤）說：『今晚可喝了不少喲！』」六十年來，國共既有戰爭，也有和平，即使在酒桌上，也都是高來高去，綿密過招。

吳儀比胡錦濤年長四歲，雖是分管經貿的副總理，但在輩分上，算是胡的前輩，加以吳儀個性海派，不時可聽聞她豪情勸酒的聲音。連戰回台後曾私下透露，因晚宴使用銀製酒杯，瀛台侍者每回幫總書記斟酒都只斟五分滿，但給他都斟八分滿，眼尖兒的吳儀見狀，拉高嗓門兒提醒侍者：「不能這樣欺負人！」胡錦濤一聽，以爲待客失禮，搞清楚吳儀的用意後，連胡兩人相視而笑。

瀛台夜宴，賓主盡歡。東道主讓連戰更爲折服與感動的細膩之處，就在於晚宴結束前餽贈禮物所展現的「巧思」。宴罷，胡錦濤示意幕僚，取出一份早已從「南京第二歷史檔案館」複印裱褙的文件資料送給連戰。連戰接過「禮物」，仔細端詳，才發現是他祖父連橫的親筆手稿複印件，讓連戰驚喜、感動不已。

這份文件是一九一四年（民國三年），台灣仍處於日本殖民時期。連橫（雅堂）因不願意持續做日本臣民，特別向剛成立的中華民國政府提出申請，希望恢復中國國籍。這不僅是連家珍貴史料，也反映台灣近百年來政治命運的歷史縮影。胡錦濤把連橫申請復籍的文件送給連戰，對連戰家族而言，應是彌足珍貴的禮物。

連橫寫於中華民國三年一月卅一日的復籍申請書，將呈請內務總長「鑒核施行」。連橫並以「具呈人」身分署名，特別受到注意的是，連橫在申請書留下三組居住地資料：一是「原籍福建龍溪縣馬崎社」、二是「現籍日本台灣台中廳台中街」、三是「現寓北京南柳巷晉江邑館」。原籍、現籍、現寓，各有不同，各有根源，反映的正是台灣民眾「籍貫、身分」的歷史變遷。

北京近年重修前門大街的老舊城區，重新建造「台灣會館」，並在「晉江邑館」原址附近，將這座百年前台灣學子進京趕考投宿的京城旅店再度重現，目前已開闢成為呈現百年來兩岸關係發展史的文物紀念館，會館周邊並已發展成為台灣文化創意產業區。連橫當年投宿在「晉江邑館」寫下

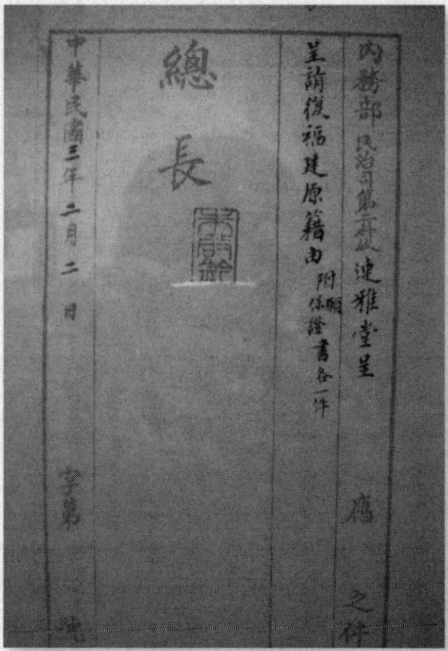

內務部 連雅堂呈
呈請復福建原籍由 附保證書各一件
總長
中華民國三年二月二日
應 之件

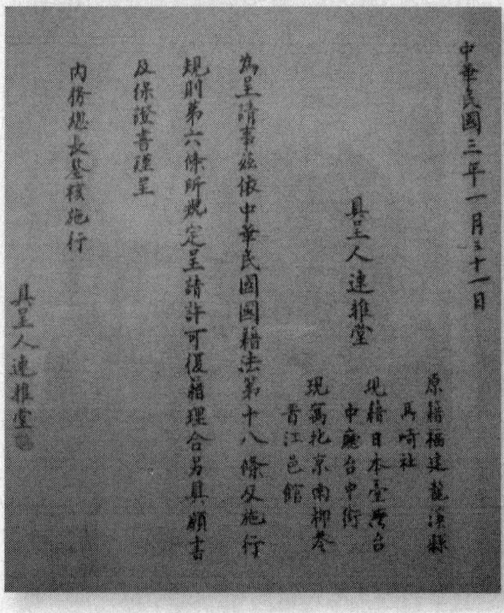

中華民國三年一月三十一日
具呈人連雅堂
原籍福建龍溪縣馬崎社
現籍日本臺灣台中廳台中街
現寓北京南柳巷晉江邑館
為呈請事茲依中華民國國籍法第十八條及施行規則第六條所規定呈請許可復籍理合另具願書及保證書謹呈
內務總長鑒核施行
具呈人連雅堂

連橫申請回復中華民國國籍文件

恢復中華民國國籍申請書的另一件複印本，則成爲該紀念館常態性展出的重要文史資料。

國民黨在二〇〇八年贏得大選，馬英九宣誓就職之前，胡錦濤再次邀請連戰作客北京，表面上是感謝連戰向大陸同胞贈送台灣著名藝術家楊英風的雕塑作品，並表達台灣同胞對北京奧運會的眞誠祝福。其實，這次重逢的主要目的是，兩岸關係與台灣政局已發生積極變化，胡錦濤期待「建立互信、擱置爭議、求同存異，共創雙贏」，爲兩岸開創和平發展的新局面。

同樣是四月廿九日，胡錦濤在釣魚台國賓館十八號樓宴請連戰。醇酒佳餚，賓主盡歡。晚宴剛結束，精神奕奕的胡錦濤，熱情地對連戰說：「連主席，我陪你們在園林走一段吧！」說罷，國共兩黨要員王岐山、令計劃、陳世矩、陳雲林；林豐正、徐立德等人跟著起身離席，陪同連胡兩人漫步在皇家園林的夜色中。

這是胡錦濤在釣魚台國賓館從來沒有過的餐後高規格接待。據連戰事後受訪時回憶說，胡錦濤陪著他們夫婦走出十八號樓宴會廳，在這座皇家園林漫步許久，兩人漫步期間，胡錦濤曾有感而發地對連戰說：「三年前，我們排除萬難達成「五項願景」，如今兩岸關係呈現和平發展新形勢，你我都有責任共同推動！這不是爲了我們個人，而是爲了我們兩岸後代子孫啊！」

連胡兩人自二〇〇五年首度見面以來，雙方有過多次會談、家宴、餐敘、單獨晤談，但這一夜，胡錦濤的情緒顯得特別熱切，因爲，國民黨接連贏得立法院多數黨席次，馬英九當選總統。胡錦濤剛在博鰲會見副總統當選人蕭萬長，這次邀請連戰會晤，就是希望與連戰確認連胡會談所達成「五項願景」的未來發展與進程。

胡錦濤在園林漫步時提到「排除萬難」的說法，對當時作爲在野黨主席的連戰來說，接受中共中央與胡錦濤的邀請訪問大陸，展開歷史性的「和平之旅」，勢必會遭到民進黨的指控，並須承受來自獨派勢力的無情攻擊，甚至還會被惡意扣上「出賣台灣」的紅色帽子，這是完全可以理解的，也是早在連戰預料之中的狀況。

但外界普遍認爲胡錦濤位高權重，黨政軍大權一把抓，執政聲望正隆，怎麼也會在連戰面前表達「當時排除萬難」的感慨？究竟胡總書記是否在內部面臨何種「萬難」壓力，或遭遇潛在勢力的掣肘，這始終讓外界感到困惑。其實，胡錦濤所承受的決策壓力，在台灣大選前十天的政協會議期間，就曾不經意地公開表露過。

二〇〇八年三月四日。國台辦官員突然通知台灣駐京記者、鳳凰衛視，以及大陸官方媒體，告知當天下午在全國政協大禮堂有重要採訪，當時僅簡單告知會有「國家領導人」在政協聯席會議上發表重要談話。國台辦新聞局官員並百般提示叮嚀，應該說是宣布採訪注意事項：不得在採訪過程提問，並要求關閉手機等通訊系統。

當天是「胡四點」發表三週年之日，也是台灣大選進入最後衝刺時刻。駐京記者進入採訪前，胡錦濤早已對政協委員發表談話。胡錦濤和政協委員交心，坦率陳述當前推動的涉台政策「頂著巨大的壓力」。顯見胡所主控的和平政策路線，在其內部並非沒有雜音，仍面臨著來自解放軍、外交系統的權力掣肘與路線質疑。

胡錦濤對全國政協委員所稱的「頂著巨大的壓力」的眞實情境爲何，外界無從獲悉，但從胡錦濤接掌黨政軍大權以來，正値民進黨的陳水扁總統執政期間，北京持續經歷台灣政治情勢的變局，與防禦性公投、入聯公投的政策衝擊，胡錦濤在不同勢力的掣肘下，他所拍板的對台政策基調必然會面臨來自內部的挑戰。

胡錦濤在全國政協聯組會的談話，最受矚目的是，他在台灣大選投票前夕，針對民進黨的交往政策提出全新的論述：「我們要最廣泛地團結台灣同胞，團結的人越多越好。只有實現大團結，才能促進兩岸關係大發展。對於那些曾經對台獨抱有幻想、主張過台獨，甚至從事過台獨活動的人，也要努力爭取團結，只要他們回到促進兩岸關係和平發展的正確道路上來，我們都將熱情歡迎，以誠相待。」

中共和台灣獨派的交往，基本都是低調、不公開的，從泛綠、淺綠、深綠，到「鐵桿台獨」，中共對台工作領導小組成員錢其琛、賈慶林都曾說過類似的話，只要認同兩岸關係和平發展，北京都不排除溝通接觸交流。不過，由兼具中共總書記、國家主席、中央軍委主席職務的胡錦濤，站上第一線對台灣民進黨獨派人士喊話，這是兩岸政黨互動關係史上的第一遭。

胡錦濤對台灣獨派伸出「和」的一手，應是爲了緩和大陸內部激進派，或民族主義者的質疑，但他還是不忘宣示：「台獨分裂活動已成爲對國家主權和領土完整的最大禍害、對兩岸關係發展的最大障礙、對台海地區和平穩定的最大威脅。大陸和台灣同屬一個中國，中國是兩岸同胞的共同家園。任何涉及中國主權和領土完整的問題，必須由包括台灣同胞在內的全中國人民共同決定。」

二〇〇八年十二月中旬，兩岸實現直接三通。連戰應邀在天津見證兩岸海空直航的歷史啓航儀式。連戰隨後在接受我的專訪時感慨地說：「十五年前台灣的經濟還是領先的，這幾年繞了很多冤枉路；台灣要厚植發展基礎，就要建構和平穩定的兩岸關係。歷史遺留下來的兩岸問題，不是我們這一代人製造出來的；這一代人如果不能加速兩岸和平發展的腳步，但也不能成爲兩岸和平發展的阻礙！」

當年十一月間，連戰在秘魯利馬出席APEC領袖會議時與布希同組開會，連戰說，布希不僅關注金融風暴動向，更頻頻向他詢問兩岸互動新局。美國政府的兩岸政策立場，其實代表著國際社

二〇〇八年十二月十七日，連戰於北京和作者合影。

會的主流意見。布希就告訴連戰：「兩岸不要有任何單方面改變現狀的言行。」布希還說，白宮國安會亞洲事務主任韋德寧在白宮飛往利馬的專機上，已經對隨團的新聞界說得很清楚了。

連戰認爲，台灣要參與國際社會，建構和平穩定的兩岸關係，首要工作就是要能取得國際社會的信任與支持，並能與大陸建立互信基礎。他說：「五項共同願景的逐項實現，不但具有民意基礎，也充分受到國際社會的正面評價。在國民黨重新執政後，證明當初的堅持是正確的，兩岸應走對的路，走正確的路，才有出路。今後兩岸關係發展，更應走和平之路、合作之路、雙贏之路。」

連戰二〇〇五年的「和平之

旅」為兩岸關係的和平發展，創造了歷史性的契機。問連戰何以有如此勇氣排除萬難，承受來自民進黨的誣蔑、攻擊，並踏出關鍵性的一步，連戰引述了他在北大演說的一段話：「美國的雷根總統曾說，假如我們不做，誰來做？假如現在不做，什麼時候做？我就是因為這樣，所以來到這裡！」

連戰說，兩岸應共同堅持互惠雙贏，堅持和平。這是自我期許，也是向歷史負責！

老驥伏櫪：總書記給吳伯雄的驚喜

那一夜，在釣魚台國賓館，中共總書記胡錦濤送給了吳伯雄一個驚喜

國共兩黨自二〇〇五年在北京舉行歷史性「連胡會談」之後，每次兩黨會談結束，中南海依照慣例都會安排總書記晚宴。二〇〇九年五月廿六日下午（農曆五月初三），國共兩黨代表團在大會堂「東大廳」舉行會談後，胡錦濤在釣魚台國賓館設宴款待吳伯雄。當天正逢吳伯雄農曆七十大壽，胡錦濤精心安排的「生日燭光晚宴」，讓吳伯雄備感驚奇與溫馨。

吳伯雄是帶領國民黨重新執政，輔選馬英九當選總統的選戰功臣。老驥伏櫪，志在千里，在政黨再度輪替後，對國民黨開啓新時期的兩岸關係，吳伯雄扮演重要的折衝與協調角色。但在這次北京行之前，台北政壇傳聞馬英九總統有意兼任黨主席，完成黨政合一的決策體系，吳伯雄的心境感受與未來動向，格外受到議論。胡錦濤適時給予的關注，讓面臨權力轉折的吳伯雄感受深刻。

中南海幕僚在總書記晚宴前，並未告知晚宴有何特殊安排。兩黨高層在進入釣魚台國賓館十八號樓宴會廳後，分坐長條桌兩側座位，胡錦濤與吳伯雄則面對面分坐正中央。主菜上桌後不久，胡

錦濤示意服務人員將蛋糕推進宴會廳，國民黨部分與會人員才獲知當夜是吳伯雄農曆生日。胡錦濤突然起身舉杯向吳伯雄致意，兩黨高層紛紛起身，胡錦濤還親自開口起音，帶領兩黨高層主管高唱〈生日快樂〉歌。

在吳伯雄從政生涯面臨重大轉折，在黨內權力即將重新改組之際，中共總書記胡錦濤安排的溫馨生日宴，吳伯雄確實深受感動。能讓兩黨高層輕鬆卸下西裝，把酒言歡，還由共黨總書記親自帶領唱歌祝賀生日，吳伯雄大概是兩岸第一人。幾天之後，在吳伯雄登機轉往上海訪問之際，國台辦主任王毅親自送達生日晚宴的巨幅照片，吳伯雄再次體驗到共產黨人細緻的「工作效率」。

回到現實的政治場景，面對台灣新聞界反覆詢問有關馬總統即將兼任黨主席，藉以整合黨政權力，吳伯雄此時率團訪京，是否將成爲黨主席職務的「畢業之旅」？吳伯雄在北京飯店駐地的記者會，不改其幽默口吻，依然精神奕奕地回應記者說：「這是一趟雙贏之旅，希望在七月（兩岸經貿文化論壇）還能看到你！」

雖然吳伯雄回應有關黨主席可能異動之說，當時仍只是「假設性問題」，其個人的政治意向也不希望太早成眞，但他在北京曾不斷地公開倡議「國共平台仍應有序運作，兩黨領導人最少應每年見面一次」。意有所指的弦外之音，曾被外界解讀爲吳伯雄是在爲馬英九兼任黨主席的未來發展情勢預作「鋪路」。

吳伯雄在北京強調，國民黨必須與主流民意站在一起。吳胡會談既是談政策方向，還要留意民意動向。因此，吳伯雄建議再加開兩岸航班，因兩岸京台線、滬台線，一票難求，不足以應付愈來愈多的客源需求；胡錦濤當場回應，兩岸航路已達飽和狀態，但他會指示再研究。胡並認爲一票難求是好現象，「因爲有需求就能發展」。

吳胡會

兩個月後，七月廿七日。馬英九當選國民黨主席，吳伯雄即將交卸黨權。這是馬英九自二〇〇五年七月以台北市長身分參選黨主席之後，第二次當選黨主席，但此時馬英九的身分已是總統。同日，胡錦濤向馬英九發出賀電：「值此先生當選中國國民黨主席之際，謹致祝賀。由衷期望貴我兩黨繼續推動兩岸關係和平發展，進一步深化政治互信，不斷爲兩岸同胞謀福祉，開創中華民族的偉大復興。」

同日上午，國民黨主席當選人馬英九總統覆電中共總書記胡錦濤，全文如下：

北京　中國共產黨中央委員會總書記

胡錦濤先生惠鑒：

今日賀電敬悉，謹致謝忱。

四年來，經過貴我兩黨的共同努力，當前兩岸關係已在「九二共識」的基礎上，走上和平發展、穩定共榮的大道，既符合兩岸人民的期望，也贏得世界各國的肯定。

今後，仍須雙方順應民意，繼續在「正視現實、建立互信、擱置爭議、共創雙贏」的原則下，不斷努力，以鞏固海峽和平、重建區域穩定、促進兩岸持續發展與繁榮。

耑此奉復，敬頌時祺

馬英九　敬啓

九十八（二〇〇九）年七月二十七日

時任國民黨發言人李建榮在公布胡錦濤賀電與馬英九覆電內容時透露，胡錦濤的賀電，是直接發到黨中央副祕書長張榮恭的辦公室，經由轉呈，再透過國民黨中央黨部覆電。胡錦濤在賀電中是以「先生」稱呼馬英九，馬英九在覆電中也稱胡錦濤爲「先生」。電報日期，馬英九的覆電使用九十八（二〇〇九）年，雖然民國與西元紀元並用，但並未載明中華民國國號，應係在避免引起兩岸之間的政治爭議。

二〇〇九年十月十七日，國民黨主席馬英九在十八全會宣布：敦請連戰續任榮譽黨主席，並聘請吳伯雄出任榮譽黨主席。同日，中共中央致電國民黨中央與馬英九，致賀十八全會召開，中共中央總書記胡錦濤則發出兩份賀電，祝賀連吳兩人擔任國民黨榮譽主席。中共中央致電國民黨中央暨馬英九主席的賀電寫著：

中國國民黨中央委員會暨馬英九主席：

值此貴黨召開第十八次代表大會之際，謹致祝賀！

近年來，貴我兩黨共同努力，積極推進雙方達成的兩岸關係和平發展重要共識，開啓了兩岸關係的歷史新篇。由衷期望貴我兩黨繼續共同落實「兩岸和平發展共同願景」，在堅持「九二共識」、反對台獨的既有政治基礎上，深化互信，加強交流，擴大共識，不斷增進兩岸同胞福祉，共創中華民族美好未來。

胡錦濤在致電吳伯雄，祝賀他榮任國民黨榮譽主席的賀電則寫著：「先生擔任中國國民黨主席以來，積極落實『兩岸和平發展共同願景』，爲推動兩岸關係的改善作出卓越貢獻。去年和今年五月，先生兩次率團來訪，舉行兩黨領導人會談，為促進雙方良性互動、確保兩岸關係沿著正確方向發展奠定了重要基礎。衷心期望先生繼續為推動兩岸關係和平發展作出新的貢獻。」

胡錦濤在致電連戰，祝賀他續任國民黨榮譽主席的賀電則說：「先生多年來始終關心、支持和致力於兩岸關係的改善和發展。二〇〇五年，先生率中國國民黨代表團訪問大陸，兩黨達成並發表『兩岸和平發展共同願景』，為兩岸關係明確了方向，奠定了基礎。衷心期望先生繼續為推動兩岸關係和平發展作出新的貢獻。」

連戰在覆電時則強調：「兩岸關係和平發展，順乎兩岸主流民意，合乎民族整體利益，已成國共兩黨共識，並且獲致重要成效。兩岸在九二共識基礎上，恢復制度性協商以來，不斷促進海峽和平穩定，提升兩岸人民福祉。未來仍須再接再厲，鞏固五項和平願景，推動振興中華。」

二〇一一年五月初，在總統大選進入朝野攻防階段，由於民進黨立委管碧玲揭露一份來自世界衛生組織祕書處的內部文件，要求所屬機構稱呼中華民國為「中國台灣省」的不當作法，侵犯我國權益，管碧玲批判馬政府無力因應這類層出不窮的侵權事件，對馬英九爭取連任的政治形象造成相當大的傷害。馬英九即準備展開危機管控，臨時決定召開記者會向世衛組織表達嚴正立場。

五月十日。中午過後，結束在四川成都的兩岸經貿文化論壇，趕到北京的國民黨榮譽主席吳伯雄，正在下榻酒店與幕僚會商，準備下午與胡錦濤舉行「吳胡會」。兩黨高層會談，雖然沒有正式議題，但自馬政府執政以來，這項管道已成為兩岸重大議題「先期政策對話」的平台。

隨行幕僚手機響起，電話裡的機要祕書指名要找吳伯雄；由於這種情況在吳訪問大陸期間，鮮少發生，吳伯雄略顯遲疑，在接過手機後，吳伯雄聽到電話裡傳來馬英九的聲音，吳伯雄意識到兩岸將有大事發生。馬英九在電話中親自告知吳伯雄，在隨後即將舉行的吳胡會談過程，必須當面向中共中央傳達相關訊息，瞬間傳來要求表達重要立場的電話指令，讓吳伯雄有些措手不及，但也顯示馬英九對此事的重視程度。

根據總統府當日傍晚發布的「新聞稿」，馬英九在臨時記者會上，左批世衛組織，右打北京當局，他並以嚴厲措詞強調：「不能只用口號來麻醉人民，政府也必須拿出辦法，在困難的局面中打開一條生路！」對台灣在世衛組織受到不公平待遇，馬英九表達強烈抗議。總統府新聞稿寫著：

總統表示，「世界衛生組織」（WHO）內部文件要求所屬機構稱呼中華民國爲「中國台灣省」，是矮化我國國格，此種做法不應被擁有崇高地位的國際機構所採取；我國絕對不接受此一不公平、不合理的對待，他已要求外交部向世界衛生組織提出強烈抗議，同時也要求外交部未來如發現類似矮化我國格、傷害我主權與尊嚴的情形，一定要儘快提出抗議，不能有任何延宕。

總統說，台灣要安全、要繁榮、更要尊嚴，唯有台灣在國際社會不被繼續孤立，兩岸關係才能穩健發展；世界衛生組織這樣的做爲，顯然是受到中共壓力的結果。我們必須珍惜過去三年來兩岸共同努力所建立的互信成果，不要在此時走回頭路；雙方應繼續「累積互信，續創雙贏」。用這種方式來傷害台灣人民的感情，我們不能接受，此舉也對雙方未來的發展極爲不利。

總統指出，民進黨是有執政經驗的在野黨，與政府一樣瞭解現實的困難。民進黨執政時期，台灣的邦交國由廿九個減少爲廿三個，給予國人免簽證或落地簽證的國家也從五十四個減少爲五十三個，二〇〇五年「世界衛生組織」更稱我們爲「中國台灣」（Taiwan, China），並限制聯絡窗口層級不能超過署長（Director General）。

總統表示，二〇〇九年「世界衛生組織」稱呼我們為「台北」或「中華台北」；衛生署長受邀以「中華台北」名義、觀察員身分出席「世界衛生大會」（WHA）時，大會的稱謂是「Minister」（部長）；目前廿三個邦交國邦誼穩固，沒有丟掉一個；給予台灣免簽證或落地簽證的國家及地區，由五十三個增加至一一三個，這些都是執政黨努力為台灣打拚、捍衛中華民國主權及維護台灣尊嚴所獲致的成果。

就在馬英九嚴厲批判世衛組織，罵完北京當局後兩三個小時，胡錦濤在釣魚台國賓館再次會見了吳伯雄。涉台部門雖已得知馬英九把中共當局猛K了一頓，但這項既定的吳胡會並未取消，晚宴也正常進行，但賓客互動相當尷尬。據吳伯雄回憶說，由於事出突然，行前並未預知相關狀況，他只能根據政府高層下達的指令，適時地向中共方面表達台灣的眞實感受與基本立場。

儘管是在尷尬氣氛中再度重逢，吳伯雄作為榮譽主席，仍必須適時傳達馬英九總統兼主席對兩岸重大政策的看法。不過，氣氛雖異常，但胡錦濤還是對吳伯雄率團赴成都出席兩岸經貿文化論壇之後來北京訪問表示歡迎。胡錦濤並說，面對新形勢，要牢牢把握兩岸關係和平發展大局，鞏固政治基礎，堅持正確方向，推進協商談判，擴大交流合作，為兩岸關係發展創造更好條件。

胡錦濤說，二〇〇八年他同吳伯雄舉行會談，兩黨都表示要開創兩岸關係和平發展新局面。三年來，兩岸關係取得突破性進展，總體面貌發生歷史性變化。事實證明，走兩岸關係和平發展道路，符合兩岸同胞願望，也受到國際社會普遍歡迎。因此，他就推動兩岸關係發展提出四點意見：

第一，要繼續把握兩岸關係和平發展大局。國共兩黨、兩岸雙方要堅持體現一個中國原則的「九二共識」，繼續堅決反對台獨分裂活動。鞏固共同政治基礎，雙方就可以繼續營造兩岸交流合作、協商談判的必要環境。

第二，要繼續維護國共兩黨、兩岸雙方的良性互動。三年來，國共兩黨、兩岸雙方交往的重要經驗，就是要在共同政治基礎上建立互信，求同存異，展開良性互動。雙方應該在兩岸關係上發出積極正面資訊，及時妥善處理可能發生的問題。

第三，要繼續穩步推進兩岸交流合作。積極對待兩岸經濟合作框架協定各項後續商談，及早達成並簽署投資保障協定。要大力推進兩岸文化教育交流，重視和加強兩岸青少年交流，增強中華文化的認同和中華民族的認同。

第四，要繼續保障台灣基層民眾共用兩岸交流合作成果。這些年來，我們一直設身處地考慮台灣同胞實際需求，解決好與他們切身利益相關的具體問題。兩岸同胞共同推動兩岸關係發展，也應該共用兩岸關係發展成果。

胡錦濤重申「九二共識」，反對台獨，就是明確表態「及早達成並簽署投資保障協定」、「儘快通過商談達成兩岸核電安全交流合作相關協定」。值得注意的是，胡錦濤所說「兩岸同胞共同推動兩岸關係發展，也應該共用兩岸關係發展成果」，其潛台詞應是，兩岸合作交流應有來有往，台灣不能「只要不給」。尷尬處境下的會見，胡錦濤只是照本宣科，並未釋出新的政策訊息。

吳伯雄則回應說，堅持「九二共識」、反對台獨是兩岸關係和平發展的重要基礎，需要雙方共同鞏固。兩岸同胞同屬中華民族、炎黃子孫，經貿合作是兩岸手攜手，文化交流是兩岸心連心。三年來兩岸交流持續擴大，協商積極進行，兩岸關係和平發展已走在歷史正確的道路上，不應該受到阻礙，更不能倒退。

吳伯雄曾於二〇〇〇年五月，以國民黨副主席身分首次訪問北京。期間，吳伯雄曾會見國務院副總理錢其琛，國台辦主任陳雲林。吳伯雄當時主動提到星雲大師因被大陸有關部門指控涉及「許家屯事件」，無端地遭到株連，導致星雲大師多年來無法再入境大陸從事弘法活動。

吳伯雄是佛光山全球佛光會總會長，長期擔任佛光山總護法，面對中共中央對台工作領導小組的成員，他特別從傳統宗教文化的博愛觀點說明，佛門聖地對於落難尋求投宿佛門淨地的四方大德，向來不能加以驅趕，或拒人於佛門之外，理應伸出援手接濟，或供膳，或借宿，使其溫飽。

吳伯雄的「法語開示」，即使是無神論者的共黨官員，也能心領神會。吳伯雄訪問北京回台一個多月後，星雲大師輾轉接獲通報，他已能再度自由前往大陸弘法訪問。回首兩岸廿餘年來經歷的開放老兵返鄉探親、兩岸宗教交流，以至國共兩黨合作，吳伯雄每每在重要的關鍵時刻，都曾發揮關鍵的作用。

第3章

談判・協商

中天懸滿月：台北戲棚的辜汪絕響

辜振甫與汪道涵舉行「台北會談」，原是兩會於一九九五年五月商定的政治戲碼。不過，辜汪兩老的世紀之約，因柯林頓政府同意李登輝總統訪問美國康乃爾大學，使得這齣政治大戲意外破局，辜汪台北會談即成爲歷史絕響！十二年後，二〇〇八年十一月三日，海協會長陳雲林首次率團訪台舉行「台北會談」，第一站，就是造訪當年辜振甫預定接待汪道涵的台泥大樓「士敏廳」。

位於中山北路的台泥大樓，曾是辜振甫晚年的辦公場所，也是辜老規劃辜汪會晤的場地。辜老遺孀辜嚴倬雲在「士敏廳」臨時布置的雅致會場接待陳雲林時，感慨地說道：「先夫生前建造這棟大樓，曾希望汪道涵先生來台訪問時，準備在這裡迎接汪老，哎，這一切都是天意啊！辜汪兩老在同一年（二〇〇五年）都已過去了，陳雲林會長接下汪老的工作，相信會做得更好！」

辜嚴倬雲對辜汪未竟志業的感嘆，江丙坤與陳雲林，肅穆虔敬，全神聆聽。「士敏廳」（cement，水泥）是台灣水泥的企業象徵，這裡曾是辜老晚年票戲、聽戲、看戲之地，雖然無緣接待汪道涵，卻變成陳雲林訪台的首場會見場地。陪同會見者都是辜汪舊屬，包括海基會創會祕書長陳長文、前祕書長焦仁和，海協會執行副會長孫亞夫、祕書長李亞飛，儼然是一場沒有辜汪的「辜汪台北會談」。

陳雲林在台北會談前夕，率先造訪辜嚴倬雲，如同陳雲林所說的「感情使然，心情使然」。尤其，辜家決定安排在「士敏廳」接待海協會代表團，既是感念辜老對協助建構兩岸談判機制的歷史貢獻，更象徵兩會談判進程的傳承與延續。兩岸自一九九〇年代以來即經常出現對峙局面，兩會受限於政治現實，時斷時續的特殊協商機制，無疑是具有「辜汪特色」的談判型態。

兩岸政局出現新形勢後，北京復談，台北再會，預示著兩會復談進程將呈現「百花盛開」的良性互動新局。因此，心思細膩的辜嚴倬雲，特別挑選「花鳥名家」邵幼軒的畫作相贈；以「黃鶯和鳴」比喻兩岸和諧相處，以「百花盛開」象徵兩岸和平發展；這應是表露辜老晚年推動兩岸制度化協商的終極心境。

首度來台執行談判任務的陳雲林，稍早抵達圓山大飯店時，在海基會爲海協會代表團舉行的歡迎儀式上說道：「爲了這一天的到來，汪道涵會長、辜振甫董事長兩位前輩孜孜以求，不懈努力，幾經相許，終未成願。如今兩位老人已乘鶴西去，但他們在九泉之下如果能知道今天這種場景，一定會非常欣慰！」

看似輝煌的「辜汪會談」，其實在兩岸都曾經歷內外折衝的複雜過程。李登輝與江澤民在幕後直接主導操控的「辜汪會談」，都只是雙方在執政初期，爲鞏固各自的統治地位，穩住台海局勢的政治大戲；辜汪得以在新加坡「粉墨登場」，幕後其實已經過兩岸核心幕僚祕密溝通，密使來回穿梭，始能開啓談判新局。

一九九三年四月廿七日，在新加坡海皇大廈登場的「辜汪會談」，舉世矚目，辜汪握手的畫

上海福壽園內的「辜汪會談紀念區」，辜汪握手的照片伴汪道涵長眠。

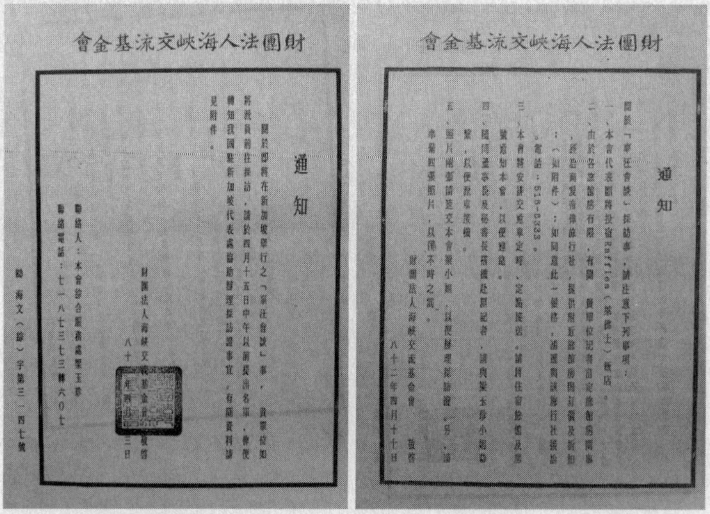

財團法人海峽交流基金會

通知

關於即將在新加坡舉行之「辜汪會談」事，貴單位如將派員前往採訪，請於四月十五日中午以前提出名單，俾便轉知我國駐新加坡代表處協助辦理採訪證事宜，有關資料請見附件。

財團法人海峽交流基金會 敬啟
八十[illegible]三日

聯絡人：本會綜合服務處鄭玉珍
聯絡電話：七一八七三七三轉六〇七

[illegible]海文（綜）字第三一四七號

財團法人海峽交流基金會

通知

關於「辜汪會談」採訪事，請注意下列事項：
一、本會代表團將投宿Raffles（萊佛士）飯店。
二、由於各旅館房間有限，有關貴單位記者自定旅館房間事，經洽國賓飯店旅行社，提供附近旅館房間訂價及折扣：（如附件）；如同意此一價格，請逕與該旅行社接洽。電話：518-8333。
三、本會將安排交通車定時、定點接送，請將住宿旅館及房號通知本會，以便聯絡。
四、隨同邱董事長及秘書長搭機赴新記者，請與鄭玉珍小姐聯繫，以便保留座機。
五、照片尚需請並交本會鄭小姐，以便辦理採訪證。另，請準備若干張照片，以備不時之需。

財團法人海峽交流基金會 敬啟
八十二年四月十七日

一九九三年辜汪會談的採訪通知

面，為兩岸談判揭開歷史新頁。不過，前與汪道涵握完手，剛回到飯店的辜振甫，一改和顏悅色，怒氣未消地說：「這種談判怎麼談呢？對方出招，我們卻不能接招，讓黃昆輝（時任陸委會主委）自己來談吧！」陸委會綁手綁腳的談判授權機制，埋下了日後「海陸大戰」的衝突火種。

當時在香格里拉飯店會客室等候訪問辜老，頓時被辜老發飆的情緒給嚇著了。雖然稍早記者會，辜老展現紳士風度，耐心地對中外記者解釋：「對方提出三通問題，我們不予回應，在國際談判的慣例上，就代表著我們不想討論這些議題。」但在國際經貿談判舞台，身經百戰的辜老沒說出口的「潛台詞」是：對黃昆輝行前要求海基會談判代表不得回應三通議題，深感不以為然。

香格里拉飯店的這一幕，經歷十餘年後，印象依然深刻！辜振甫在前往新加坡之前，因朝野政策對立，作為海基會最高談判代表，內外夾攻，腹背受敵。陸委會訓令辜振甫務必謹守事務性、功能性的談判基調，不得回應汪道涵倡議的三通議題；民進黨立委更是群起圍攻，後來當選總統的陳水扁委員更是毫不留情地攻擊辜家是「賣台家族」，一度讓辜老在談判前夕，萌生辭意。

當年李登輝政府的陸委會，瞻前顧後，患得患失，一再錯失主導兩岸經貿合作大局，與公權力介入兩岸平台的歷史契機。二〇〇八年五月，政黨二次輪替，民進黨政府黯然下台，結束八年的「綠色執政」，兩會都還來不及完成改組前，總統當選人馬英九就急著提名江丙坤接掌海基會董事長，江積極奔走海峽兩岸，倡議經貿交流大計。辜老地下有知，也該含笑九泉啊！

在辜老晚年期間，曾有多次機會在辜家雙城街寓所、中山北路台泥大樓與辜老深談時政，他也會詢問我對台海情勢與北京政局的觀察心得。辜老曾透露自己的「命盤八卦」。他說，香港「鐵板神算」早年曾預言他，「可望在台海兩岸，扮演呼風喚雨的角色。」辜老當時心想，自己只是一介商賈，既不在廟堂為官，更無意仕途，怎可能在台海兩岸之間扮演「呼風喚雨」的角色？

一九九三年新加坡「辜汪會談」，以及一九九八年上海「辜汪會晤」，印證了「鐵板神算」的神準預言，所言不虛。不過，即使辜老在兩岸談判領域能「呼風喚雨」，但前後兩位總統李登輝、陳水扁的大陸政策反反覆覆，政策路線搖擺不定，終究讓辜汪所建立起來的授權談判管道，在李扁執政廿年期間，並未發揮預期的談判功能，隨著兩老先後往生，辜汪終成歷史絕響。

辜老逝世前幾個月，有次在辜家雙城街寓所和他談到兩岸形勢，話題圍繞著他和前後兩任總統的互動經驗與執政能力評價。辜老剴切地說：「李先生是個很有政治謀略，城府很深的人，有些決策更著眼於長期的戰略規劃；陳總統決策思考的層次就比較淺顯，考慮選舉的多，長遠政策的思考比較少，他多次和我談到兩岸問題，我也提了建議，但他似乎並未眞正的關注。」

當時，李登輝的《武士道解題：做人的根本》剛問世，闡釋日本著名作家新渡戶稻造所著《武士道：日本之魂》（*Bushido: The Soul of Japan*，一九九〇年美國出版）的武士道精神，逐項解析新渡戶稻造對日本武士應具備義、勇、仁、忠、誠、名譽、克己等道德標準的內涵。台灣輿論對此特殊的政治文化現象曾有兩極化的議論。我好奇地問辜老：「李總統眞的完全領會新渡戶稻造的『武士道精神』嗎？」

與李登輝同樣接受日式教育，交往長達數十年的辜老聞言，不禁莞爾：「如果李先生眞的徹底領悟日本傳統的『武士道精神』，他早就切腹了！」與李登輝同樣具有留日背景，同樣深刻理解「大和魂」精義的辜振甫，觀察李登輝的角度與距離，應是一般人無法企及的，但如此傳神地評價李登輝的《武士道解題》，讓人對武士道精神的理解途徑，拓展了全新的視角。

辜老審度兩岸時局，經常在悲觀中展現樂觀。二〇〇一年春節前夕。辜老結束在美國德州的腎臟手術與療程返台。連戰專程前往問候，辜老送給連戰〈落葉三題〉詩作。辜老手稿不輕易示人，在養病期間的創作詩篇，更不隨意贈人，但與辜家素有三代交情的連戰，是唯一的特例。這三帖具有田園風格的詩篇，充分流露辜老旅美就醫期間的生命體會，更是感懷時局動盪的心境寫照。

青年時期因政治因素一度遠離台灣，隱居香江，還曾寫小說投稿報刊的辜老，在題爲〈沉沉〉的詩篇中寫道：「中天懸滿月，遍地照離心，落葉隨閒步，風起夜沉沉。」另一首題爲〈點點〉的詩作則寫著：「搖落金風勁，長林點點秋，成堆輕倏聚，作陣漫難收。峰出樵尋易，枝空鳥宿愁，每於飄動處，頓覺此生浮。」

當時，我在《中國時報》披露辜老病榻期間創作的詩篇，還特別在電子報專欄解析〈落葉三題〉的心境與意境，直言作者藉由「照離心」、「夜沉沉」、「搖落」、「宿愁」、「飄動」等沉鬱、灰色、離愁的詩句，抒發客居海外的思鄉情懷，因感時憂國，思鄉情濃，身心煎熬，才會興起「中天懸滿月，遍地照離心」的沉吟與嘆息。

幾天後，辜老前往民生東路三段，視察海基會業務，他踏出海基會十七樓電梯時，我趨前握手致意，他則以一貫紳士的親和態度用閩南語說：「我有看到你寫的評論哦，多謝你的指教啊！」辜老還帶著呵呵笑聲，轉換普通話說道：「你覺得我的詩有這麼消極、灰色嗎？我們再找時間好好聊一聊。」

遺憾的是，後來幾次與辜老晤談時，始終沒有請教他寫這幾首詩的原始心情。因此，無從精確地對照作者在客居美國期間的心情與詩作之間的關聯。或許也未曾向作者查證當時他對兩岸時局的觀點，所以在我印象與認知裡，辜老三帖詩作的情境屬性，都是充滿著聚散離愁與生命慨嘆。

台灣在二〇〇〇年經歷政黨輪替之後，兩岸兩會談判持續陷入僵局。辜老在家療養，偶有住院接受後續療程。有一回，在辜家寓所與辜老長談兩岸政局時，我就跟辜老說，你和江澤民在一九九八年十月的高峰對話，是我採訪兩岸談判經驗所聽聞最經典的政治對話。辜老聞言，閉目許久，露出淺淺笑容，表情頗爲得意。

一九九八年十月十八日。辜老在北京釣魚台國賓館與江澤民會晤結束前，辜老曾坦率地對江澤民建言：「今後兩岸關係的發展要有所突破，大陸方面總要務實地面對中華民國存在的事實。」江聞言，非但不以爲意，還緊握著辜老的手說道：「辜先生，我們兩岸之間不要怕有歧見，更重要的是，今後雙方要能坐下來談啊！汪老已同意接受你的邀請，明年十月赴台訪問啊！」

如何促成辜汪再會，曾經是各方關注多年的焦點。新加坡國立大學東亞研究所在二〇〇三年四月七日，就曾計畫藉由舉辦「辜汪會談十週年：兩岸關係回顧與前瞻」學術研討會，重現「辜汪會談」的歷史場景，不過，邀請辜汪兩人發表專題演說的構想，最後還是無疾而終。我在披露前述新聞前曾詢問辜老，他悲觀地回應：「汪老到，我一定到；但汪老到不到，我還不知道。」

新加坡雖想促成辜汪再會，外交部門也曾聯繫汪道涵在上海的核心幕僚，但汪老自始即表達復談無望。對於飽受病魔侵蝕，但對兩岸復談仍充滿期待的辜老而言，辜汪無法再會，應是他在走完人生歲月之前，最大的憾事吧！老驥伏櫪，壯志未酬，辜老最終未能在兩岸談判舞台，再度「粉墨登場」，誠如汪道涵託孫亞夫、李亞飛專程赴台送達的唁電所說：「天若有情，亦有憾焉！」

在辜振甫最後一次出席海基會舉辦的員工慶生會上，我拿出預先準備的記事本，請辜老寫下生日感言，辜老未加思索，熱情地用略爲顫抖的筆觸寫下：「但知春意發　誰識歲寒心　辜振甫」手稿相贈。辜老爽朗地說，期待兩岸關係破冰、迎接春天來臨，必須要有耐心與信心，他的心境，絕非消極，更不放棄任何可能。

二〇〇八年十一月，江陳「台北會談」登場前夕，辜嚴倬雲女士在台北戲棚接待陳雲林時，對兩岸新形勢所呈現的春潮湧動，曾感性地說道：「冬去春來，已經不遠！」辜老天上有知，十餘年來對兩岸關係、對兩會復談的懸念，應可釋懷！

A咖與C咖：江陳台中會談變奏曲

聖誕夜的明潭夜色，清風徐徐，浪漫宜人；涵碧樓的湖景餐廳，啤酒、音樂、美食、佳餚，有的是海基會埋單，有的是涵碧樓主人招待，無限暢飲，無限供應。這場歡樂餐敘意味著「江陳台中會談」，在聖誕夜過後，即將曲終人散。江丙坤董事長例行的吹風會結束後，聖誕夜就變成與隨行採訪記者的啤酒座談會。

剛處理完有關江陳探視埔里九二一災後重建社區、中台禪寺朝山活動，以及宋楚瑜在涵碧樓會晤陳雲林等動態新聞，回到吹風會會場，突然被江丙坤董事長點名問道：「新聞界對兩會商談的行程安排有很多指教，下次會談如何安排，現在我要聽聽你們新聞界的意見。你跑兩會新聞最久，你先提些建議吧！」

兩會商談行程安排，經常夾雜無關的參訪、政黨餐會，屢遭新聞界詬病，有些評論早在報紙上發表過，但能在聖誕夜提供建言，也就不拘形式，回饋了一些想法。尤其，當天（二〇〇九年十二月廿四日）下午，日月潭出現「不速之客」——親民黨主席宋楚瑜，打亂近百位記者採訪陳雲林遊湖行程，著實讓隨行記者相當火大。

馬英九政府的國安團隊事先曾協調，希望宋楚瑜出席當晚由南投縣長李朝卿作東的晚宴，勸阻宋楚瑜不再單獨安排會見陳雲林，但宋楚瑜對馬政府百般阻撓他與陳雲林單獨見面，也不以為然。因此，宋楚瑜在涵碧樓與陳雲林晤談後對媒體證實：「海基會確實曾透過其他方式表達，但表達得非常沒有技巧！」

總統府國安會因有「晶華飯店夜宴遭圍堵」的慘痛教訓，事前透過江丙坤聯繫國民黨榮譽主席連戰、吳伯雄、親民黨主席宋楚瑜，希望在「台中會談」期間，不再安排政黨邀宴行程，並協調聯繫連吳宋以貴賓身分出席台中市、苗栗縣、南投縣地方首長的宴會。不過，馬政府對藍營政黨領袖的「柔性勸導」，成效有限。

「你們兩位老人家很辛苦，七天六夜下來，既有協商日程，又有簽署任務，政黨領袖還要邀宴，陳會長還想到各地走透透，近百位新聞同業也要跟著你們闖南闖北，疲於奔命啊！」我在發言時簡要地提出建議：「協商是協商，參訪是參訪，政黨交流是政黨交流，兩會協商與政黨交流應有嚴謹分際，不應混為一談！」

語音剛落，江丙坤董事長好像找到知音，對我提出的建言，以及新聞界對談判任務單純化的呼聲，當場回應說道：「其實，我們早已在進行相關規劃，希望將兩會領導人的商談任務趨向單純化，今後兩會領導人交流互訪的參訪計畫，將考慮單獨進行規劃。你提出的建言與我們規劃的方向，不謀而合。」

新聞同業與江丙坤和幕僚群，圍著大圓桌，借著啤酒助興，似乎很快就針對未來兩會的商談行程安排取得「共識」。在熱絡乾杯、勸酒之際，新聞同業與海基會幕僚群，你一言，我一語，對既定商談行程受到政黨領袖的介入與干擾，海基會人員頗爲無奈地抱怨：「台灣政黨領袖爭相會見陳雲林，根本就是『A咖對C咖』嘛！」在會務幕僚的評價中，台灣政黨領袖與中共總書記都已是平起平坐的「A咖級」領袖，實在不需要與「C咖級」的談判代表維持太綿密的互動。

兩岸開展新形勢，源於國親兩黨與中共建立的政黨平台，但這畢竟只是黨際交流，在兩會重啓談判後，兩者性質與操作，理應有更合理區隔。海基會是執行政府授權談判的機構，兩岸兩會執行談判與簽署協議的任務，不僅具有相當程度的法律效果，更代表當局處理涉及公權力事項，這些都是政黨交流所無法比擬的。

政黨領袖與談判機構對任務分工的理解不同，也是造成各方齟齬不斷的主因。國共或親共兩黨建立的論壇，固然是兩岸政策的溝通平台，但兩岸政黨之間的交流與對話，應與政府授權機構區別操作，彼此各有不同屬性與功能設定，政黨領袖應尊重兩會談判任務，似不宜在開展正式談判期間邀宴或會見，以免徒增任務的複雜性。

聖誕夜過後，新一輪江陳會談在日月潭畫上句點。十二月廿五日晨，江丙坤在涵碧樓湖畔送別，陳雲林率海協會代表團取道台中清泉崗機場直飛北京；我自己則開車北上，沿途兩百多公里路程，還不時盤算著如何總結台中會談的成果，並對兩會談判所面臨的複雜形勢，以及政黨交流與兩會協商的分際，趕篇綜合報導。

稿件出手後，總編輯夏珍決定選用這篇報導作爲廿六日的頭版頭條。夏總打我分機，諮詢處理意見，我約略告之：這篇綜合報導在反映海基會會務主管和陸委會幕僚，對海協會運用協商行程空檔，強勢安排與國親政黨領袖會晤的作法所表達的不滿，以及反映政黨領袖爭相會見陳雲林，以致干擾商談行程的不耐情緒。

日月潭晨曦

江陳對話

十二月廿六日清晨，這篇綜合報導在《中國時報》頭版要聞版見報，頭條新聞呈現斗大標題「藍營大老爭相會陳　海基會不耐：A咖對C咖」，全文寫著：

國親兩黨領袖在海協會長陳雲林訪台協商期間，應邀出席縣市首長作東的餐會，或單獨會見陳雲林，引發馬政府國安決策體系對國親領袖的非議。尤其，涵碧樓的「宋陳會」導致近百位記者在遊湖的船上枯等不著，海基會對政黨交流干擾既定行程也感到不耐，更有會務主管認爲，台灣政黨領袖爭相會見陳雲林根本是「A咖對C咖」。

參與兩岸商談的海基會人員感慨地說，陳雲林雖然曾擔任國台辦、中台辦主任，但在中共對台部門的地位，只是接受中共中央台辦授權執行兩岸談判的角色，最多只能說是中國「C咖級」的對台官員，這次也是二度訪台，國民黨榮譽主席或親民黨主席等「A咖級」的台灣政黨領袖，實沒有必要爭相安排餐會或會見。

據了解，馬英九總統雖然高度肯定連戰在二○○五年開展的「和平之旅」，對兩岸關係長遠發展的貢獻，近年也兩度派遣連戰擔任「領袖代表」出席APEC峰會，但馬政府國安幕僚對連戰近年頻頻造訪中國卻持異議，日前更透過海陸兩會勸阻連宋吳不宜在「江陳會談」期間宴請陳雲林，使得連宋感到不受尊重。

陸委會發言人劉德勳在會談前曾宣示，這次將不會有「政黨歡宴」場面。據稱，因國安體系積極協調，以陳雲林已是二度訪台爲由，希望國親不再安排邀宴，以免增加維安壓力，但海協會仍與國親聯繫，爭取安排會晤或餐敘，最後才協調安排在各縣市長的宴請場合會面。

相關人士說，對海協會在台會見何人，並無法約束，但要求必須配合維安考量。日月潭的

「宋陳會」雖早已敲定，但因陳雲林稍早的行程延遲，原定遊湖後再會見宋楚瑜，即臨時決定放棄遊湖，但行程變更，兩會都不願告知媒體，直到記者在船上枯等一小時之後才被動知會。

連戰、吳伯雄稍早前曾在出席胡志強、劉政鴻的餐會上與陳會面，並未增加行程，而涵碧樓的「宋陳會」，陳雲林硬是在近百位記者枯等守候下，不見人影，海基會對記者的抱怨與指責也無奈地說，兩會協商與政黨交流應有分際，事前雖有協調，但還是無法單純化。

海基會董事長江丙坤於「平安夜」在涵碧樓與隨行採訪記者茶敘時，對於海基會的決策處境也頗多感慨。他並認爲，今後對於兩岸協商的行程，確應朝向單純化來規劃，即談判協商應與參訪交流分開進行，應可避免相關困擾。

斗大字體的「A咖對C咖」標題，就像點燃氣油桶的引爆點，藍營政黨領袖反彈聲浪四起，馬政府國安團隊、政黨領袖與海基會之間，原本呈現的和諧假象，瞬間被炸開了。見報之日，連戰辦公室主任丁遠超在接受時報同事秦蕙媛訪問時，公開點名批評國安會祕書長蘇起、陸委會主委賴幸媛「沒肩膀，

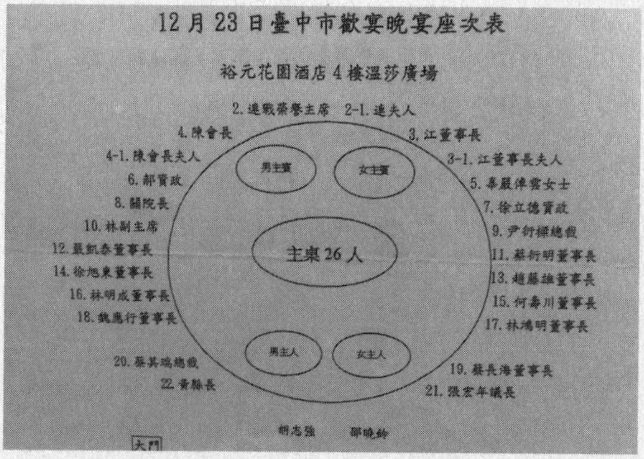

江陳台中會談期間，胡志強市長宴請賓客座位表

也沒骨頭！」

丁遠超批評說：「這些笨蛋，關鍵不在於吃飯。」他認為，國安單位、陸委會及海基會，不須透過放話卸責，也不該把事情講到馬英九身上，做決定卻不敢負責，推給馬英九總統，是陷馬英九於不義。連戰的眼界不會只在吃不吃得成這餐飯，蘇起身為最高國安幕僚長，連這些事情都處理不好，還能成什麼大事？

護主心切的丁遠超強調，兩岸關係能走到今天，是大家共同努力的成果，兩岸關係可好也可壞，好是需要時間跟基礎建立，壞卻是一夕之間的事，馬政府不必排斥連戰在兩岸之間的角色。他說：「連戰不是競爭者，而是調和與仲裁的角色。連戰出面是協助馬英九政府在兩岸關係上的推進器，而非絆腳石！」

丁遠超的炮火還意外地掃到行政院長吳敦義。他說，吳敦義在擔任國民黨祕書長時，也去過中南海、見過中共高層，「難道當黨的幕僚長，這些人情世故很重要，當了行政院長就變得不重要了嗎？」兩岸不是靠吃飯，但吃飯也是拉近感情、友誼與相互了解的基礎。如果國安系統不喜歡每次都這麼大規模，大家可以討論、尋找出恰當、安全與舒適的方式進行，溝通總比什麼都不做好。

面對丁遠超點名批評，蘇起仍維持其國安會祕書長的低調風格，不作公開回應。同樣遭到指責的陸委會主委賴幸媛則強硬回應：「私人情誼固然重要，國家大局更重要！」她說，兩會協商期間，政黨不宜邀宴，這是政府一貫的立場，因此委請海基會與政黨溝通，請縣市首長出面邀請政黨大老參加縣市首長的邀約。

政黨領袖為了與陳雲林安排飯局，意外引爆與國安團隊的矛盾，始料未及。我因報導海基會人員不耐政黨領袖爭相會見陳雲林，他們因感嘆政黨領袖根本就是「A咖對C咖」，竟讓海基會方面陷入「危殆之境」；尤其，馬英九在媒體追問後表態：「A咖對C咖，這種說法不但不妥，即使是私下說，也是不應該，對陳雲林不但不尊重，也很失禮。」更迫使江丙坤與海基會必須有所回應。

爲防堵馬政府內部矛盾持續擴散，海基會迫於複雜政治形勢，以及來自國安體系與陸委會的決策壓力，緊急通知各家媒體將舉行記者會公開說明。海基會幕僚在記者會召開前打電話給我，善意告知：「江丙坤董事長稍後在記者會上，將會澄清他沒有聽過A咖或C咖的相關說法，你會怎麼回應？」我當即嚴肅表明：「我會尊重江董事長的說法，但請海基會務必尊重我的客觀報導！」

江丙坤在記者會說：「我從來沒想過、也沒聽過A咖、C咖的說法。傳出這種說法，造成國民黨榮譽主席連戰、吳伯雄，和親民黨主席宋楚瑜，以及陳會長的困擾，深感抱歉。」江說，馬總統曾指示，兩會協商應以談判公務爲重，其他模糊焦點的活動應儘量避免；由於陳雲林與三位主席是很好的朋友，也要求與三位主席會晤。因此請縣市長出面，讓三位主席做「半個主人」。

從馬政府採取的應變作法來看，顯然仍未掌握問題根源，也並未就兩岸授權談判與政黨之間的黨際交流，理出明確分際。事實上，海協會將每次赴台執行協商談判，視爲對台工作的契機，既要完成授權談判指標，維繫與台灣政黨領袖的對話，還要爭取與台灣各界的接觸。如陳雲林在台中會談期間，還曾指派李亞飛探訪林洋港，海協會對行程的充分運用，仍是馬政府難以完全掌握的。

A咖與C咖的風波，隨著新聞熱潮的起落，終究還是趨於平靜，但馬政府國安體系，對國共兩黨的交流與兩會協商的政策分際，始終無法做出明確定調，加以藍營政黨領袖自覺並未獲得馬英九總統充分尊重，而馬的核心幕僚、國安會、陸委會官員，更視部分政黨領袖爲「麻煩人物」，平時避不見面，遇有爭議事件，彼此的心結與矛盾，自然一觸即發，甚至演變至惡言相向的地步。

C咖事件落幕兩周，報社編輯部人事異動。總編輯夏珍與《時報周刊》社長王美玉職務對調，新聞圈議論紛紛。當天夜裡，新聞界風聞此事，不少老友來電關切，撰寫「C咖新聞」的當事人是否同時調動。我回稱：「新聞並沒有錯，編輯部也沒有錯，只是新聞做大了，藍營政黨領袖不爽，點燃了馬政府的內部矛盾！」

駐京數日後，飛往哈爾濱採訪「亞伯力兩岸經貿論壇」。陳雲林是論壇邀請的貴賓，「C咖事件」再度成爲媒體聚焦的話題。論壇中場休息時段，新聞同業蜂擁而上，擠在陳雲林周圍，詢問有關兩岸商簽ECFA的進度。中天電視的江明珠委婉地問到：「台灣最近幾天的新聞是否會影響兩會的後續協商？」

陳雲林在記者圍堵採訪過程，豪氣爽朗地答稱：「海協與海基會的溝通協商完全不受影響！」他還說：「我與江董事長，彼此都是老朋友了，不會因爲這些報導，影響彼此友誼。」據涉台官員透露，其實，當這則新聞見報後第二天，陳雲林曾邀集幕僚進行分析，並研判我的新聞來源，究竟海基會何人向我提到C咖之說，但他們更關注的政治焦點是：馬政府國安團隊與連吳宋之間的矛盾究竟有多複雜？馬英九與連吳宋之間的矛盾心結究竟有多大？

先經後政：王毅領軍開展對台談判

二〇〇〇年五月廿六日（星期五），下午三時。陳水扁總統剛就職一個星期，負責統籌規劃大陸政策與兩岸關係的陸委會，成爲各國駐台使節、駐台代表急於拜會的政府機構。日本交流協會台北事務所副所長成宮治、經濟部主任横田光弘、總務部主任和田昭夫、祕書柿澤未知，當天會見了新科陸委會主委蔡英文。

日本外交官非常講究工作效率。成宮治與蔡英文寒暄後，開門見山，當面請教有關陳水扁在就職演說提到「沒有廢除國統會及《國統綱領》的問題」、台灣加入ＷＴＯ與兩岸經貿交流進程；蔡英文當面解讀說：「《國統綱領》是政策指導方針，國統會則是總統諮詢機關，提供意見供總統決策參考，至於由李遠哲院長成立的『跨黨派小組』亦爲總統諮詢機構，目的在於整合台灣內部的共識。」

成宮治在會晤過程，反覆請教有關台灣加入ＷＴＯ後，將採取何種方法迴避陸資登台，或台灣將如何運用ＷＴＯ規範的「安全條款」，迴避ＷＴＯ規定應盡之義務。蔡英文告知，台灣仍未決定將採行何種防衛條款，將在兩岸入會後再行決定。

這只是一次禮貌性拜會，日方駐台官員並無意在會晤場合，獲取扁政府的政策訊息。雙方廣泛對話過程，成宮治說明中日外交現況，並特別提醒台灣應關注時任中國駐日大使王毅的政治動向。成宮治預言：王毅日後可能會負責處理涉台事務。日方對北京情報蒐集、情勢研判的精準度，當時並未特別受到扁政府的重視。

二〇〇八年五月底，馬英九總統剛宣誓就職，國共兩黨在北京舉行會談。胡錦濤總書記設宴款待國民黨主席吳伯雄。晚宴上，酒過三巡，賓主盡歡。據與會國民黨高層描述，酒酣耳熱的國民黨祕書長吳敦義，頻頻舉杯，向中共領導人敬酒。酒量不錯的中央書記處書記、中央政策研究室主任王滬寧也頻頻回敬。王滬寧還當眾告知國民黨訪客：「我們新任的國台辦主任，將由外交部的王毅同志出任！」

二〇〇八年的最後一天。中共中央總書記胡錦濤，在紀念一九七九年元旦全國人大常委會發表《告台灣同胞書》卅週年的座談會，發表「攜手推動兩岸關係和平發展：同心實現中華民族偉大復興」的六點意見（俗稱「胡六點」），倡議兩岸協商涉外事務、探討國家尚未統一的特殊情況下的政治關係、探討建立兩岸軍事安全互信機制，結束兩岸敵對狀態，達成和平協議。

「胡六點」發表之後，這項重要談話即刻成爲中共對台政策的綱領性文件。國台辦主任王毅走出人民大會堂東門，沒有祕書，沒有警衛，只見他一個人以輕快步伐走下大會堂前的台階。面對記者攔路採訪，王毅沒有迴避，還即興式地解讀說：「胡總書記剛剛的重要講話，對台釋出相當多的善意訊息，期待台灣方面能重視兩岸關係和平發展的歷史契機，你們可要好好解讀哦！」

八年期間，王毅曾任駐日大使、中國外交部副部長兼黨組書記，原是中國外交舞台冉冉上升的明日之星，二〇〇八年三月間，與外交部長職務擦身而過，因兩岸關係出現新形勢，王毅接受胡錦濤的親自徵召，同年六月三日，接掌中共對台工作重任。當天，「王毅」的名牌出現在人民大會堂三樓「金色大廳」的海協會理事會會場時，正式向外界宣告：王毅已從外交舞台轉進兩岸舞台。

初登兩岸舞台的王毅，在「金色大廳」的首次公開演說，慷慨陳詞：「在兩岸關係發展面臨新形勢之際，我出任台辦主任，深感責任重大，工作光榮，使命艱鉅！」

王毅並對中共涉台工作隊伍宣示，今後他將全心投入新的工作，堅決貫徹中共中央確定的大政方針，爲促進兩岸關係和平發展，推進和平統一進程而不懈努力。

王毅並對海協會理事會成員強調，台灣局勢已經發生積極變化，「反台獨鬥爭已經取得重大的勝利！」今後應抓住難得出現的歷史機遇，堅持「一個中國」原則，牢牢抓住兩岸和平發展的主題，搞好新形勢下的兩岸關係。王毅從外交部副部長轉任國台辦主任，陳雲林接任海協會會長，完成新一輪對台工作的人事部署。

王毅在中國外交領域積極任事的表現，曾獲中南海的高度評價，他擅於溝通協調的施政風格，在他擔任中國駐日本大使期間，日本新聞界對他也有不錯的風評。王毅曾笑稱：「大使，就是大家都可以使用的人！」如今，從外交舞台轉進兩岸舞台，兩岸能否外交休兵，擱置爭議，開啓互利雙贏新局，則是王毅面臨的挑戰。

王毅領軍國台辦時期，正是兩岸關係良性互動發展的階段。二〇一〇年一月下旬。北京廣安門南街的「廣安大廈」，國台辦與海協會合署辦公大樓前，台灣訪客絡繹於途。有高雄市議員來京行銷南台灣旅遊產業、有國民黨前立委沈智慧來探詢ECFA商簽動向、有貿協董事長王志剛來京搭建經貿平台、有台商子弟學校來尋求政策奧援；熱絡密集的交流景況，逐漸形成兩岸「大交流、大發

上：大陸國台辦主任王毅與作者合影。
下：大陸文化部長蔡武與作者合影。

展」的新高峰。

儘管春節前夕的北京，仍持續處於低溫寒冷天候，但這座涵蓋重要涉台機構：國台辦與海協會合署辦公的「廣安大廈」，顯得異常熱絡，王毅與陳雲林，不斷地在此地會見台灣訪客，東道主宣傳的政策主軸，或台灣訪客關切的話題，都圍繞兩岸兩會對ECFA協議的商談進程。

王毅自接掌國台辦以來，陸續推動兩會執行七次「江陳會談」，ECFA商談過程，則是迄今執行難度最高的談判任務。因此，二〇一〇年年初開始，王毅從澳門到成都，從北京到廣州，幾乎是以跑馬拉松賽跑的精神，不斷會見台灣訪客，反覆說明中方的立場，以爭取輿論的理解與支持。

雖然陳雲林曾三度訪台執行協商或參訪，各省市自治區省長、省委書記或部委領導人訪台也愈來愈多，但身兼中央台辦、國台辦主任的王毅，因身分敏感，訪台時機仍是「不可能的任務」。不過，腳程勇健、積累多年登山經驗的王毅說，如有機會訪台，他一定要登上「漂亮的玉山」。

出身外交系統的王毅不僅是「爬山健將」，他還是爲了辦外交事務，在果嶺上苦學有成的「高球健將」。有一回，王毅、陳雲林與大陸全國台企聯台商會長在廣州花都進行高爾夫球敘，王毅曾以八十八桿成績，榮獲淨桿首獎。王毅私下透露，駐日期間，他經常與日本政商界球敘，「不學打球，沒有話聊，很難交朋友！」

被視爲中國外交界「明日之星」的王毅，即使轉進涉台系統，未來政治動向，依然動見觀瞻。經常與王毅接觸的台商說，他對兩岸複雜事務的掌握，相當精準，與台灣各界的交往日益廣泛，就像他學習高球的認眞態度，他以近乎專業的球技，誠懇地與台商「搏感情」，展現的就是一種樂於溝通，務實進取的開放思維。

二〇一一年初，王毅在桂林灕江畔宴請兩岸學者時透露，他在擔任中國外交部副部長時，曾帶領東盟十國副外長登武夷山、黃山，透過登高望遠，心情開闊，有助談判解決問題。把兩岸專家帶來桂林，不是來吵架的，而是希望在山清水秀之地開展對話，仁者更仁，智者更智；「像山一樣的堅定不移，像水一樣的通權達變」。

駐日期間，行事風格積極進取的王毅，不但顛覆中國外交官的傳統形象，出席東京的慈善晚會，還穿起設計名師三宅一生的時尚服裝走秀，讓東京的外國記者眼睛爲之一亮；同樣的，王毅在對台工作展現的親和作風，也讓大陸主要城市的台商領袖，感受到他超強的工作效率與執行力。

王毅認爲，今後兩岸關係應在過去的基礎上「穩中求進」。他所謂的「穩」，是指維護兩岸關係改善的政治基礎，保持兩岸關係發展正確方向；「進」則是指繼續本著「先易後難、先經後政」思路，有條不紊、循序漸進推進兩岸關係。其實，兩岸當局都很清楚，ECFA的後續協商，猶如步入「深水區」，陸續啓動的爭端解決機制、貨物及服務貿易談判，以及投保協議商談，其談判困難度都已逐步升高。

對於兩岸互動前景，王毅認爲，當前確保和推進兩岸關係的和平發展，是兩岸的共同責任。兩岸關係取得的成果，爲兩岸民眾帶來實實在在利益，但仍有些台灣基層民眾並未感受到兩岸發展帶來的利益。大陸的對台政策和惠台措施，都是面向所有民眾，沒有特定群體之分，大陸會爭取更直接方式、更暢通管道，加強和台灣基層互利合作，讓更多民眾感受到大陸釋放的善意，共享和平發展的成果。

二〇一〇年春節期間，王毅曾陪同胡錦濤在廈門漳州會見台商代表，胡錦濤表明，在兩岸商簽ECFA過程中，大陸將充分照顧台灣農民弟兄的利益；溫家寶隨後則強調大陸將對台灣「讓利」。大陸領導人相繼就商簽ECFA發表重要談話，表達大陸對建立兩岸經濟合作機制的高度重視，王毅就曾歸納說，這些談話總結就是「平等互利、合情合理、釋放善意、好事辦好」四句話。

當年三月五日，全國人大開幕之日，溫家寶提出政府工作報告後，我和幾位同業在大會堂北門大廳「截訪」王毅。對兩岸開啓交流新局的發展，王毅說，二〇一〇年是兩岸關係穩步推進之年，國台辦將鼓勵大陸企業赴台投資，希望台灣也能創造好的投資環境給大陸企業。當我問到國台辦主任訪台時機是否已成熟，王毅笑稱：「如果你提出邀請，我一定樂於前往訪問；你們會歡迎我去訪問嗎？」

在外交與對台工作領域蓄積不少政治能量的王毅，在中共十八大之後的政治行情是看俏的，尤其，王毅的仕途在馬英九總統順利連任後，外界普遍預期王毅勢必將更上一層樓；以王毅的實力而言，他應是接替大陸國務委員戴秉國的最可能人選之一，其主要競爭對手則是同樣出身外交系統的國務院港澳辦主任王光亞。

王毅在中共十八大後，最佳的安排應是升任國務院國務委員，分管外交、對台、港澳等涉外事務，即使中南海在最後布局另有考量，王毅仍有相當高的機會重返外交系統，接任中國外交部長。據稱，胡錦濤在二〇〇八年六月欽點王毅轉任國台辦主任時即承諾過，王毅仍有機會回到外交系統，展現他的外交長才。

與王毅熟識的台灣政界人士透露，王毅後勢看俏，與其在外交領域展現雄厚的人脈與驚人的動員能量有關。據說，習近平於二〇〇九年宣布訪問日本，中日在安排習近平訪日行程時，有關會見日本天皇的行程，兩國外交部在聯繫安排過程並不順暢，日本外務省一度以天皇的外交會見行程，必須在半年前提出才能安排，導致雙方關係緊張，習近平也大感不悅。

隨後，外交系統委請王毅出面協助，王毅即動員他在駐日期間的國會人脈，與他和日本歷任內閣總理大臣（首相）所建立的私人情誼，促請他們兵分多路與日本皇室溝通，再向日本外務省施壓、遊說，最終促成習近平會見日本天皇的行程明確拍板定案。據稱，習近平將該次訪日之行的成功，視爲王毅的「功勞一件」，對習近平來說，也見識到王毅在外交領域所擁有的獨到功力。

王毅領軍的對台工作體系，在馬政府執政期間，涉台利多政策盡出，協商談判也釋出諸多善意，對台灣提出逐步開放陸客赴台人數的要求，也幾乎「有求必應」，甚至還針對台灣南部基層農漁民的實際需求，擬訂「向南移，向下沉」的對台工作要點，直接與台灣南部縣市農漁民訂定契作合約，採購台灣特色農漁產品，其目的都在爭取基層民眾對兩岸交流的認同與支持。

二〇一一年十二月十六日，海協會在人民大會堂舉行成立廿週年紀念大會，中共政治局常委、全國政協主席賈慶林在發表談話時，再次重申北京對堅持「九二共識」政治基礎的態度。我在稍後的招待酒會上詢問王毅對這項談話的理解，王毅回應說，台灣民眾選誰擔任領導人，大陸沒有意見，也會尊重台灣民眾的抉擇，但大陸有必要將對台政策的基本立場與原則表述清楚。

對中共對台部門而言，台灣總統大選、立委選舉的結果，猶如是整體對台工作的「驗收期」，不論涉台政府部門、研究智庫、官方媒體，都將目光集中在馬英九與蔡英文的最後選情動向上。據一位與國務院台辦官員互動頻繁的北京台商在選前透露，在大選投票前一週，國台辦高層官員曾審愼樂觀地評估：「馬英九這次應該會低空掠過！馬領先蔡的票數應在五十萬票左右。」

國台辦在大選前的綜合研判，與台灣媒體在選前的民調數據相當接近。尤其，涉台研究智庫不僅緊盯台灣較有公信民調機構的動向，擁有眾多研究資源的廈門大學台灣研究院更是自行開展民調。據廈大台研院院長劉國深在選前向亞太和平研究基金會董事長趙春山透露，馬英九領先蔡英文的票數約在五十萬至七十萬票。涉台部門與涉台智庫對台灣輿情動向的掌握，確已愈趨精準。

在馬英九連任之後，王毅在國台辦機關刊物《兩岸關係》雜誌發表題爲「繼往開來，再譜新篇」的新年寄語。王毅直言，二〇一二年是兩岸關係克難前行、繼往開來的一年。新年伊始，兩岸關係經受了一次重大考驗，其結果關乎兩岸關係前景，關乎台海形勢走向。「令人欣慰的是，台灣同胞最終選擇了和平，拒絕了動盪；選擇了合作，拒絕了對抗；選擇了前進，拒絕了倒退。」

王毅並說，「九二共識」精髓是求同存異，即求堅持一個中國之同，存雙方政治分歧之異。大陸將繼續秉持「先易後難、先經後政」思路，推動兩岸關係循序漸進向前發展。在堅持「九二共識」基礎上繼續推進兩會商談，如期簽署投資保護和促進協議。推進兩岸金融合作，建立兩岸貨幣清算機制，探索兩岸銀行相互參股等合作。大陸也願著眼未來，爲破解兩岸政治軍事等難題積累共識，創造條件。

馬英九贏得連任，對國台辦而言，他們應會自我評價是對台政策與對台工作的成功展現，也同時證明：推動兩岸關係和平發展是一條「正確的道路」；對王毅來說，台灣政局與兩岸互動繼續朝向穩定方向發展，顯示王毅領導下的對台工作隊伍，完成了中共中央交付的重大任務。當初執意將王毅從外交部調任國台辦的胡錦濤，勢必會在中共十八大期間，再度賦予王毅全新的工作任務。

戰爭與和平：《金門協議》簽署廿週年

一九九〇年九月十一日。清晨六時。金門啚嶼附近水域，颱風剛過，天候海象大致平穩。在金門戰地仍籠罩著肅穆氣氛的安靜晨曦中，一場為因應解決台灣軍方併船遣返「閩平漁」造成船難事件的祕密會談、一次為後來兩岸事務性協商樹立經典模式的談判，正在金廈海域悄悄地開啓了歷史性的帷幕！

一艘懸掛著白色紅十字旗，但沒有任何識別編號，由軍方便衣冒充出海漁民，並沒有其他標誌的民用漁船，在拂曉黎明來臨之際，從金湖漁港緩緩出海。在沿岸軍警高度警戒下，這艘行蹤詭異的漁船，沿著漁民熟悉的啚嶼線駛出碼頭，準備航向金門駐軍傳統防衛的「海峽中線」水域。

駕駛漁船的船老大，根據「特殊乘客」要求，在出海前就將航向鎖定在祕密座標：北緯24°21'03"，東經118°08'04"。這是僱船者事先約定的航向，船老大循著標定的航海座標，緩緩地出發。船上這位「特殊乘客」是中華民國紅十字總會副祕書長常松茂。這趟出海是在執行後來被稱為兩岸紅會「金門會談」的祕密任務。

漁船行經約定海域，常松茂以目測確認鐵殼船上人員的身分，他立刻熱誠地揮手致意；站在鐵殼船前端甲板上的國台辦交流局副局長樂美眞、中國紅十字會祕書長韓長林等人，也隨即揮手向常松茂致意。雙方隔著船隻簡短寒暄問候，常松茂客串領港人，一路從金廈水域的海峽中線，引領著大陸漁船進入金湖漁港。

中華民國紅十字總會祕書長陳長文、國際組主任徐祖安，在漁港迎接中國紅會代表團樂美眞、韓長林等人，隨後並安排他們進駐金門「仁愛新莊」。樂美眞此行是以中國紅會理事身分，出席金門的祕密談判。作爲首位踏上金門的國台辦官員，當他在金湖漁港登岸的瞬間，樂美眞興奮地說：「終於踏上金門的土地了！」

廿年之後。二〇一〇年九月廿日。「凡那比」強颱侵襲福建，風急雨驟。兩岸紅會在廈門舉辦「紀念《金門協議》簽署廿週年」座談會，當年參與談判的兩岸紅會代表在廈門重逢，並講述了當年執行談判「不能說的祕密」；我應中華民國紅十字總會之邀，全程見證了兩岸紅會代表重返金廈的歷史時刻。雖然金廈小三通因颱風過境航班大亂，但兩會代表重聚金門，依然如期實現。

風雨故人來，共話兩岸紅會往事。當年首位登陸金門的國台辦前交流局副局長樂美眞說，《金門協議》是一九四九年以來，雙方授權民間團體簽訂的第一個協議，雙方都希望總結對兩岸發展有益的經驗啓示，這已成爲兩岸的共識。兩岸經常「唇槍舌劍、隔岸喊話」，但兩岸最需要的，不是坐而論道，而是起而行之。

樂美眞的岳父伍修權是中共官方所稱的「久經考驗的無產階級革命家」。伍修權曾留學蘇聯，一九三〇年回到中國後，歷任紅軍三軍團副參謀長、八路軍總部一局（作戰局）局長、中共東北局委員、東北民主聯軍和東北軍區參謀長；一九四九年之後，歷任中國外交部副部長、中共中央外聯部副部長、解放軍副總參謀長等職。

與中共高層關係密切的樂美眞就比喻說，兩岸往來猶如下圍棋，既要「博弈」，也要「覆盤」；圍棋攻防，無論輸贏，總要擺棋覆盤，總結關鍵步驟得失教訓；覆盤是爲了更好的博弈，紀念協議廿週年，就是在總結經驗，並應從經驗中得到啓示。兩岸需要換位思考、摸著石頭過河，不邁開步子走，永遠達不到目的地。

廿年後重返金門談判舊地，對長年從事對台工作的樂美眞，感觸深刻。他說，當年協議談成之後，他曾在受訪時說：「兩岸關係就像小學生答考卷，先揀容易的做，如果老是針對難題，一定會耽誤了時間，最終可能交白卷！」他還比喻說：「就像建一座大廈，光有設計圖不行，一定要有施工圖，要從一磚一瓦蓋起。」

回想廿年前，踏上金門的歷史瞬間，樂美眞說，當時的心情是很激動的，記得協議談成後，將要離開金門前夕，他徹夜未眠，想到這不平凡的「金門兩天之行」，大陸不知走過多少年的艱辛路程，想到金門馬鳴聲遠，如今綠蔭夾道。當年他從金門回到北京後，把在金門兩天感慨萬千的心情感受寫成一首詩：

何須相見動兵戎，卻喜故人海上逢。
古崗登樓風雨急，榕園信步夕陽紅。
不曾對酒清風裡，難得安寧綠樹叢。
思緒萬千逐浪去，未來盡在不言中。

二〇一〇年九月二十一日，大陸紅十字會談判代表重走金廈航線。

兩岸紅會在聯繫安排《金門協議》的商談模式時，因涉及使用兩岸紅十字會名義和相關旗幟，曾引起紅十字國際委員會的異議與強烈關切。中國紅十字會前祕書長韓長林回憶說，他曾向國際委員會說明，在紅會旗幟下完成相關遣返業務，並不違背紅十字會所主張的人道原則，《金門協議》甚至還發揚了紅十字精神。

韓長林透露，兩岸紅會在聯繫階段，他曾在福州西湖賓館住宿，因持續與台灣紅會副祕書長常松茂電話聯繫，每天都在房間與台北掛長途電話，一天打了很多通，當地飯店總機小姐警覺發現後，覺得異常奇怪，還曾向大陸安全部門及領導密報，知情領導就委婉地告訴總機小姐：「不要多管閒事，負責接線就行了！」

韓長林說，當年進入金門新湖漁港

時，曾以小船接駁，他在船艙看到了陳長文，還有一位「臉色很白，書生模樣」的人，後來才知道他是台灣國防部的鄧定秩中將，彼此心照不宣。台灣還要求大陸紅會代表上岸時不能帶相機，不能錄影，不能錄音，金門當時還是戰地，是基於軍事考量。只有台灣的常松茂帶相機。

韓長林還回憶說，雙方約定在公海會合，至於要搭什麼船、旗子怎麼掛，一開始北京沒考慮太多，後來常松茂傳來訊息，要求大陸搭乘的船，不能有「艦」字的船，要用民間的船，而且必須是木製船，「我想是避免軍方色彩或攜帶武器吧」。

廿年後在廈門再度重逢，比鄰而坐，追憶會談往事的鄧定秩中將則說，他是以台灣紅會顧問身分參與會談，主要在確保大陸紅會代表的安全與會談的順利。他說，金門會談雖然是兩岸談判的一小步，對兩岸關係的發展卻是歷史的一大步。

時任國防部作戰次長室中將執行官的鄧定秩認為，金門會談締造多項兩岸第一：第一次金廈直航；第一次政府授權民間機構簽署兩岸協議；第一次政治性商談；第一次開展「非傳統」的安全合作。期待第二個《金門協議》，就是《和平協議》。

鄧定秩說，當時金門仍為戒嚴地區，為確保會談的隱密與安全，商請金防部協助，選定新建的仁愛新村招待所為會談地點。該處隱蔽且環境清幽，四周沒有居民，並由金防部配置便衣人員，擔任警衛、膳食、勤務及海陸交通等行政支援。《金門協議》能順利完成，司令官李禎林將軍的支持協助，實為關鍵因素。

以福州市紅會副會長身分參與會談的方慶雲，本職是福州市委副書記，兼分管遣返業務的政法委副書記。方慶雲回憶說，福州是以絕密案件處理此事，知悉他參與談判任務的只有時任中共福州市委書記習近平與市長等人。方慶雲說，習近平近年回到福州探望老幹部時，見到他就說：「我還記得，你參加過金門談判！」

方慶雲透露，當年爲了順利參與金門會談，前一天他臨時被任命爲福州市紅會副會長，身上沒帶任何資料，也沒帶一毛錢，從福州趕往廈門，再前往金門會談的手續，更是歷史上從未有過的便利。他說，當年離開金門時，台灣方面送的禮物就是金門高粱，他到現在還保存著，經常拿出來看一看，當作寶貝，捨不得喝。

大陸紅會前台灣處長張希林則說，廿年前，「五位共產黨員與四位國民黨員」竟能坐在金門商談解決兩岸的遣返事宜，這在過去是很難想像的事。因此，他對國際紅十字會創始人亨利．杜南建立的紅十字運動的中立平台，特別敬佩。

從軍隊轉任大陸紅會的張希林說，他父親有六位兄弟，其中，五位是中國共產黨員，只有二叔是國民黨員，傳聞一九四九年去了台灣，但查了很多年，全無音訊。他說，大陸紅會爲了協助台灣開放探親，成立台灣事務部，他就成爲唯一的負責人，在協助台灣老兵返鄉探親的同時，也設法查尋二叔音訊，但始終沒找到。

張希林在回憶時說，是他最早發現，在仁愛新村招待所的服務人員全是「國軍」客串的，因他們進入房間前，都會先敲門，喊一聲「報告」，這如同他在軍隊的體驗，每個人都皮膚黝黑，身材壯碩，感覺「國軍」弟兄不僅親切，還都很可愛。

在金門期間，張希林還第一次體驗到台灣的喝酒文化：「深水炸彈」。在冰啤中加一小杯高粱，喝到胃裡的感覺涼颼颼的同時，還能覺得中間有一團熱呼呼的東西，很特殊的感受。他說，從喝酒文化來看，「相知無遠近，本是一家親」。

在《金門協議》簽署之後，多次執行重要遣返任務的大陸紅會前副祕書長曲折則說，回顧金門會談，他特別懷念台灣紅會的徐亨、常松茂兩位已故老友，他們對兩岸紅會的交流，功不可沒，他們如果能看到今天的發展，應含笑九泉。

兩岸紅會在執行《金門協議》初期的歷程，就像是曲折之名「曲曲折折」。但兩岸紅會開始協助兩岸民眾找人、轉信的工作，卻是一段關鍵的進程。曲折回憶說，一九八九年，台灣紅會告訴紅十字國際委員會東亞辦事處，願與大陸直接聯繫，不再透過他們轉信或接觸，大陸認爲，這是一個重大變化。

一九九〇年四月十六日，曲折在北京第一次接到常松茂打來的電話。曲折回憶說，紅會電話員急急忙忙跑來對他說：「有一通台灣打來的重要長途電話！」此前，他並不認識常松茂，也沒聽過常的名字，由於他當時分管查人轉信，常松茂可能因此知道他的名字，當時接到台灣紅會打來的第一通電話，非常高與，很激動。

在颱風侵襲廈門之際，兩會談判代表在風雨中分享了廿年前祕密開展金門談判的歷程。隔日，大陸紅會五人代表團，再次完成新一趟的金廈「歷史性航行」！韓長林、樂美眞、方慶雲、計克良、張希林與福建省、廈門市紅會人員，搭乘「金星輪」重走金廈航線，參加兩岸紅會談判代表在金門「仁愛新莊」的相見歡。

「廿年前那次航行，臨危受命，參與談判，對後續情況會如何發展，完全無法掌握，當時又沒到過金門，緊張得不得了！哈，這回旅遊來了，心情愉快，一點都不緊張！」船隻剛從廈門港出航，坐在船艙內的中共福州市委前副書記方慶雲，異常興奮地道出了前後廿年，兩次「金門行」截然不同的複雜心境。

曾是首位踏上金門的國台辦官員，樂美眞重走金廈航線，心情激動，澎湃不已，不時遠眺金門島嶼，猶如歸鄉的旅人心情。參與對台工作超過卅年的樂美眞站在甲板上透露，林毅夫卅年前（一九七九年）從金門游過這道水域前往廈門，他就曾參與後續問題的安排處理；廿年前首航金門，讓他見證了更多兩岸關係發展歷程。

「金星輪」離開廈門東渡碼頭約卅分鐘後，颱風過後的金廈水域海浪已漸趨平靜，船隻航行於解放軍駐守的浯嶼與國軍駐守的大膽、二膽之間的金廈海域。當年全程參與護送大陸談判代表航行過此地的蘇志碩在甲板上說：「當年我們和常松茂大約就是在前方水域會合，台灣船隻就引領我們進入金門水域。」

曾經打過魚，長年任職於中共解放軍沿海部隊情報監聽部門，後來轉任福建省台辦沿海處長，主管漁事糾紛調處的蘇志碩，因經常處理兩岸漁事敏感紛爭，早年曾多次上過台灣報刊、電視。他說，因工作關係參與很多兩岸事務的處理，結識很多台灣朋友，讓他感到非常榮幸。

當年雖未參加金門會談，但對執行《金門協議》扮演重要角色的中國紅會前副祕書長曲折，在船艙內談到金門行的心情感受時，情緒激動。他和已故的常松茂是多年好友，對金門重聚無法再見老友，曲折的心情略顯「曲折」落寞。

廿年前的金門仍屬戒嚴戰地，禁止中國紅會代表攜帶相機登島。不過，這回人手一機，從廈門到金門，沿途不停拍照留念。韓長林在抵達金門之後，並以航行金廈途中起草的詩篇：「金門協議二十年，眞情留在天海間，人道光芒常普照，兩岸中秋共月圓。」作爲重返「仁愛新莊」，見證協議廿年的眞情感言。

廿年前拍板定案，核定讓中國紅會代表祕密進入金門談判的郝柏村，意外地成爲兩岸紅會代表廿年後重聚會的「神祕嘉賓」。高齡九十二歲的郝柏村，精神抖擻，意氣風發。他說，他個人從打金門砲戰、互相交手的「打手」，轉為讓金門成為兩岸和平共處，相互握手，證明兩岸領導者具有政治智慧，能順應歷史潮流。

自許「比金門人還要關心金門」，被陳長文形容為「雖然九十二歲，卻像二十九歲」的郝柏村，還對兩岸紅會人員說，兩岸唯有「終結中國人打中國人」的時代，兩岸關係發展才有大好前途，兩岸紅會的金門會談，開啓了兩岸走向和平交流的起點，完成了兩岸關係歷史性的開端，具有非常重大的意義。

當兩岸紅會代表參觀重新布置的談判會場時，當年兩會主談與簽字代表陳長文、韓長林在笑談間，模擬重現了廿年前兩人對涉及敏感政治議題的精采對話：

陳長文：「長林啊，我們兩個紅會組織的名稱，應該怎麼稱呼？」

韓長林：「我們當然叫『中國紅十字會』啊！」

陳長文：「那我們叫『中華民國紅十字總會』哦！」

韓長林：「那雙方都稱『兩岸紅十字組織』吧！」

陳長文：「協議簽署日期，就寫『民國七十九年九月十二日』吧？」

韓長林：「哈哈！我們沒有這個習慣，還是寫『一九九〇年九月十二日』吧！」

回首廿年前的談判較量，兩岸紅會人員猶如在笑談間達成共識、簽署協議。其實，一九九〇年九月十二日，兩岸紅十字會祕書長陳長文及韓長林，代表兩岸當局在金門簽署合作遣返偷渡客與刑事犯的《金門協議》，彼此都展現了務實原則，與靈活彈性的溝通對話，對海基海協後來展開的事

兩岸紅會談判代表於《金門協議》廿週年，在金門再度聚首。

務性商談產生了重要啓示作用：

求同存異：兩岸紅會在協議文件中，不觸及雙方在當時仍無法達成共識的政治立場與政治原則，完全本於實事求是的精神，以解決偷渡客的遣返問題爲主要考量，先求實際問題的解決，再謀求後續共識的建立，體現「求同存異」的協商原則。

擱置爭議：兩岸紅會在協議文件上，均未使用正式的名銜，避開不提「中華民國紅十字總會」或「中國紅十字會」的稱號。雙方代表在協議簽名後，有關紀元保留空白，這項務實作爲，成爲後來「擱置爭議，務實協商」的原型協商模式。

循序漸進：在兩岸官方對官方談判仍未完全成熟之際，兩岸軍事主管與政府主管官員得以適當身分，直接參與兩岸紅會在金門舉行的業務談判，並能具體解決偷渡客遣返問題，也爲後來兩岸兩會協商模式的演進，提供先驅性的啓示作用。

靈活彈性：兩岸紅會談判代表在簽署協議文件時，並未使用正式職銜，而通稱「兩岸紅十字組織代表」，既可避免政治爭議，並能適時解決問題，這項充分展現靈活彈性的安排，更成爲後來「辜汪會談」、「江陳會談」持續沿用的靈活作法。

七星潭夜話：唐樹備的見證與回顧

上海外灘黃浦江的潮汐，不但見證過國共戰爭的歷史悲情，也同樣見證過兩會談判的風風雨雨。一九九八年十月十四日，辜振甫與汪道涵就曾在上海「和平飯店」八樓的和平大廳，舉行過一場被媒體形容為「辜汪會晤」，即沒有設定正式議題，但卻對兩岸談判進程影響深遠的歷史性對話。

作為江澤民時代「紅朝帝師」的汪道涵，是上海會談的「東道主」，他曾公開宣示說「促進兩岸政治談判是現階段全面推進兩岸關係的關鍵」，汪道涵並反覆重申江澤民在「一個中國」的原則下正式商談結束兩岸敵對狀態，並達成協議的提議，以及轉達中共涉台當局對安排兩會開展政治談判的程序性商談的規劃；促談節奏明顯轉趨強烈，汪道涵還提出了海協會的具體建議：

我主張我們這次見面後，海協與海基會繼續保持接觸。我們建議的進行政治談判的程序性商談，如果台灣方面現在開始政治談判的程序性商談還有困難，我們也建議在此之前，兩會可先進行一切有利於和平統一、有利於發展兩岸關係的對話，包括政治對話，因爲進行兩岸對話很難排除政治性的對話。這是既兼顧雙方立場又推動兩岸關係向前邁出一步的積極建議。充分體現了大陸方面求同存異，爲重開兩岸協商進行不懈努力的誠意。

當然，面對汪道涵來勢洶洶的政治談判訴求，作爲李登輝「談判特使」的辜振甫也是有備而來。辜振甫在隨後回應的談話，全力主打國安幕僚規劃提出的「民主牌」與「主權牌」。從甲午戰敗之後，清朝政府將台灣割讓給日本，談到二戰結束，國際列強擬訂的《開羅宣言》、《波茨坦公告》，以至國共戰爭之後，兩岸分裂分治，互不隸屬超過五十年的歷史事實與政治現實。辜振甫還逐字逐句強調：

談統一的前提是沒有統一，談統一要接受分治，才能談政治問題。還未統一之前，台灣應有國際空間。台灣兩千一百萬同胞的聲音在國際上聽不到，是不公平的。遺憾的是，大陸不肯尊重現實，也不肯放棄對台使用武力；而且在國際上設法阻斷我方的活動空間。這種以假設中華民國在國際上已經不存在的做法，只有加激台灣人民的反感。希望雙方在尊重分治的現實基礎上，展開建設性的對話，逐步尋求中國人長遠的福祉、全中國未來的民主統一！

辜汪第一輪交手之後，雙方安排兩會實際會務負責人許惠祐與唐樹備說明辜汪對話內容。面對數百位中外記者簇擁採訪，作爲中共對台第一線談判指揮官的唐樹備，激動地對中外媒體宣布：

剛才，汪會長和辜董事長在平靜的氣氛中，就台海兩岸一系列的政治問題，坦率地交換意見。這是一個非常好的開始。我可以很高興地告訴大家：兩岸的政治對話，剛才在和平飯店的八樓已經開始了！

二〇一一年春夏之交，時隔十二餘年，長期執行第一線對台談判任務的唐樹備，再次應邀訪台。八十歲的唐樹備早已卸下對台談判任務，在花蓮七星潭海濱民宿再見到唐樹備，雖然少了意氣風發的神采，但對和平飯店那一幕，他依舊歷歷在目：「大陸說這是開展『政治經濟對話』，台灣則說是『建設性對話』。溝通對話，直接坦率，無所不談；你提管轄權，我就提政治主權；你提中華民國，我就提領土主權完整，不容分割！……」

經歷千百年來的洋流與島嶼的碰撞、沖刷、淘洗，七星潭已形成花東海岸最為壯麗的新月形海灘。由花東縱谷溪流沖刷而下，不同造型與色彩的各式岩石，經由海浪日夜翻滾淘洗，都已琢磨成為七彩的鵝卵石礫，滿布在七星潭的海灘上；不時拍岸而起的洶湧浪濤，形成七星潭特有的觀海美景。所謂「大江東去，浪淘盡，千古風流人物」；不同時期，兩岸關係互動形勢的瞬息萬變，亦復如此。

在七星潭民宿回望兩岸談判歷程，唐樹備想起上海「辜汪會晤」。他說，一九九八年十月，辜振甫準備離開北京，取道東京回台時，曾在北京首都機場貴賓廳問道：「我有兩個博士學位，為何不能在北京大學演講？」唐當時並未直接說明原因，但事隔多年，唐樹備回憶說：「大陸方面當時是顧慮民主風氣鼎盛的北大校園，如果有北大學生當場提問冒犯辜老先生，可能會破壞當時兩會剛剛復談的和諧氣氛。」

二〇一一年四月二十三日，唐樹備在花蓮七星潭。

「海基會事前確實曾提出希望安排辜老先生前往北大演講的要求！」唐樹備說，「但因兩會剛恢復接觸，一九九八年前後，兩岸的政治氣氛也仍未完全明朗化，海協會幾經評估，最後還是安排辜老夫婦前往北大為老校長嚴復銅像揭幕。嚴復是辜嚴倬雲女士的祖父，這項特殊安排代替了公開演講，應可滿足辜老的願望，辜老心裡可能感覺不痛快，但表達的口氣仍很有禮貌。」

唐樹備說，辜汪兩老與兩岸領導人李登輝、江澤民關係密切，並都獲得充分信任；汪老博覽群書，辜老對傳統中國文化有精深的修養，辜汪兩老可說是「棋逢對手」。大陸推動新加坡會談的目的是搞經濟合作、推動兩岸三通進程，但李登輝只是想透過兩會商談的形式，凸顯兩岸對等談判的政治目的。唐樹備說：「一九九三年六月間，新加坡會談結束不久，李登輝就提出了重返聯合國的議題。」

唐樹備回憶，一九九八年上海「辜汪會晤」落幕，辜振甫邀請汪道涵在一九九九年的適當時機訪問台灣，汪老欣然接受。辜老隨即率領代表團繼續北上訪問，並在北京會見中共總書記、國家主席江澤民。在辜老回台之日，他和國台辦主任陳雲林前往釣魚台送行，等了十分鐘，辜老沒有出現，原來正與上海的汪老通電話，「我沒問他們電話裡說什麼，可見兩老有他們溝通的方式。」

「愛看書的汪老，思想活躍，經常邀約上海的學者專家研究、探索，聽取他們就對台政策提出的建言，汪老始終希望能增進台灣民眾對中共對台政策的理解與支持。」至於對海基會談判對手的評價，唐樹備說：「在我負責兩會商談工作時，海基會副董事長兼祕書長人選，總是不斷更換，包括陳長文、邱進益、焦仁和、許惠祐。大陸的談判隊伍比較穩定，台灣的政治情勢變遷太快了！」

唐樹備並證實，二〇〇三年初，新加坡南洋理工大學有意邀請辜汪兩老出席「辜汪會談」十週年研討會，並為兩會復談創造契機，新加坡駐中國大使曾找他傳達訊息，但因當時是陳水扁政府執政，北京並不接受這項安排，最後，因亞洲各地爆發SARS疫情，相關規畫最後則不了了之。

新加坡政府或內閣資政李光耀，雖然有意繼續扮演兩岸調人，意圖為辜汪兩老再搭溝通之橋，但兩岸政治形勢已出現根本性變化，兩岸當局存在尖銳對立氣氛，民進黨政府既不接受「九二共識」的復談基礎，陳水扁也持續碰撞北京對兩岸談判的政治底線，因此，新加坡方面的善意期待，最後仍以破局收場。

大陸對台交流工作日益頻繁，近年也愈來愈能精確理解、並認識台灣內部的政治勢力、民主化情勢與政黨生態的演進。唐樹備說：「台灣老百姓的國家認同，起了重要的變化。受到國際情勢的影響，兩岸關係的發展，國家認同就是認同中華民國，中華民國就是台澎金馬！其中，李登輝、陳水扁起了很大的引導作用！」

「隨著兩岸政經形勢的快速消長，台灣出現了自保的心態！」唐樹備認爲，「台灣想，我吃不掉你（指大陸），也不想讓你吃掉！既然反攻無望，又害怕被大陸吞掉，只得尋求自保。這種情勢的演變，類似十七世紀，打著反清復明旗號的鄭經，既然打不過康熙皇帝，改而向清廷求和避戰，希望比照朝鮮進貢，以維持其政權的穩定。」

曾在舊金山、華府的外交戰場上與台灣外交官展開較量，並曾在兩岸談判桌上與海基會談判隊伍反覆較勁的唐樹備，對台灣政局的未來走向，則有如此評述：「在中國綜合國力持續增強以後，台灣要搞獨立是很難的，台灣獨立也不可能被國際社會接受或承認。即使在陳水扁執政時都已公開承認，台灣不可能獨立！」

訪台期間，正値民進黨舉行總統提名黨內初選電視辯論會，唐樹備說：「蔡英文女士說，台灣要突破兩岸歷史框架，這是什麼涵義呢？就是要突破一個中國、九二共識？她的表述雖然含蓄，也沒有刺激字眼，意思是清楚的；但是，九二共識沒有了，兩會怎麼協商、兩岸交流怎麼開展，恐怕蔡女士要來回答這個問題！」

熟悉中共對台政策與兩岸談判規律的唐樹備強調，台灣如果不能堅持體現「一個中國」原則的「九二共識」，兩岸商談將無法持續；他並認爲，「九二共識」的政治基礎如果不復存在，兩岸兩會恐將無法接觸，定期性的商談勢必再度受阻，現行依據ECFA成立的兩岸經合會恐怕無法正常運作，並可能呈現停滯狀態。

表明退休身分，不再參與對台商談實務，但曾長期參與涉台事務的唐樹備強調，兩岸三通的大門打開了，兩岸迫切問題也大都獲得解決，今後任何人想把兩岸的大門再關起來很難。他認爲，台灣任何領導人如果要割斷兩岸之間的聯繫，兩岸勢必都將受到傷害，但他堅信，台灣面臨的損失更大，對大陸衝擊將有限度。

中國外交系統出身的唐樹備，過去在美日與北京曾會見過無數的民進黨人，涵蓋陳水扁、黃信介、許信良、洪奇昌、張俊宏、羅文嘉、陳其邁等不同世代精英。他說，從民進黨黨內提名的初選辯論過程得知，民進黨參選者大都只是基於選舉考慮，或爲拉攏不同選民的說法，並沒有想改變《台獨黨綱》的具體作法。

「在民進黨候選人初選辯論過程，許信良做了一件好事情，就是有效地促使蔡英文、蘇貞昌要更明確地面對兩岸問題！」唐樹備認爲，當前民進黨領導階層似乎沒有人敢於公開反對兩岸開展經濟交流合作，因爲，互利雙贏的經濟合作，確實能爲兩岸人民帶來實實在在的利益，並已成爲兩岸民眾的共識，這是大勢所趨。

長期關注民進黨中國政策趨向的唐樹備並說，民進黨歷任黨主席，許信良曾說《台獨黨綱》已是歷史文獻；施明德則說台灣早已獨立，無須再宣布台灣獨立；陳水扁也曾表態說，兩岸主權歸屬將尊重兩岸人民的主張；謝長廷更曾倡議「一個國家，兩個城市」、「憲法一中」。然而，「這些說法，有些是個別主張，有些是講了，但也沒有做到，不知道民進黨眞正的想法是什麼？」

曾任中共對台首席談判代表，在退休後曾多次以「北京聯合大學台灣研究院名譽院長」身分應邀來訪，對兩岸談判遠景的預估，唐樹備強調，大陸倡議在實現兩岸三通、全面開啓交流之後，應適時開展政治、軍事議題的談判，並非主張馬上要談統一問題，而是要鞏固兩岸談判的政治基礎；他並強調，兩岸和平發展要更加深化，「一個中國」的內涵勢必也要更加明確化。

事實上，兩岸事務性談判與「一個中國」原則相互掛勾，正是起始於唐樹備。一九九一年四月廿九日，時任國台辦副主任的唐樹備，在會見海基會創會副董事長陳長文時，首度代表中共提出「處理海峽兩岸交往中具體問題應遵循的五項原則」（即「唐五條」），這是中共在兩岸事務性談判領域，堅持一中原則的歷史文件。一九九二年的香港會談，就是在體現這項政策原則。

由於「海峽兩岸關係協會」當時仍未成立，分管對台談判事務的唐樹備，是以「國務院台灣事務辦公室」（國台辦）、「中共中央對台工作辦公室」（中台辦）常務副主任名義，在北京會見陳長文率領的海基會訪問團。這項歷史性的會面，原來是為磋商兩岸共同打擊海上犯罪的程序性問題，唐樹備藉由會面場合提出「唐五條」，就在宣示北京對開啓兩岸事務性商談的基本原則：

一、台灣是中國領土不可分割的一部分。

二、堅持「一個中國」的原則，反對任何形式的「兩個中國」、「一中一台」，也反對「一國兩府」及其類似的主張和行為。

三、兩岸應消除敵意，加深了解，增進共識，建立互信，以處理交往中的問題，維護兩岸同胞的正當權益。

四、促進和擴大民間往來，儘早實現直接「三通」，鼓勵和發展「四流」及學術等雙向交流。

五、繼續發揮許多促進「三通」和「四流」的兩岸團體和個人的作用；同時，為解決交往中的各方面具體問題，應儘早促成兩岸有關方面，以適當方式直接商談。

唐樹備是從中國外交部台辦主任，轉任國務院台灣事務辦公室副主任，他是典型外交官轉任涉台部門的談判官員。唐樹備在兩岸開啓商談之前所宣示的「唐五條」，就如同北京在華沙會談、中美外交談判、中英香港主權談判等歷史談判的操作模式，即開啓任何政治談判，中共必先堅持其設定的政治原則與前提條件。

唐樹備在與海基會展開程序性對話過程，堅持兩岸商談合作打擊犯罪，必須在「一個中國」原則下進行的立場，並不讓台灣感到意外。雖然海基會堅稱這項原則與合作打擊犯罪的程序無關，如對岸堅持納入一中原則，亦應依循台灣的國統會所制訂的《國家統一綱領》，基於對等互惠、相互尊重的精神進行事務性談判。

中共堅持兩岸商談，必先戴上「一個中國」的大帽子，兩岸協商勢必益形困難，兩岸要簽署任何協議，也將面臨艱鉅的挑戰。不過，李登輝政府並沒有逃避挑戰，反而希望透過《國統綱領》架構，建構兩岸對話機制的基礎。這是李登輝執政初期建構「國家統一論述」的戰略，也是「李登輝路線」重要組成部分，史家評價李登輝大陸政策的是非功過，有關這段重大政策的轉折，應是不能忽略的關鍵進程。

在唐樹備拋出「唐五條」之前，其實，李登輝主導的總統府國統會，在一九九一年二月二十三日通過的《國家統一綱領》前言即曾強調：「中國的統一，在謀求國家的富強與民族長遠的發展，也是海內外中國人共同的願望。海峽兩岸應在理性、和平、對等、互惠的前提下，經過適當時期的坦誠交流、合作、協商，建立民主、自由、均富的共識，共同重建一個統一的中國。」

《國統綱領》所揭櫫的第一原則更是「大陸與台灣均是中國的領土，促成國家的統一，應是中國人共同的責任。」近程交流目標並倡議「兩岸應摒除敵對狀態，並在一個中國的原則下，以和平方式解決一切爭端，在國際間相互尊重，互不排斥」等主張。李登輝執政初期的政策路線，既然走的是「追求一個統一的中國」，綱領即明確主張「在一個中國的原則下，以和平方式解決一切爭端」。

因此，李登輝及國統會的核心幕僚，包括總統府副祕書長邱進益、政務委員丘宏達、國安局長宋心濂等人，爲突破兩岸談判的政治瓶頸，決定面對北京不斷挑起的「一個中國」政治爭議，並研擬因應對策。一九九二年八月一日，在李登輝親自逐條拍板定案後，國統會第八次委員會議即通過《關於「一個中國」的涵義》的決議，總結了李登輝政府對「一個中國」涵義的最權威定義。

這是李登輝執政時期親自定調的政策文件，應是「一個中國，各自表述」的歷史濫觴，這項政策文件的歷史價值在於：首度呈現「海峽兩岸均堅持一個中國之原則」的表述文案，並首度以「中華民國」與「中華人民共和國」兩個正式國號，稱呼兩岸的政府當局。同時，這項權威性的一中涵義，即成爲兩會於一九九二年十月底在香港會談期間，雙方研擬事務性議題草案的政策依據。

當時身兼國台辦常務副主任與海協會常務副會長，全盤掌控第一線對台談判任務的唐樹備回憶說，國統會在通過《關於「一個中國」的涵義》的文件上曾說：「兩岸均堅持一個中國之原則，雙方賦予涵義各有不同」。大陸當時認爲只要台灣說出這幾句就行了，對一中實質涵義並未加以爭論，這也是後來新加坡會談得以舉行的關鍵，否則「過了這個村，可能就沒這個店」。

長年參與制定中共對台政策，即使在退休之後依然關注兩岸談判進程的唐樹備認爲，「九二共識」是兩岸談判的政治基礎，體現這項共識的「一個中國」原則，其內涵在兩岸今後開展政治談判過程，勢必要進一步明確化。同時，「胡六點」曾經提到的「台灣和大陸同屬一個中國」，其政治涵義也勢必要更加明確。

唐樹備並說，對於處理台灣問題，大陸當局從一九七九年元旦發表《告台灣同胞書》以來，總的指導思想，就是搞兩岸三通、經濟合作，至於「和平統一」，並不可能很快實現，因此，一九九〇年首次召集各部委、省市自治區舉行的對台工作會議，就形成文件要從經濟層面著手，但總體對台政策方針是不變的。

對於造成一九九五年兩會談判出現逆轉的關鍵因素，唐樹備回憶說，江澤民當年發表「江八點」，李登輝隨後提出「李六條」回應，但李先生可能是看到國際形勢出現劇烈變化，因此，另有政治謀略，計畫透過訪問康乃爾大學，並在美國發表有關台灣主權的政治演說，既爲強化台灣政治地位，也爲九六年的台灣大選造勢。

唐樹備認爲，一九九〇年代中期，國際局勢出現的一些重大變化，確實給李登輝政府提供有利條件。尤其，在蘇聯解體後，美國將中國視爲「潛在對手」，當時柯林頓政府調整對台政策，在以非主權國家身分參與的國際場合，主動幫台灣發聲，讓李登輝認爲國際形勢對其有利，然而，台灣並未掌握兩岸有利的談判契機。

唐樹備透露，由於美方曾向中方表明，李登輝訪美並不符合美方利益，但美方最後還是發給李登輝訪美簽證；加以美方於九二年間曾批准售台一五〇架F16A/B型戰鬥機，「中方忍無可忍，只好搞軍事演習，其實，鬥爭是針對美國的！」柯林頓後來訪京，發表美國對台「新三不政策」，這是中國綜合國力上升後的現實情勢。

晚霞輝映，陪同唐樹備漫步走向海堤，眺望行經西太平洋的遠洋貨輪，沿著新月彎海灘外海的航道緩緩北上。曾在兩岸談判舞台激起歷史風雲，首度來台執行「焦唐會談」（焦仁和與唐樹備），警方還計畫動員直升機在中正機場待命接駁，避免遭到群眾圍堵的唐樹備，此時，心境平和地站在七星潭海邊，聽濤、觀浪；不時擦身而過的陸客與台客，都已渾然不識這位廉頗老矣的中共談判代表。

國共密使：曹聚仁「癡漢等婆娘」

經國是哈姆雷特型的人物。他是熱情的，卻又是冷酷的；他是剛毅有決斷的，卻又是猶豫不決的；他是開朗的黎明氣息，卻又是憂鬱的黃昏情調。他是一個悲劇性格的人，他是他父親的兒子，又是他父親的叛徒！

蔣經國早年在贛南擔任行政專員時期的老友，後來被視爲「國共密使」的著名作家曹聚仁，一九四八年在上海出版的《蔣經國論》如此地描寫著蔣經國。

曾經讓蔣經國視爲知己，並曾讓蔣經國感嘆說道：「知我者，曹公也！」的曹聚仁，早年在媒體上發表的文章，還曾直率地描述蔣介石、蔣經國父子的政治性格：

他們都有點剛愎自用，都有點耐不住刺激，都有點好大喜功，他們都會用權謀詭計，使人疑懼生畏。他們都只能用奴才，不會用人才。

被視爲第一代「國共密使」的曹聚仁，一九四八年在上海出版的《蔣經國論》，號稱是「中國第一部論述蔣經國」的相關著作；六十年後，兩岸政治形勢丕變，簡體字版的曹聚仁舊著，在其子女曹景行、曹雷的支持協助下，終於在二〇〇九年五月間，由官方出版機構「人民出版社」在北京重新出版上市。

這是六十年來中共官方首度審批同意出版論述蔣經國的著作，受到中國史學界的高度重視。中國歷史學家楊天石在「人民出版社」舉行的新書發表座談會上就說：「國家重要出版社可以出版這本書，具有重要的象徵意義！」

數十年來專研蔣氏父子政治專題的楊天石透露，他在一九八八年元月蔣經國逝世後，曾參與協助「湖南出版社」，編輯出版一本有關蔣經國的日記，當年銷售數量超過廿八萬冊，顯示大陸對關於蔣經國的書，有著巨大的「社會需要」。

不過，楊天石自我調侃說，雖然當年曾爲出版社「立了大功」，但編輯者卻要承受巨大壓力，因此，他當年不敢署名，只能用筆名編輯。同時，爲處理蔣經國日記裡提到「反共」等敏感章節，他只好把蔣日記裡寫到的「共匪」都改成「共黨」。

楊天石評價說：「《蔣經國論》的適時出版，攸關給中國下一代更客觀、更全面的近代史，這對推進兩岸和平發展是有利的。對於中國近代史的發展，蔣經國是有功的，功大於過，沒有蔣經國，就沒有台灣經驗，更沒有當前的兩岸交流。」

中國社科院近代史所研究員雷頤則說，中國在八〇年代對蔣經國就有期待，當時正處於改革開放初期，社會始終關注中國的未來出路，輿論界還曾期待「中國能不能也出個蔣經國」的聲音。蔣經國治台的經驗模式，有點像早年在贛南搞建設的味道，這些改革經驗都是值得借鑑的。

一九〇〇年出生的曹聚仁，曾任中央社戰地特派記者，採訪過淞滬戰役、台兒莊戰役，並曾應蔣經國的邀請，在江西贛南主持《正氣日報》的言論工作。一九五〇年移居香港，曾在港澳地區爲國共兩黨高層領導人傳話奔走。但這段密使風雲，涉及當年國共最高機密，外界繪聲繪影，兩岸官方始終未見有權威的、完整的歷史文獻出現，一九七二年曹聚仁即病逝澳門。

曹聚仁育有多位子女，曹景行與曹雷，在大陸藝文界相當活躍。曹雷，一九四〇年出生，一九六二年畢業於上海戲劇學院，一九六五年在上海電影製片廠擔任演員。一九八二年年起任上海電影製片廠配音演員兼導演。一九九六年退休後，整理出版其父親的文稿。曹家早年在贛南，與蔣經國來往密切，蔣經國曾帶著勤務兵挑著年貨送到曹家，還曾抱起當時年幼的曹雷。

曹聚仁之子曹景行，是大陸著名的時事評論員。一九四七年出生，文革期間，下鄉在皖南山區插隊，一九七八年考上復旦大學，畢業後進入上海社科院世界經濟研究所。隨後，任職香港《亞洲週刊》副總編輯、兼任《明報》主筆。五十歲時，改行做電視，擔任傳訊電視中天頻道總編輯、鳳凰衛視時事評論員。近年專任清華新聞傳播學院訪問學者、華東師範兩岸研究所所長。

從上世紀九〇年代初期，我和曹景行經常在採訪線上，見證台灣大選、共黨大會、人大政協會議、香港主權回歸，或兩岸會談等歷史場景。每次在重要採訪結束後，我都會邀集兩岸三地新聞界朋友聚會，議論時局，臧否人物，每回與曹景行聚會的話題，總離不開曹聚仁早年的「祕密角色」。這也是曹家長期關注，但也始終難以窺得全貌，一段被歷史塵封的「密使檔案」。

「人民出版社」出版的《蔣經國論》，其實是一九四八年上海版、一九五三年香港版，和一九九七年台灣版的綜合體。由於曹聚仁的密使背景，「人民出版社」的宣傳文案特別強調：「這是一部毛澤東曾一度尋求的《蔣經國論》。」曹景行和曹雷在《蔣經國論》的出版序言就說，抗日戰爭烽火初起，他父親從書齋走上戰場，後來在戰區才有機會到贛南與蔣經國相識、相知。

曹景行認爲，由於他父親後來在贛州安家，並受託爲蔣經國的《正氣日報》主持言論編務。對贛南時期的蔣經國來說，他父親只是客卿身分，蔣經國可能視他爲友、爲師。他並透露，他父親寫下蔣經國早年形象的這部作品，應是最早促使劉宜良（筆名江南）產生撰寫《蔣經國傳》念頭的啓蒙者。家人後來在整理曹聚仁遺物時，赫然發現幾十封曹劉兩人在一九六〇年代的通信。

曹景行說，劉宜良在美國因撰寫《蔣經國傳》，遭到殺身之禍，而劉宜良遭到台灣軍情單位派人暗殺，又打亂了蔣經國晚年在台灣的權力接班布局。對歷史的詭譎際遇，曹景行感慨地評說，「如果父親與經國先生無緣在贛南相識，就不會寫出《蔣經國論》；劉宜良如果沒有撰寫《蔣經國傳》，也不致賈禍；蔣家會不會又是另一種遭遇；台灣會不會也是另一種局面？」

儘管網路小道消息之中，對曹聚仁的密使角色，繪聲繪影，傳說甚多，見諸正式機構的文件則相當有限。迄今仍缺乏兩岸當局權威的史料證明，但傳播曹聚仁密使疑雲的所謂政治傳說、內幕報導，幾十年來，在台港媒體之間未曾間斷過。其中，最主要的「傳說」則來自網路流傳，中國著名作家葉永烈的〈涵碧樓見聞〉。

二〇〇三年初，中國紀實文學作家葉永烈在日月潭旅行途中，無意間在「涵碧樓紀念館」所展示的「風雲聚會涵碧樓：兩岸關係濫觴地」文史材料看板，發現一段「不尋常的記載」：「民國五十四年七月二十日。蔣介石、蔣經國父子在涵碧樓，聽取曹聚仁密訪北京報告……」

擅於彙整片段文史材料，並將斷簡殘篇，勾勒建構成爲宏大紀實文學作品的葉永烈，後來把〈涵碧樓見聞〉寫成文章發表後，在大陸引起廣泛回響，好像找到足以佐證曹聚仁擔任密使的「珍貴史料」。尤其，網上文章經由各方競相轉帖、討論、回應，涵碧樓來源不詳的野史記載，竟然變成了兩岸密使的「權威檔案」。

二〇〇九年初，春節期間。在日月潭湖畔的涵碧樓度假，終於見到了這段在網上傳說多時的「權威史料」。回到台北後，多次電詢承建紀念館的鄉林建設，查詢這些展示文案的文獻來源，鄉林副總經理應致德回應說，因當年的承辦人已離職，文史資料究竟依據那些檔案整理而成，目前已找不到原始紀錄。

涵碧樓大飯店現址，過去曾是蔣介石在日月潭的行館舊館，毀於一九九九年的「九二一大地震」。隨後，鄉林建設集團全新改建爲一家五星級的頂級休閒度假飯店，鄉林還斥資興建一座「涵碧樓紀念館」，展示蔣介石、蔣經國父子早年在日月潭的歷史照片、文案。最受爭議的展示資料正是「風雲聚會涵碧樓：兩岸關係濫觴地」。

涵碧樓紀念館有關「兩岸關係濫觴地」所展示的說明文字，對參觀遊客來說，像是官方提供的歷史檔案資料，又像是學者專家的調查研究論文，尤其，明確指陳蔣氏父子曾於一九六五年在涵碧樓見過曹聚仁，對晤談內容也有摘要描述，以致近年引起兩岸相關學術界的熱烈議論，其中，未經官方證實的展示文案內容包括：

- 民國五十四年（一九六五年）七月。蔣公親點香港作家曹聚仁前往北京，周恩來在頤和園與曹見面，提出「第三次國共合作」，「只要政權統一，其他問題都可以坐下來共同商量安排」的構想。
- 民國五十四年（一九六五年）七月二十日。蔣介石、蔣經國父子在涵碧樓，聽取曹密訪北京報告，形成一個與中共關係和平統一中國的談判條款草案，當時稱爲「六項條件」。其中第一條即爲：蔣介石仍爲中國國民黨總裁，可攜舊部回大陸，也可以定居在浙江省以外的任何一個省區；北京當時建議以江西廬山做爲蔣介石的「湯沐邑*」，意即台灣最高長官在中國大陸的起居與辦公之地。

・民國五十四年（一九六五年）十月三日下午。毛澤東在中南海懷仁堂接見曹聚仁，毛對蔣的態度，已從蔑視轉向容忍，並承認他在中國現代史上的作用，並有「準備和自己的政敵握手」的想法。

春節過後，從日月潭涵碧樓北上後不久，曹景行從上海飛來台北採訪，我特地約了曹景行連袂前往國民黨中央黨部舊大樓（已出售給「張榮發基金會」，但仍保留部分樓層作爲黨史會辦公之用），拜訪國民黨文傳會黨史館主任邵銘煌，查證有關「曹聚仁來台會見蔣氏父子」的傳聞。

專研近現代史的邵銘煌強調，根據國民黨黨史檔案以及權威可靠的「侍衛日誌」，他明確斷言，民國五十四年七月二十日，蔣介石當天並不在日月潭，而是在桃園大溪行館。不過，他說，蔣介石當天不在日月潭，並不代表曹聚仁就不是國共密使，原因很多，可能是曹聚仁記錯日期；或紀念館的文案「出口轉內銷」，東抄西湊，參考未經證實的網路文章而來的。

長年關注其父親曹聚仁史料動向的曹景行認爲，雖然他也無法證實涵碧樓記載的眞假，但台灣方面的「侍衛日誌」或涵碧樓紀念館的文史資訊，畢竟都不是權威的歷史檔案。他說，《蔣經國論》可以出版，代表兩岸已經到了可以比較客觀研究的階段，但因密使檔案，事涉兩岸的核心史料，仍待兩岸當局解密，他也籲請美國ＣＩＡ與英國殖民香港時期的相關檔案史料能早日公開。

曹聚仁扮演國共密使的政治傳聞，半個世紀以來，撲朔迷離，虛實難辨。曹聚仁是否來過台灣，或是否眞的在日月潭見過蔣氏父子，始終未見權威的官方檔案，尤其，國民黨與其所屬的文宣單位、派駐香港的媒體機構，早年對活躍於港澳與海外的曹聚仁都視其爲「左派文人」，對待其「密使檔案」勢必更加戒愼小心。

二〇〇四年九月間，大陸《南方週末》曾刊載署名韓三洲所寫的〈文人原來是密使：曹聚仁與兩岸談判〉文章，對曹聚仁的人物評說就曾寫道：「在現代文化史上，曹聚仁是一個『舅舅不疼，姥姥不愛』頗有爭議的人物。左派罵他是反覆無常的小人政客，右派則罵他爲共產黨的統戰分子。」兩極評價，似乎是擔任密使者必然承受的「宿命」。

對曹的密使祕聞，韓三洲則歸納有兩種說法：一是蔣經國曾祕密派船，專程來香港接曹聚仁前去台灣（曹的老朋友王方語）；二是蔣經國移樽就教，坐軍艦到香港外海，接曹上去商談（香港報人羅孚語）。其間，曹聚仁出示毛澤東給蔣介石的一首〈臨江仙〉，詩中有「明月依然在，何日彩雲歸」之句，道出了毛澤東「國共再攜手，一笑泯恩仇」的誠意。

相對於港台兩地對曹聚仁密使角色的繪聲繪影，或各式難以證實的小道傳聞，隨著政治空間的逐步開放，大陸近年來關於曹聚仁的權威史料就相繼問世。一九九八年，中共中央文獻室出版《周恩來年譜》，就曾多次出現「曹聚仁」的名字，使得曹聚仁在台海兩岸可能扮演的密使任務，得到官方比較權威的佐證：

註：周朝天子在自己領地賞賜給諸侯住宿，並供其齋戒沐浴的封邑。

・一九五六年七月十一日。（周恩來）出席中共中央書記處擴大會議。會上商議周恩來接見原國民黨中央通訊社記者曹聚仁的事宜。

・一九五六年七月十三日、十六日、十九日，（周恩來）先後由邵力子、張治中、屈武、陳毅等陪同，三次接見曹聚仁。

《周恩來年譜》既是中共中央文獻室出版的，自然稱得上代表中央官方的權威史料，也是最正式的官方檔案。曹景行就認爲，以周恩來的身分，當時在「中共中央書記處擴大會議」商議接見曹聚仁，可見他父親當年從事的政治任務非比尋常，否則，在中央書記處這種級別的高層會議，根本不可能討論這項事宜。

曹景行回憶說，一九五六年間，他母親鄧珂雲女士帶著他北上，並和父親曹聚仁在北京會面。「那年我才十歲，跟著父親見到邵力子等人，他們大人忙著開會，而邵力子和夫人，則陪著我們在北京西郊頤和園附近爬山。」

根據《周恩來年譜》記載，以及周辦主任童小鵬的回憶，周恩來在頤和園會見曹聚仁時，曾經闡明「國共第三次合作」的思想。曹曾詢問周恩來，關於「和平解放台灣」的談話究竟有多少實際價值。周答稱：「和平解放的實際價值和票面價値完全相符。國共兩黨合作過兩次，第一次合作有國民革命軍北伐成功，第二次合作有抗戰勝利。爲什麼不可以第三次合作？」

一個月後，曹聚仁在他任職的《南洋商報》，刻意在文章裡披露中共高層有意開展「國共第三次合作」的思考，技巧地向外界傳遞了國共可以第三次合作的政治訊號。據稱，這項報導也等於間接證實了曹聚仁與周恩來「過從甚密」的政治關係。

一九五六年十月七日，周再次和曹會面。《周恩來年譜》記載，周回答曹詢問台灣回歸後，將如何安排蔣介石的職務。周說：「蔣介石當然不要做地方長官，將來總要在中央安排。台灣還是他們管。陳誠如願到中央，職位不在傅作義之下。」

依據中共中央文獻記載，一九五六年起，曹聚仁應與毛澤東、周恩來建立直接對話管道。一九五八年八月間，台海爆發金門砲戰，兩岸形勢日趨緊張，隨後，毛澤東曾接見曹聚仁，並透過他釋放有關中共對金門砲戰的後續策略。曹聚仁後來即以「郭宗義」之名對外披露獨家新聞，再次扮演了對台傳遞訊號的特殊角色。

八二三砲戰方歇之際，中共解放軍砲擊攻勢出現戰略轉折。一九五八年十月六日，毛澤東親自草擬《告台灣同胞書》，並以國防部長彭德懷的名義，交給《人民日報》對外發布。但受到外界注意的是，在這項重要停戰文告公開發表的前一天，十月五日，曹聚仁任職的《南洋商報》，竟能比中共機關報更快地搶先披露獨家新聞：

【本報駐香港記者郭宗義三日專訊】據此間第三方面最高人士透露，最近已有跡象，顯示國共雙方將恢復過去邊打邊談的局面。據云：在最近一周內已獲致一項默契，中共方面已同意從十月六日起，爲期約一星期，停止炮擊、轟炸、攔截台灣運送補給在金門、馬祖的一切船隻，默契是這些船隻不由美艦護航。

曹景行認爲，從相關史料得知，他父親從一九五〇年代中期，就成爲國共兩黨的溝通管道。他父親常以「燈檯守」自許，駐守香港，等待兩黨「床頭打，床尾和」，但等到貧病交迫的暮年，他父親終於留下「經國不願當李後主」的關鍵評語。

一九七一年七月廿八日。曹聚仁在一封家書中寫道：「國際局面變化很大，我這個燈檯守，只能癡漢等婆娘似的，等他們送媚眼來，只不知何日好事能成雙耳。最近幾年，怕的還得工作下去。我精神這麼不濟，雙方都不讓我走呢！」

輾轉港澳兩地，等候國共兩黨捎來溝通信息的曹聚仁，最後還是沒有等到國共願意合作的訊號。隨後，在美國總統尼克森訪問北京，中美關係正常化出現重要端倪之際，國共三次合作的倡議，不了了之。一九七二年七月，曹聚仁病逝澳門。

晚年滯留在澳門等待國共兩黨訊息的日子，就如同他自己所形容孤寂的「燈檯守」。一九六九年年底，曹聚仁在寫給上海女兒曹雷的家書中寫道：「十九年來，我的孤獨寂寞生活，只有窗外月知道，我要是不會寫文章的話，我早變成瘋子了。」晚年重病住院期間，曹聚仁則在《浮過了生命海》書中感悟地寫著：「人不過是一根蘆葦，是自然裡面最脆弱的東西，但他是一根會思想的蘆葦。」

曹雷近年在接受陸媒訪談時曾回憶說：「關於父親的身分，外界一直沸沸揚揚，但家人很少發言，直到一九九六年看到原周恩來辦公室主任童小鵬發表的回憶文章，和一九九八年中共中央文獻室出版的《周恩來年譜》，才感覺必須得說出一些東西來。」一九九八年，曹雷就在台灣《聯合報》發表〈父親原來是密使〉專文，首次以家人或親歷者身分，披露相關細節，廣受各方矚目。

前中共中央調查部部長羅青長曾說：「曹聚仁先生的一些資料，出於保密原因，還被存放在國家有關部門的檔案館中。」要更精確地解讀曹聚仁的密使眞相，仍待更多史料問世，或開放官方絕密檔案，始能探究那段神祕互動的歷史。曹家子女在《蔣經國論》重新出版之際曾寫道，蔣經國做事是從來不留片紙隻字的，那麼蔣曹最後交往的歷程，究竟還有那些關鍵祕辛，可能都將成爲「永遠的祕密」。

二〇一一年仲夏，在上海「福壽園」尋訪陳潔如女士、汪道涵會長的墓園後，陳潔如的外孫陳忠人引領我找到曹聚仁老先生的墓園。驀然發現，兩位抑鬱而終的「國共密使」與「辜汪會談」談判代表的墓園，相隔竟只有五十公尺。在曹聚仁墓園憑弔曹氏夫婦與曹景仲先生時，兩岸六十年來的國共祕辛與「辜汪會談」的歷史場景，歷歷在目，恍若時光的縮影，隨著兩老安詳地灑落在這座靜穆的人文墓園。

曹聚仁（一九〇〇～一九七二）與鄧珂雲（一九一六～一九九一）夫婦的墓碑上鐫刻著曹聚仁生前親筆書寫的一首七言絕句：

海水悠悠難化酒，
微生有筆日如刀，
戰場碧血成虹影，
生命由來付笑嘲。

「國共密使」曹聚仁走完了他在港澳漫漫長夜等待的一生，雖

曹聚仁夫婦的墓碑

然國共兩黨沒能在一九七二年前重新聚首會談，但廿年後，他的「福壽園鄰居」汪道涵，親身參與了開啓兩岸談判大門的新加坡「辜汪會談」，還見證了兩岸關係發展的歷史進程。曹汪兩位老人應可在「福壽園」長眠安息了。

第4章 透視紅牆

城樓上的總書記：從胡溫體制到習李體制

中華人民共和國為慶祝建國六十週年所舉辦的閱兵大典，論國際矚目、看閱兵規模、評歷史意義，應是僅次於一九四九年十月一日，中國共產黨政治強人毛澤東主持的「開國大典」！

前任總書記江澤民、現任總書記胡錦濤、未來總書記習近平，三人同時出現在天安門城樓觀看閱兵，現場採訪這一幕黨政權力傳承與接班態勢的政治場景，應是值回票價的歷史見證。這也是中國建國六十年來，最高黨政權力體系難得同時出現「三代同台」的歷史畫面。

習近平即將於二〇一二年中共十八大之後，陸續接掌中共中央總書記、國家主席、中央軍委主席。十八大的權力布局如果沒有出現重大意外，二〇〇九年十月一日，天安門城樓所呈現的場景，顯然是中國現代史上最重要的一天。過去、現在、未來，前後主導中國黨政軍大局可能長達卅三年的江澤民、胡錦濤、習近平「三代總書記」，同時出現在天安門城樓的閱兵觀禮台上。

天安門廣場是中國首都北京「中軸線」的核心區域，廣場北面的紫禁城，則是明清皇朝的權力中樞。天安門城樓最中央的閱兵台，從長安大街觀禮區往上看，剛好在毛澤東巨幅畫像的正上方。

中央站立的十二個人，有胡錦濤領銜的九名中央政治局常委，其他三人分別是前總書記江澤民、前國務院總理李鵬、朱鎔基。

這批中國最高層領導人排列站立的位置，則按照中國官場左大右小的習慣，依序排列，這是權力的排序，從專制皇朝到共黨天朝，並沒有任何本質改變。為了禮遇江澤民，安排江站在胡錦濤左側，其餘就按其政治局常委排序，左右分立，現任政治局常委兩側則是李鵬、朱鎔基，以及仍然在世的前任副總理等領導人。

習近平站在賈慶林與賀國強之間，他可能意識到城樓下有無數的中外記者，或各國貴賓的相機鏡頭正對準城樓，因此，在閱兵過程，習近平表情嚴肅，也可能陽光照射，站在城樓上長時間曝曬，略顯疲憊，反而是江澤民與胡錦濤交頭接耳，對受閱部隊或遊行花車，指指點點，有說有笑。

在兩岸呈現新形勢之際，中國舉行大閱兵，為表示對台灣的重視，並展現北京與台港澳和海外華僑民族大團結的統戰形象，中方特別安排台大名譽教授胡佛等七位來自知識界、統派社團、工商界、台商代表，登上天安門城樓參觀大閱兵。獲邀登樓觀禮者，有的是著名政治學者，有的是對中國經濟發展迭有貢獻的台灣企業家，有的則是熱心推動兩岸「和平統一」的統派團體負責人。

一九四九年十月一日，毛澤東在天安門城樓宣布：「中華人民共和國成立了！」當天在天安門廣場舉行的「開國大典」，中共邀請當時已在北京的台籍泰雅族人田富達登上天安門城樓觀禮，用以表示台灣人民，尤其是台灣高山族都見證了新中國誕生，中共對台工作與統戰，可謂「用心良苦」；這是六十年後，台灣居民第二度被邀請登樓觀禮，政治用意格外受到矚目。

受邀登樓與中國領導人一起參觀大閱兵者，包括台大政治學教授胡佛、張麟徵、台灣「兩岸和平統一促進會」會長郭俊次、台灣勞動黨主席吳榮元、台灣「中國統一聯盟」主席紀欣、全國台企聯會長張漢文、潤泰集團總裁尹衍樑。由於這是特殊場合的特殊安排，國台辦主任王毅與台灣貴賓在大閱兵前夕，同時住宿「北京飯店」，並專程陪同台灣客人登上城樓觀禮。

國慶大閱兵觀禮的座位區域，有三種不同接待規格。最受禮遇的貴賓區，是與外國領袖、黨政首長、政治局常委所在的天安門城樓；其次是城樓下方的臨時觀禮台，其他的則安排在天安門對街、大會堂北側的臨時觀禮區。未能登樓的台灣貴賓則安排在城樓下方的臨時觀禮區。

負責邀請台灣代表出席觀禮的部門，涵蓋全國政協、中央統戰部、中央台辦、民革中央、台盟中央、全國台聯、全國台企聯等，原計畫邀請黃埔退役將領，因閱兵活動事涉敏感，最後並未邀請。當天出現在觀禮區的貴賓包括：威盛集團王雪紅、徐滔、華航魏信雄、中油前董事長陳朝威、群益集團董事長陳田文、美吾髮企業李成家、各地台商代表林清發、葉惠德、王任生等人。

據獲邀登樓的台灣貴賓形容，當天的天安門城樓應是全中國安全警衛級別最高的地方，由於「三代總書記」同時出席觀禮，加以國慶活動的安全警戒是前所未見的嚴密，因此，當他們隨同國台辦主任王毅登樓報到時，必須憑專用電子通行證件，刷卡坐電梯上城樓，進入城樓二樓貴賓區，就像參加五星級大飯店的國慶酒會，還有機會和江澤民、習近平致意寒暄幾句。

長期在福州、廈門任職，並曾在浙江擔任省委書記的習近平，從政仕途始終有被壓抑，有志難伸的感覺，但最後得以「回京」的關鍵轉折就在上海市委書記陳良宇的「貪腐事件」。這是胡溫整頓「上海幫」政商勢力所掀起的反腐行動，胡溫藉反腐之名，摘除陳良宇的烏紗帽，等於廢了上海幫在中南海處處掣肘的政策障礙，實質獲益者則是習近平踩上了「回京」的踏腳石。

二〇〇七年三月廿四日，新華網發布短訊：「中共中央決定：習近平同志任上海市委委員、常委、書記；韓正同志不再代理上海市委書記職務。」當天下午，中央書記處書記、中央組織部部長賀國強在上海市黨政幹部大會上宣布「中央關於習近平同志任中共上海市委書記的決定」，這標誌著「陳良宇事件」終結，習近平在上海「最困難的時候」扮演了救火隊員的角色。

賀國強在布達習近平接掌上海市委書記的大會上說，上海是國際大都市，也是中國最大的經濟中心城市，在中國國民經濟中具有舉足輕重的地位。改革開放以來，上海在經濟、政治、文化、社會和黨的建設等方面，都取得顯著成績。最關鍵的是，賀國強說：「中央認爲上海的幹部隊伍是好的，對上海的廣大幹部是充分信任的！」既安撫，又招安，旨在平息上海可能出現的不安氛圍。

賀國強說，去年（二〇〇六）九月，中央決定查處上海社保資金案，並對陳良宇嚴重違紀立案檢查，決定由韓正代理上海市委書記。半年來，韓正帶領市委一班人，貫徹執行中央的指示精神，緊緊依靠全市幹部群眾，全力支援配合中央工作組的查案工作，加強領導，狠抓工作落實，保持各項工作有序推進。「中央對上海的工作是滿意的，對韓正同志這段時間的工作是肯定的。」

賀國強馬上切入主題強調，這次上海市委書記的配備，是從全國工作的大局出發，充分考慮上海市的特殊地位和領導班子建設的實際，根據工作需要和幹部交流的精神，經過認眞比選、反覆醞釀、愼重研究決定的。賀國強當時即已意識到，習近平接掌上海市委書記只是「過渡性質」，半年後的中共十七大，習近平勢必「班師回京」，只是不知習近平的後勢發展會如此強勁。

賀國強當時公開推崇說：「習近平同志政治上強，有較高的思想政策水準；熟悉黨務和經濟工作，宏觀決策能力比較強，領導經驗豐富，組織領導和駕馭全域能力強；注重抓班子、帶隊伍，堅持民主集中制原則，講究領導藝術和工作方法；作風深入務實，關心群眾；處事穩重，公道正派，善於團結人，要求自己嚴格。中央認爲，習近平同志擔任上海市委書記是合適的！」

習近平在接受人事布達後致詞說：「中央決定調我到上海工作，這是黨和人民對我的信任和重

上：城樓上的總書記和共黨領導人
下：中國國慶大閱兵：解放軍坦克經過天安門廣場。

託，深感責任重大。我堅決服從中央的決定，決心在以胡錦濤同志爲總書記的黨中央領導下，團結市委一班人和市級各套班子成員，依靠全市廣大幹部群眾，儘早儘快適應新環境，盡心盡力做好新工作，盡職盡責履行新任務，決不辜負黨和人民的期望！」

雖然接掌市委書記，但上海幫勢力短期內恐難以完全「弭平」。習近平還是得拉攏原有市委團隊，並做好安撫工作。他說：「解放後，特別是改革開放以來，上海創造了輝煌成就，爲服務全國大局作出了巨大貢獻。上海人民勤勞智慧、精明開明，富有創造性；上海幹部思想解放、奮發有爲，整體素質高。」

處事圓融的習近平也不忘安撫元老派。他說，他將在原有基礎上，忠實履行自身職責。一要當好學生。認眞學習鄧小平理論和「三個代表」重要思想、《江澤民文選》、科學發展觀等戰略思想；二要當好公僕；三要帶好隊伍。他認爲：「個人的作用是有限的，工作是靠大家幹出來的。要按照提高黨的執政能力和保持先進性的要求，以實際行動向黨和人民交上一份合格的答卷。」

習近平出身「太子黨」，他相信恩格斯所說：「困難和解決困難的辦法，總是同時產生的。」但因他父親、中共元老習仲勳曾被「四人幫」構陷、長年遭到關押審查，習近平總是低調行事，不張揚。習在浙江省委時，就曾對當地媒體談及他的心情與處境：「有一種在浪尖上顚簸的感覺，有一種探路者直面荊棘的感覺，有一種臨深履薄、讓人不敢懈怠的感覺。」

習近平在擔任浙江省委書記期間的工作心情，在「維基解密」揭露美國駐華大使館於二〇〇七年三月十九日匯報回美國國務院的機密電文中有相當傳神的描述。由於中國高層領導人對各自分管業務的職掌有明確規範，時任浙江省委書記的習近平並不負責外交事務，對與美方的接觸極爲謹愼，但駐華大使宴請習書記的內容曝光後，對習或多或少都會有尷尬的處境。

「維基解密」有關美國大使館與習近平的談話摘要文件，建立日期是中共中央任命習近平接任上海市委書記的五天前。這場晚宴，顯然是美國大使有意拉攏習的「政治晚宴」。大使館向華府彙報的談話摘要，從浙江的經濟發展，到習近平剛看過《搶救雷恩大兵》，自認是「好萊塢電影迷」，談到習對張藝謀執導的《滿城盡帶黃金甲》，表示難以理解等話題，呈現習近平鮮為人知的休閒生活面貌。

習近平和駐華大使在晚宴談論中國電影、導演，以及他對一些電影的看法，顯然對電影文化有深刻的體驗。例如，談到他看過《搶救雷恩大兵》、《無間道風雲》（台譯《神鬼無間》），習也批評張藝謀，以及《臥虎藏龍》和《無極》等題材的電影，他認為這些涉及宮廷陰謀的電影，大多數都沒有獲得奧斯卡或其他獎項提名，沒有什麼價值。習還提到賈樟柯執導的《三峽好人》，在威尼斯電影節獲得金獅獎。

機密電文中寫道：「習近平作為繼任胡錦濤主席職務的競爭者之一，他把浙江省的發展描述為推進國家經濟增長的主要驅動力。浙江在人均收入排名領先，在農民工就業和向中央政府上繳的財政收入貢獻巨大。習近平並駁斥了有關外界對經濟過熱的擔憂，他強調，浙江省的經濟增長越快，向中央政府上繳的財政收入也就越多。這些收入支撐著中西部較貧困地區的經濟發展。」

「習書記在大使晚宴席間，進行了友好的討論。中國現在有多個省市的一把手（省委或市委書記），將來要競爭國家的一把手，和這些省市相比，習近平認為浙江的形勢更好。」習在談話過程還提到了中國的「漢唐盛世」，以及清代的「康雍乾盛世」，他認為，這些重要的歷史時期沒有持續更長時間是一種罪惡，當前的國家發展戰略，就是應該延長和平與經濟高速發展的時期。

二〇一〇年十月十八日，中共十七屆五中全會決定：增補習近平為中央軍事委員會副主席。十月廿八日，十一屆全國人大常委會表決通過：增補習近平爲國家軍委副主席。五中全會與人大常委會兩項決議表明，在十七大之後躋身政治局常委、中央書記處首席書記、國家副主席、中央黨校校長的習近平將於中共十八大繼任中共總書記，成爲第五代領導核心，幾無懸念。

接班地位確立，黨政軍權力光環集於一身的習近平，政治動向更加受到國際矚目。當年十一月下旬，在胡錦濤奔走於韓國首爾的G20首腦會議與日本橫濱的APEC領袖高峰會；溫家寶忙著會見參與廣州亞運會的各國領袖、出席在澳門舉行的「中國—葡語國家論壇」之際，最受外交圈關注的焦點，則是習近平出訪新加坡，開展了弘揚他未來治國理念的「學習之旅」。

據中國外交官員透露，在五中全會增補爲中央軍委副主席的習近平，外交部原來只爲他安排出訪非洲三國，但習近平看過行程後，主動要求外交部增加安排訪問新加坡。習近平已有十七年沒有到訪新加坡，而新加坡領導人多次邀訪，所以決定利用出訪非洲之際回訪。

習近平與星國領導階層密集會談，並與李光耀「戰略對話」。他在新加坡對未來治國理念的闡述，更受矚目。他就今後如何處理與周邊國家關係發表三點看法：一、中國仍屬發展中國家，對此始終保持清醒頭腦；二、繁榮穩定的中國，不會對任何國家構成威脅，只會帶來更多發展機遇；三、中國將爲維護地區和平，促進共同發展，承擔力所能及的責任。

新加坡雖是蕞爾小國，幾十年來得以穩健地立足於東南亞，並經常扮演區域的決策樞紐，關鍵就在它是一個重視戰略思考的國家，尤其深諳國際事務的李光耀是老一輩的戰略家，多年來憑藉著他與兩岸不同世代領導人的交往與友誼，維繫了新加坡對兩岸事務的影響力。

李光耀在中共十七大後，習近平剛晉升政治局常委之初，即率先在北京會見習近平，親自體會中國新一代領導人的決策思維，並建立直接對話管道；習近平也將往訪新加坡作爲確立接班地位後，闡述治國理念「學習之旅」的出訪首站。習、李的戰略對話，既表達習近平對亞太地區老一輩戰略家的敬重，也有意藉機向地區各國傳遞訊息，對習個人的治國理念應有重要啓發。

對習近平掌權後的動向，曾多次與習近平懇談的李光耀，應具有權威的發言權，美國華府就非常重視李光耀的評估與建言。據「維基解密」披露的美方外交檔案，二〇〇九年六月四日，美國駐新加坡大使館發回國務院的電文，就曾記載五月卅日美國副國務卿史坦柏格與李光耀在新加坡的談話要點。

史坦柏格詢及有關習近平是否會延續胡的對台政策？李光耀預言，這是一定的，習近平雖被劃歸「江澤民人馬」，但江的影響力就要消失了；現在的焦點是維持統治系統，因爲已經沒有鄧小平那樣的強人了。「江澤民不喜歡胡錦濤，但無法阻止胡錦濤接班，因爲胡錦濤獲有系統的支持，而且沒有犯錯。」

習近平父親習仲勳是陝北地區中共領袖之一，與高崗、劉志丹共同創建「陝甘邊區革命根據地」。文革前後，習仲勳受到小說《劉志丹》波及，遭致康生等左派羅織罪名加以迫害，被扣上「反黨集團」的大帽子，康生並指控習仲勳意圖爲高崗翻案，刻意藉小說爲篡黨製造輿論。十一屆三中全會後，習仲勳終獲平反。一九八〇年九月起，補選爲全國人大常委會副委員長，在中共元老界享有清譽。

習仲勳在全國人大任職副委員長期間，曾率先開啓兩岸立法機構的交流。一九九〇年七月廿六日，習仲勳與齊心夫婦在北京接待年輕台籍增額立委郭俊次夫婦與郭父，習氏夫婦還熱情地在晚宴餐單簽名留念。據郭俊次回憶說，他曾在杭州會見習近平，當習近平看到習老夫婦當年的簽名菜單時開懷地笑稱，原來他父母親在九〇年代初，就已參與推動兩岸交流工作了。

習近平前妻柯玲玲是前駐英大使柯華的女兒，結婚兩年多後離婚。現任夫人彭麗媛是總政歌舞團團長（少將軍銜）。一九八二年，彭麗媛參加央視首屆春晚，風靡全中國。一九八七年結婚時，習近平是廈門市常務副市長，知名度遠不及已走紅全中國的彭麗媛。她曾透露，她的舅舅就住在台灣。即將成爲中國「第一夫人」的彭麗媛，在各大城市的卡拉ＯＫ都可點選她的伴唱帶。

相較於習近平的權貴背景，北大畢業、出身共青團的李克強，則是典型「團派」政治明星，更是胡錦濤刻意栽培的接班梯隊。在中共十七大前兩個月，國際媒體曾傳言，李克強是接班梯隊的「排頭兵」，但隨後派系爭逐激烈，以江澤民爲核心的上海幫，成功集結太子黨、軍方勢力，甚至還動員中央委員「假投票」，習近平聲勢明顯領先李克強，導致人事布局丕變。

準中國第一夫人彭麗媛

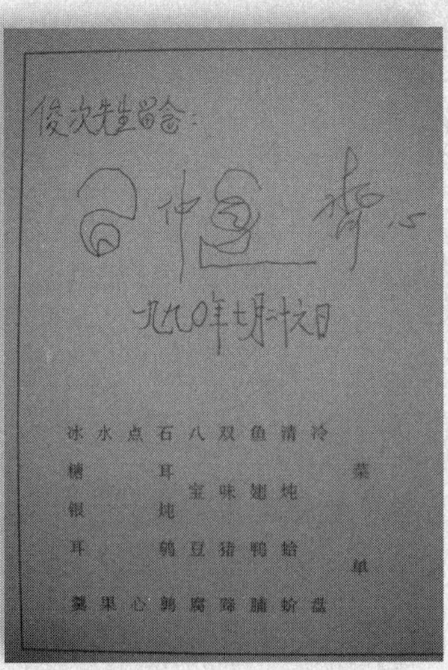

習仲勳與齊心夫婦一九九〇年的簽名

二〇〇七年八月間，在中共十七大召開前，我曾電話採訪哥倫比亞大學政治學博士王軍濤。當時，仍在紐西蘭擔任訪問學者的王軍濤就說，中共十七大因受制於派系掣肘，不會明確做出決定由誰接班，基於平衡黨內派系的考量，對未來的接班布局，將會出現三至五人的「接班群體」。王軍濤的臆測並非十分準確，但以他對李克強的認識，他的研判具有重要參考價値。

王軍濤是被中國政府指控涉及一九八九年天安門事件「陰謀顚覆政府、反革命宣傳煽動」，流亡海外的政治學博士。王軍濤與李克強都出身北京大學，兩人還有一段青春歲月的歷史交會：共青團同志、未名湖畔的舊識、北大同期校友。與李克強熟識的王軍濤臆測，代表共青團的李克強、李源潮，以及「太子黨」習近平、薄熙來，可望在十七大後擔任中央政治局常委或委員。

自一九八九年以來的中國黨政大局，先後由上海交通大學畢業的江澤民、北京清華大學畢業、出身共青團中央的胡錦濤所主宰。而北大畢業，同樣出身共青團中央的李克強，在二〇〇七年八月之前，普遍受到國際矚目，並認爲有機會在二〇一二年秋天攀登大位。但王軍濤認爲，北大校友能否擔任中國最高領導人，沒有太大意義。重要的是，掌權之後，會不會治國，有沒有能力治國。

「治國能力的腐化，已成爲中國共產黨的統治危機！」時刻關注中國政局演變的王軍濤，就以胡錦濤在中共十七大前夕匆促出手，處理上海市委第一把手「陳良宇貪腐案」爲例說，當陳良宇在上海帶頭反對中央政府的宏觀調控等政策時，究竟動不動手，何時動手，胡錦濤也是患得患失，生怕「上海幫」勢力重新集結並反撲，如果出手太慢，抓晚了，恐怕宏觀調控將一直調不下來。

王軍濤分析，胡錦濤在中共十七大之前，祭出「反貪腐」的改革大旗，其實，這個行動只是個「政治幌子」。他說，以陳良宇被查出涉及貪瀆的金錢數額，和中國其他二線城市黨政官員的貪腐金額相比，嚴重程度更難想像，胡錦濤並非眞的敢於向貪腐官員全面宣戰，胡只是打著「反貪腐」

之名，借助輿論望治心切，藉機整頓上海幫，壓壓地方官僚日趨囂張的氣焰。

「新一代領導人面臨的挑戰，相當嚴峻，首要面對的棘手難題，就是如何處理黨的建設問題。」王軍濤說，中國某些縣級的黨組織「黑社會化」程度相當嚴重，政風敗壞，貪腐盛行，最高統治者勢必要精通搞黨建，抓住黨機器，玩派系平衡，才有可能控制局面。他舉例說，江澤民在中共十六大期間，努力搞黨建，建構政策論述，牢牢抓住黨權。然而，「你用了黨機器，也要同時接受腐敗」。

對李克強的政治性格，流亡海外多年的王軍濤認爲，李克強應該仍保有北大人「君子不黨」的清高性格，與就事論事的改革銳氣。「李克強最不擅長的，就是不會搞黨機器、不會抓黨權！」李克強在擔任北大共青團團委書記時，在選舉團中央會議代表時竟然落選，在河南省委的選舉得票也不理想。李克強患得患失，不擅玩黨機器的政治性格，恐怕會變成李克強未來仕途的「票房毒藥」。

在王軍濤的青春記憶中，北大燕園時期的李克強是「思想活躍、言辭犀利的北大學子」。他們兩人都是在文革結束後，高考進入北大就讀的天之驕子。兩人相識於北大學生議會常代會，王軍濤是物理系七八級代表，李克強是法律系七七級代表，因對李克強常就重要問題發言，見解尖銳，印象深刻，王軍濤還曾推薦李克強擔任北大學生議會常代會主席，並順利獲得通過。

一九八二年畢業後，李克強選擇擔任團委書記。王軍濤印象中，李克強曾想留學，但選擇擔任團委書記，是否就是想當大官，不得而知，但如同胡平所說：「不愛當官，就當不好官」，北大人即使立志當官，也不是什麼壞事。李當時仍保持北大人的理想主義，經常就相關議題發表尖銳意見，還曾招致共青團幹部的非議。

自喻與李克強「君子之交」的王軍濤回憶說，一九八九年五月間，在天安門廣場抗議的學生開始發動絕食，中共中央統戰部長閻明復為了安撫北京高校學生，勸說學生停止絕食，他也被請到統戰部，當時，李克強、劉延東都在統戰部。他曾與李克強短暫晤談，感覺李克強已有從政後的世故與穩健。李克強「思想依然敏銳，心胸依然開放」。這是王軍濤與李克強在北京的最後相遇。

二〇〇四年底，當海外媒體出現「李克強居中共第五代領跑位置」新聞時，王軍濤感慨地執筆寫下〈北大風雲舊友點評〉，勾勒一批北大舊友的政治選擇與中國命運息息相關的舊事。王軍濤認為，中國官場的領跑者往往就是眾矢之的，黑函、告狀一大堆，最後就看高層要保誰、護誰。由於胡錦濤對李克強多所保護，儘管河南、遼寧頻頻發生災變，責任政治似乎都與他無關，李克強依然被賦予重任。

面對「未名湖畔舊識」攀登權力頂峰，王軍濤記起李克強曾對他說過的話。大致是說，「他很重視北大人的精神境界和風骨；未來如果當官，有什麼違背天理良心的過失，歡迎北大校友批評，甚至討伐，就像在常代會審議學生會工作那樣。」王軍濤或許正在期待有朝一日能對同樣出身北大，卻能在腐敗盛行的官場出任中國領導人的校友李克強，提出北大人高貴的批評與討伐吧！

中共黨史終將記載，中共十七大是習近平與李克強同時崛起的歷史時刻！二〇〇七年十月十六日，被視為第五代接班人的上海市委書記習近平、遼寧省委書記李克強，在出席十七大分組會議時，成為中外記者圍觀的「政治明星」。有趣的是，各代表團分組會議的工作人員還在「上海廳」與「遼寧廳」簽到處非正式統計採訪記者人數，觀察評估習李兩人的媒體關注度。

在十七大召開前，外界盛傳出身紅二代的習近平，在政治局改組後，將進入常委會，並規劃為中共十八大中央總書記的接班人選；而出身北京大學學生會、「共青團」中央書記處，先後任職河南省委、遼寧省委的李克強，也將在這次黨大會後，從現任候補中央委員，三級跳進入政治局常委會，並安排在二〇一三年三月接任中國國務院總理。

習近平與李克強都是崛起中的「明日之星」，又是第五代接班人選呼聲最高的省委書記，當他們現身大會堂「上海廳」與「遼寧廳」，出席各代表團分組會議時，即受到媒體熱切關注。這項開放採訪日程，將是他們出席中共十七大期間最重要的會議，也是最具儀式性的場合，任何言行舉止都將是媒體鏡頭捕捉的焦點。

從兩廳較量氣氛來看，習李兩人都已具備領導人的「明星魅力」。據會務人員粗估，採訪上海代表團的媒體超過一一二家，記者近兩百人，採訪遼寧代表團的媒體也突破百家，記者人數略遜一些。國新辦、全國記協官員來到「上海廳」，看到近三十部攝影機一字排開，不約而同，一致評價：「上海廳的氣氛熱鬧多了！」

不論是黨大會或兩會，在以黨領政的權力架構下，會議形式不可能採取民主程序進行。冗長乏味的發言，就成爲不可或缺的儀式。主持上海團會議的市長韓正安排習近平回答經濟問題，使得媒體無法採詢他對人事布局的看法。習淡定地說：「這麼多媒體來採訪上海團，表示關心上海的發展，希望記者們能到上海走走！」

遼寧廳沉悶的氣氛在開放記者提問時，因CNN記者搶先提問，變得熱絡起來。CNN記者問李克強：「我曾是北京大學留學生，當時你是北大學生會主席。你認爲領導北大學生會與領導中共遼寧省委，有何不同？」李克強笑答：「學生會的工作，主要是學習；現在擔任省委書記，也要學習。」不過，處事謹愼的李克強不忘強調：「遼寧取得的成績，靠的是中央的正確領導，全省人民的共同努力。」

二〇〇七年十月廿二日。中共十七大閉幕，新一屆領導班子再次「選舉」產生。但排名次序如何產生？接班人如何推選？有沒有投票程序、競選對手？除中共中央極少數人，幾乎無人知曉。最後結果出爐，還有一場讓中外新聞界翹首等候的記者會，精確的說，應該是「新一屆中央政治局常委會見記者」，只是會見記者，不接受提問。

一九九二年秋，當時年僅四十九歲，首度躋身十四屆中央政治局常委的胡錦濤，曾被當時的總書記江澤民形容爲：本屆政治局常委會「最年輕的領導人」。外交部的高級翻譯一時緊張，竟將「最年輕的領導人」（Young Leader），匆促口誤英譯爲（Young Lady），現場引來一陣驚呼聲。

十五年後，在中共十七大初步完成接班布局，年齡已屆六十四歲的胡錦濤，已成爲記者見面會的主持人。在數百家中外媒體的強力鎂光燈照耀下，意氣風發地率領八位政治局常委，緩步走向象徵最高權力的政治舞台：北京人民大會堂東大廳，展現最高黨政領導班子的人事布局。

在中共十七大一中全會閉幕後，胡錦濤出現在媒體鏡頭前，吳邦國、溫家寶、賈慶林、李長春、習近平、李克強、賀國強、周永康，緊跟其後，並以「中國特色」邊走邊鼓掌的方式進場。隨後，胡錦濤站在舞台正中央，其餘按左大右小的政治輩分，一字排開，新一屆九名常委，正式站上統治中國的權力舞台。

東大廳懸掛著巨幅〈幽燕金秋圖〉，落款題有「蕭瑟秋風今又是，換了人間」的詞句。剛連任總書記的胡錦濤，語音高亢地介紹他在第二個五年所領導的執政團隊。九名常委所組成的政治局常委會，成爲八千萬中國共產黨員的最高領導集體，也成爲統治十三億中國人民的最高權力機構。

胡錦濤介紹說：「吳邦國、溫家寶、賈慶林、李長春，都是十六屆政治局常委，大家比較熟悉了。習近平、李克強比較年輕，只有五十四歲、五十二歲；賀國強、周永康，也是十六屆政治局委員。」最高領導集體的產生，幾經醞釀、協商，有新舊派系、有太子黨、有共青團，黨、團、派「平衡共治」，一代新人換舊人，再次見證「蕭瑟秋風今又是，換了人間」的統治新局。

二〇一二年十月（中共十八大）至二〇一三年三月（十二屆全國人大），將是第四代權力交接給第五代的關鍵時期，「胡溫體制」能否安然過渡到「習李體制」將取決於：習近平能否強勢掌控十八大政治局常委名單；黨、團、幫、派，各股政治勢力能否在政治局維持均勢；習近平能否「實質掌握」槍桿子、接掌中央軍委主席；能否有效駕馭日趨坐大的地方諸侯勢力。

同時，有關李克強能否在二〇一三年三月順利接掌總理，北京政壇傳聞不斷，小道消息之多，傳遞層面之廣，連在京台商都曾聽聞大陸官員轉述的各種版本。如李克強可能接掌全國人大委員長，或王岐山可能是總理黑馬人選，繪聲繪影，極為罕見。但據權威管道指稱，在李克強訪港後，傳聞都已成為過去，「習李體制」既是十七大的全黨共識，仍將是十八大的主軸。

二〇〇八年三月舉行的第十一屆全國人大會議，根據中共十七大決定的黨政人事布局，表決通過溫家寶為國務院總理、李克強為常務副總理；選舉國家主席時，在二九六四張有效票中，胡錦濤獲得二九五六張贊成票，高達九十九．七三%，三票反對，五票棄權。在「另提候選人」部分，江澤民獲得一票，會場曾傳出笑聲。選舉國家副主席時，習近平獲得二九一九張贊成票，廿八票反對，十七票棄權。

中共十七大對人事布局所建立的共識是：習近平將是中共中央總書記的接班人、李克強則是國務院總理的接班人，這是黨內經過派系整合、溝通、醞釀，甚至妥協、折衝之後所形成的政治共識。因此，二〇〇七年至二〇一二年，這五年是世代交替的傳承時期，也是「習李體制」權力磨合的接班準備期。逐步攀登最高權力舞台的習近平、李克強，同時面臨著歷史的考驗。

二〇〇五年前後，時任浙江省委書記的習近平，曾兩度邀約時任「兩岸共同市場基金會」董事長的蕭萬長，在杭州與香港，深談經貿合作的施政經驗。當時負有招商引資責任的習近平，力邀微笑老蕭組織台商領袖考察浙江的投資環境。兩岸時局幾經變化，蕭萬長副總統已公開宣示，二〇一二年五月任期屆滿，即「還我初服，歸隱林泉」；不過，習近平此時則正逐步朝向中國的權力頂峰挺進！

項莊舞劍：唱紅打黑的薄熙來

薄熙來、王立軍，在二〇一二年二月六日之前，這兩人曾經是舉世矚目，最少是華人世界推崇的中國重慶「打黑二人組」！不過，從當天微博陸續傳出「重慶出大事了！」這兩人的名字，卻一度變成互聯網上最敏感的「敏感詞」，不僅搜索網站屢屢封鎖，即使在微博上，只要有薄王兩人的詞組，轉發過程極不順暢。

重慶疑雲備受關注，引爆點就在二月八日上午，重慶市政府新聞辦公室通過官方微博發布消息：「據悉，王立軍副市長因長期超負荷工作，精神高度緊張，身體嚴重不適，經同意，現正在接受休假式的治療。」此後，王立軍的去向成謎，「西南王」薄熙來的動向也議論紛紛；「休假式治療」瞬間變成權力爭鬥的潛台詞。

就在外界臆測中國政壇即將掀起政治風暴之際，大陸「新華網」終於出現新說法：外交部發言人辦公室在二月九日應詢答時表示：「重慶市副市長王立軍於二月六日進入美國駐成都總領事館，滯留一天後離開，有關部門正在對此進行調查。」消息披露之後，此一事件就像是熱鍋爆炸一般，成爲世界媒體關注的新焦點。

「打黑二人組」的內鬥話題，虛虛實實，眞假難辨。微博上謠言滿天飛，對中國官場深不可測的權鬥疑雲，流傳一則傳神的「順口溜」：「狗咬狗，釀新酒，今天紅歌震山吼，明天押送菜市口；十八大眞可怕，老爺們都在打群架，輸了去休假，贏了當老大。」薄熙來是否受到王立軍拖累？或王立軍是否如外傳向美方揭薄的老底？臆測焦點集中在薄熙來身上，更關注薄熙來最後能否安然「入常」。

三月九日，薄熙來在出席重慶代表團活動時終於打破沉寂，他在答覆記者提問時說：「出了這個問題，我很痛心，我感覺到我用人失察，要認眞反思和總結。」但他還是爲打黑政策辯護，他說：「我們敢打黑，就像古人說的『敢同惡鬼爭高下，不向霸王讓寸分』！但是他（王立軍）出走這個事情，我就完全沒有想到！」

然而，官方版的「拼圖」仍未完整呈現，溫家寶三月十四日的總理記者會則是另一個高峰點。溫家寶公開批評市委市政府必須反思，認眞從事件中吸取教訓。將以事實爲依據，以法律爲準則，嚴格依法辦理。調查和處理結果一定會給人民一個回答，並且經受住法律和歷史的檢驗。在溫表態後，薄熙來的處境更加艱困。

在記者會結束不到廿四小時，三月十五日新華社發布重要消息：「日前，中共中央決定：張德江同志兼任重慶市委委員、常委、書記；薄熙來同志不再兼任重慶市委書記、常委、委員職務。」顯然中共中央對薄熙來在重慶的總體表現與處理「王立軍事件」已做出定調，薄應已被排除在政治局常委會的核心名單。

二〇一〇年三月間，每年兩會期間，數以千計的中外媒體，總是會追逐一些焦點議題、焦點人物，自從共黨的「太子黨」、政治明星薄熙來進了中央政治局，離開商務部去了直轄市重慶擔任市委書記，把重慶山城的經濟發展、唱紅打黑，搞得紅紅火火，薄熙來在海內外媒體與互聯網的新聞熱度，始終就沒有停過。

薄熙來是位列政治局委員的「政治明星」，黨大會與全國人大會議，他總是媒體追逐的焦點。重慶市委宣傳辦、市政府新聞辦的新聞官，一字排開，站在人民大會堂重慶廳簽到處，熱情地接待中外採訪記者。這天開放採訪的主題是：各省市全國人大代表團對國務院總理溫家寶提出「政府工作報告」進行的分組審議。

新聞官親切地招呼：「哦，台灣媒體，有準備向薄書記提問嗎？」預期薄書記在這場合不會「大開大闔」，反應並不熱絡，女性新聞官也未熱情詢問。稍後，東森電視台駐京記者楊釗到場，《大公報》駐重慶記者熱心問道：「準備向薄書記提問嗎？我可以幫忙聯繫！」果然，新聞官走了過來，探詢楊釗準備提什麼問題。

「我可以問薄書記有關重慶近來『打黑』的問題嗎？」楊釗好奇地問道。

「哈，這個問題不夠辣吧，還可以再辣一點！」重慶官員氣定神閒地說著。

「可以多辣呢？那我可以問他，對馬英九近來民調下滑，他會提什麼建議嗎？」面對重慶新聞官員罕見的開放態度，楊釗疑惑地探詢著。

「可以啊，你可以更直接一點，再辛辣一點，沒事兒的！」重慶官員篤定地說。

楊釗心想，薄難道想趁機對媒體「大展身手」展現重慶新風格？當新聞官點到他提問時，楊釗直言問道：「薄書記，您是在台灣知名度最高的大陸官員，有人稱您是『大陸的馬英九』，但台灣的馬英九最近民調下滑，您會建議他如何提升支持度？有人說您在重慶打黑，是爲了進軍政治局常委，您會不會擔心功高震主？」

楊釗的提問，確實有點辛辣，甚至比新聞官員私下探詢問題時還要生猛。頓時，一百餘位中外記者好奇抬頭望著薄熙來，屏息靜氣地看著薄書記如何接招。只見原本表情和善的薄熙來，臉色一變，正襟危坐，手雖指向楊釗，但幾秒鐘之內，卻未見薄書記開金口，瞬間，薄又轉爲循循善誘的和緩語氣，不疾不徐地說道：「我絕不想在這個場合製造新聞，今天開放境外媒體採訪重慶團的分組討論會議，主要是要討論溫總理的『政府工作報告』，我們重慶的人大代表自覺地保留發言的時間，讓各位記者先提問，希望你們的問題是認眞嚴肅的。提問不要轉移話題，也不要談無關的話題，我們非常善意的面向大家，並開放給媒體提問，這是體現我們的誠意，希望你們珍惜這個機會，集中重慶的主題，不要偏離主題！」

薄熙來露這一手，讓人疑惑，重慶新聞官事先徵集問題，是薄書記想要認眞答覆，還是只想藉由辛辣問題製造話題，或是記者根本是被利用了，薄熙來顯然並未準備回答辛辣問題。當記者群聽到說教式的答覆，紛紛露出失望神情，以唱紅打黑聞名中國的重慶市委書記，在人民大會堂的政治秀，還是懂得掌握「政治正確」。

薄熙來近年在台灣得以擁有高知名度，並非他在東北大連的經濟改革政績，或他在商務部長任內縱橫國際經貿舞台的強勢表現，而是他那偉岸挺拔的俊逸外型與馬英九總統有幾分神似，備受台灣電視媒體長期關注所致。因此，連國民黨榮譽主席吳伯雄到了重慶，都忍不住要拿薄熙來與馬英九的外表「消費一番」。

「有人說薄熙來是大陸的馬英九，我們覺得，也許馬英九是台灣的薄熙來。」二〇〇九年五月廿七日，在重慶渝州賓館的接待會上，時任黨主席的吳伯雄，以他慣有的吳式幽默風格，當面「虧」

了薄熙來的外型類似馬英九，也不忘拿馬英九「開涮」，這個說法對部分台灣藍綠選民而言，或許不是很得體的比喻，但伯公的笑話說得誠懇，國共兩黨的陪客也只好回報應酬式的笑聲了。

第一次近距離接觸採訪薄熙來，是二〇〇三年九月間。當時參與台北市新聞記者公會理事長李慶平率領的訪問團前往東北，在大連採訪了時任遼寧省長的薄熙來。原本安排在遼寧省會瀋陽見薄熙來，爲配合薄省長的公務行程，臨時改在大連採訪。由於大連市的城市建設是薄熙來從政以來最得意的「指標性政績」，因此，還意外地見識到薄熙來省長親自導覽大連城建的難得經驗。

被譽爲中國「北方明珠」的大連市，是廿一世紀之初，新一輪中國城建改造運動的新典範。大連的發展歷程，正是點燃東北經濟重新出發的新動能。全程主導並創造「大連經驗」的薄熙來對遠道而來的台灣訪客說，大連城市更新的發展經驗，將是促使遼寧邁向全面發展，以至振興東北老工業基地復甦轉型的火車頭！

薄熙來是中共元老薄一波之子，位列「太子黨」前排標兵。在他「蟄伏」東北期間，薄熙來之名幾乎就與大連畫上等號。「大連經驗」在城建發展新浪潮，始終是各方議論焦點，有人認爲這是現代神話，有人則說是薄擅於形象宣傳所致。隨著中國經濟發展戰略轉向東北，使得創造「大連神話」的薄熙來廣受海外內矚目。初訪大連時，農曆中秋節剛過，薄熙來專程從遼寧省會瀋陽趕赴大連參與聞名海內外的「大連服裝節」盛會。白天忙著接待蒞省視察的中共總書記、國家主席、中央軍委主席江澤民，晚間則在大連「棒槌島」迎賓館接待台灣訪客。宴罷，意猶未盡，還熱情地扮演「省長級導遊」，引領台灣訪客夜訪燈火輝煌的大連市。

精力充沛的薄熙來和訪問團成員擠在中巴裡，拿起麥克風介紹大連，並指揮司機按照他所規劃的「夜遊行程」走。他一邊介紹夜間標誌景點，還一邊打手機要求省屬部門打開博物館、安排頂級公寓樓開放參觀，更臨時邀請聲樂家在露天景點高歌，大陸地方諸侯鮮少有人能像薄省長這般拚命地展現他的「城市經營學」。

大連曾被聯合國環境署評選為「最適合人居」、「全球環境五百佳城市」的榮譽稱號，「大連經驗」也成為各省市觀摩學習的城建典範。薄還陪同夜訪台商順邁集團興建的豪宅，站在高樓陽台，面對足以媲美法國凡爾賽花園的「金星廣場」，薄熙來自豪地說：「我們是把大連當做藝術品加工，一刀一刀琢磨出來的美玉！」

「不求最大，但求最好」是薄建設大連的基本理念。大連是充滿活力的城市，朝氣蓬勃，不僅有最強勁的實德足球隊，風靡世界田徑場的馬家軍，享譽國際的大連時裝節，但這是不夠的，還要有市民廣場、綠地花園、公共藝術、噴泉造景，「我要讓市民有興奮感，城市風貌每天要有變化，這才能滿足市民的精神追求。」

薄熙來說，搞城建改造不能只是搞「形象工程」，改善住房條件，美化城區環境，豐富市民的精神生活，應是推動城市建設的重要目的。「把城市環境搞好，城市發展就有競爭優勢，市民的抱怨與不滿自然減少，綠地、廣場、噴泉成片成片地開發，土地價格持續增值，城市風貌豐富多采，海外投資焦點自然會注意到大連。」

薄熙來宣稱，大連市區過去有二百多萬人，經過城建改造，有一百萬人已遷居新房，有四十五萬人並沒有花錢，完全靠政府的補償喬遷新居。這幾年還將市區近百家汙染企業遷至郊區，或銷號關廠，這筆龐大的城區重建、職工安置費用，就是靠土地價格的整體增值，解決了城建發展過程中最困難的資金需求問題。

大連的旅順曾是著名軍港，北洋水師基地，日俄列強侵華戰爭的「渤海鎖鑰，京津門戶」。

所謂旅順之於東洋，猶如君士坦丁堡之於地中海；「一旦占領旅順，就等於在中國的頭上套上絞索」。在介紹大連特有的地緣戰略條件時，薄熙來說，大連因擁有海港設施等優越條件，讓大連占有經貿競爭力的戰略地位。

薄熙來並說，倡廉反腐是中共中央狠抓狠打的重點政策，地方幹部隊伍的素質，則是推動政策成敗的主要關鍵。他的用人原則很簡單，只有三點：聰明、肯幹、忠厚。薄熙來特別補充詮釋：「聰明的人不一定肯幹，使勁肯幹的人不一定聰明，聰明又肯幹的人還得忠厚，否則，聰明又肯幹的人，可能也會貪汙拿錢！」

二〇〇三年九月十五日，作者訪問遼寧省長薄熙來。

薄熙來認爲，鄧小平搞改革開放，引入競爭機制，把中國經濟發展給激活了，這是最讓人信服的戰略思維，「蘇聯當年就是缺乏像鄧小平這樣的人才，最後在國家轉型過程就翻車了！」薄熙來在受訪時還自信地說，要做他的工作夥伴，必須出於公心，思想創新，還得經常「連滾帶爬，焦頭爛額」地投入工作，「我可不想在離開遼寧之後，讓人在背後說薄熙來是個大笨蛋、窩囊廢！」

被新聞界視爲「政治明星」的薄熙來，堪稱是大陸版「媒體寵兒」。北大怪才余杰曾評述薄熙來：「與那些『神龍見首不見尾』的大陸地方官員不同，薄熙來歷來就善於利用媒體塑造自己的形象。近年來，在薄熙來身後逐漸出現了一道輝煌的『神光圈』。」薄熙來擅於形塑個人魅力，可能與他熟悉新聞專業有關。

面對大陸各地輿論對其「大連經驗」呈現的各種評價，或因城建規劃、環境綠化遭到拆屋搬遷的市民對其施政風格的臧否，諸如「搞什麼綠地廣場，不如多給老百姓一些新房」，薄熙來倒也答得俐落：「想做事，就不怕挨罵。」他認爲，自已從不搞對立，城建改造理念已普遍獲得市民認同，他自信怨恨他的市民絕非多數。

二〇〇三年訪談時，問及未來是否出任國家領導人，薄熙來直率說：「我現在百分之九十九的精力都在研究遼寧的經濟發展。雖然精力尚可，如牛負重，但人貴在有自知之明，目標要現實，不能超越自已的能力；我在遼寧待了十七年，遼寧已是我的歸宿。十年磨一劍，磨一省也總要十年吧；遼寧這個攤子，只要不出現大批上訪的下崗職工，老工業基地得以順利轉型，我就如願以償，謝天謝地嘍！」

東北是繼珠三角、長三角、京津環渤海之後，中國第四個「經濟三角洲」。薄熙來當年在遼寧時就透露，國務院《振興東北老工業基地政策綱要》即將於二〇〇三年十月間出檯。中國總體經濟發展戰略的北移、調控，第四個經濟圈的逐步成形，大連的施政績效，對東北老工業基地的轉型、對遼東半島經貿活力的復甦、對薄熙來攀登政治生涯的另一個高峰，都是千載難逢的歷史機遇。

二〇一〇年六月廿九日，兩岸兩會在重慶舉行第五次「江陳會談」，簽署ＥＣＦＡ協議，爲兩岸經濟合作交流建立常態化、制度性的雙邊關係。隔日，早已轉任中共重慶市委書記的薄熙來會見了兩會代表團。薄熙來說，兩會重慶會談是促進兩岸和平發展的又一個里程碑，對提振中華民族整體的國際競爭力具有重大歷史意義。兩項協議在重慶簽署，正應了「雙重喜慶」之名，重慶人民備感高興。

海基會董事長江丙坤與薄熙來已是舊識，對薄熙來從商務部長轉任重慶市委書記以來，全力施展大改革、大綠化的市政建設高度評價。不過，當江丙坤在盛讚薄熙來的綠化政策時，突然冒一句

「有人說，薄書記很綠」，引起全場哄堂笑聲。薄熙來對江丙坤提到他在山城的綠化造林政策頗爲得意，他強調，重慶市目前是一年種了十年的樹，種樹一年花的錢就高達一百七十八億元人民幣。

薄熙來不僅唱紅打黑，並全面開展經濟建設。他推崇江丙坤是財經旗手，台灣朋友眼界開闊，希望能爲重慶的發展出謀策畫。西部占中國國土面積的百分之七十，兩江新區是西部唯一新區，如上海的浦東新區、天津的濱海新區，兩江新區即將發展成爲長江上游的交通樞紐、金融中心、展覽中心，「萬事皆備於重慶」！

「十年磨一劍，磨一省也總要十年吧！」十年前在大連訪問薄熙來時，這位「太子黨」的排頭兵，低調沉潛，謹守諸侯分際，卻絲毫不隱藏其鴻鵠之志。薄熙來長年治理大連，發展遼寧的政績，讓他順利進軍商務部，躋身國家部委行列，中共十七大之後，雖搭上政治局委員末班車，但依然只是遠離京畿的重慶市委書記。

薄熙來在接掌重慶後，雷厲風行地開展掃黑，論掃蕩規模，是空前的；論涉黑公安層級，則是驚心動魄的。雖然薄熙來從遼寧調來親信王立軍執行掃黑，但重慶黑道勢力與公安系統長期掛勾的複雜黑白生態，讓人對薄熙來的處境感到憂心。據透露，薄書記在重慶的官邸，就在重兵把守的軍區大院，可見打黑形勢之嚴峻。

在重慶擴大掃黑之際，大陸網路上有一則流傳甚廣、形容重慶政商掛勾氾濫與黑道囂張橫行的帖文說道：「沒有買不通的官！每個人都有一個價，給你一萬沒反應？那就給十萬，還沒反應？再給一百萬，還是沒反應？只好花十萬買你的人頭！」重慶黑道氣焰囂張的嚴重程度，幾乎到了「黑道統治重慶」的地步！

輿論一度甚至以商鞅與秦孝公的變法關係，比喻王立軍與薄熙來的打黑關係，並期待他們有所作爲。但標榜全面打黑，除惡務盡的「重慶模式」能否在其他城市複製，其難度是難於上青天的。

因此，網上不斷出現「堅決支援薄熙來！切實保護好王立軍！把毛澤東的氣度拿出來，就沒有攻不破的山頭！」等隱憂與警訊。

薄熙來與習近平雖然同屬「太子黨」、貨眞價實的「紅色第二代」，但薄熙來無法在中共十七大與習近平、李克強躋身政治局常委會，更被外放至遠離北京、位處西南邊陲的山城重慶，對自視甚高的薄熙來而言，那是從政歷程的又一次「折騰」，因此，重慶即成爲薄熙來爭逐在中共十八大進入常委會的「最後橋頭堡」。

二〇〇九年秋，中共十七大四中全會登場。全會援引「胡錦濤模式」，決議通過推舉中共政治局常委、國家副主席、中央黨校校長習近平兼任中央軍委副主席。這項人事安排基本確立了第四代與第五代領導人的權力傳承與布局。更重要的政治意義是，再次確認了習近平黨政軍權力的接班時序與「儲君」的地位。

北京知名傳記作家馬玲對習薄兩人的權力互動，曾有獨到觀察。她說，薄熙來在地方大展拳腳，幹得風生水起，重慶打黑更是全國矚目。不少網民還跪求，希望薄去他們那裡打黑。習則仍在蟄伏，四平八穩，始終沒有顯山露水的表現；但是，習近平這個「老實人」，對比薄熙來這個「能人」，顯然更讓共黨的老人們放心。

行事風格愈趨張揚的薄熙來，在輿論面前永遠展現行動力；當他以雷霆之勢發動掃黑，進而將首惡公安局長判決行刑，驚心動魄，各方稱頌；但強勢作風的種種粗糙作法，也引發社會非議。薄高舉「唱紅打黑」的主旋律，準備向政治局常委會挺進，但在攀登權力高峰之際，「王立軍事件」卻變成薄熙來致命的絆腳石，這應是薄熙來始料未及的發展吧！

貪腐共和國：中國現代官場現形記

「九十年來黨的發展歷程告訴我們，堅決懲治和有效預防腐敗，關係人心向背和黨的生死存亡！全黨必須警鐘長鳴，堅定不移把反腐敗鬥爭進行到底！」

——中共中央總書記、中國國家主席胡錦濤

「看一下中國歷代封建王朝由盛轉衰，幾乎都是從驕奢淫逸、好大喜功、大興土木開始的。『歷覽前賢國與家，成由勤儉敗由奢』這是警世名言！」

——中國國務院總理溫家寶

二〇一一年初，春節過後。北京《財經》雜誌封面出現了一個形容中國政商關係的新名詞：「公共裙帶（crony capitalism，裙帶資本主義）」。《財經》的專業性、權威性與報導尺度的寬鬆程度，向來是西方媒體觀察，或檢視中國財經與金融政策動向的風向球，甚至是藉以判讀中國新聞自由的重要指標；北京書報攤上得以浮現揭露黨政高官「公共裙帶」的斗大封面標題，自然成為開春之際，駐京媒體議論北京是否即將迎來「言論春天」的新聞話題。

這宗涉及錯綜複雜的「公共裙帶」，雖是兩年前的舊案，但這描繪多位中國貪腐高官的「公共情婦」李薇政商網絡故事的新名詞，讓人得以窺探聳人聽聞案件的背後，幾乎都夾雜著權錢交易、政商掛勾與繪聲繪影的權色關係。幾天之後，據北京友人透露，《財經》的編輯主管們，接到了中央宣傳部門的重要指令，明確「告誡」在三月兩會即將開幕之際，明年中共十八大之前，處理這類重大貪腐題材的政經專題，應妥適選擇題材，不宜過度渲染云云。

搞好所謂「反腐倡廉」建設，已成為北京的政治八股。中共高層愈是嘶啞吶喊，顯示官僚貪腐的現象愈是惡化。在中共慶祝九十週年黨慶之日，胡錦濤自己都還大力敲擊警鐘：「九十年來，黨的發展歷程告訴我們，堅決懲治和有效預防腐敗，關係人心向背和黨的生死存亡，是黨必須始終抓好的重大政治任務！……全黨必須警鐘長鳴，把反腐倡廉建設擺在更加突出的位置，堅定不移把反腐敗鬥爭進行到底！」然而，共產黨人心知肚明，警鐘長鳴，就能讓貪官「聞鐘喪膽」嗎？

近年，從中央到地方，無處不在敲警鐘，無處不在喊反腐倡廉，但中國官場依然還是出現將「公共裙帶」的貪腐形象，充分演繹到極致境界的兩位典型貪官：一位是河南省前交通廳長董永安，一位則是二〇一一年初，執行春運任務都還沒完全結束，就突然遭到中紀委「雙規」*、撤職查辦，匆匆落馬的前鐵道部長劉志軍。他們兩人共同的貪腐特徵是：都屬「勤奮型」的貪官，任內全面擴張投資政策，將他們主管的省內高速公路、全國高速鐵路建設事業推向歷史高峰。

劉志軍任職鐵道部長期間，正是中國高速鐵路建設最突飛猛進的時期；同樣的，董永安任職河南省交通廳長期間，也是河南省投資興建高速公路里程最多、投資規模最大的建設高峰期。然而，弔詭的是，中央與地方交通部門兩位任事最勤奮，最具行動力，最有執行力的交通決策一把手，最後卻都淪爲涉及貪瀆違紀案件的大貪官。

根據河南媒體披露，董永安在遭到省委紀檢部門「雙規」時，鄭州當地輿情的反應竟然是「交通廳長被雙規，在河南已不是什麼新聞了！」原來，董永安已經是十餘年來，河南省第四位中箭落馬的交通廳長。更諷刺者，儘管紀檢部門大公無私，嚴查嚴打，但貪官們前仆後繼，屢抓屢貪，河南省連續四位落馬的交通廳長們，就任時竟然都曾公開發表過「廉政名言」。

令人最爲驚嘆的是，名列「河南貪官榜」，首位涉貪中箭落馬的前交通廳長曾錦城，正是清代名臣、湘軍名將曾國藩之後。湖南大學土木系畢業的曾錦城，廿五歲時就曾設計中國第二大石拱橋：滸灣大橋。曾錦城在河南省交通廳任職期間，積極任事，全力推動該省的高速公路建設，他首創的「養路費大包幹」運營模式，據稱河南省交通系統迄今仍在沿用。

專業土木工程學者出身，學而優則仕的曾錦城，在獲提升爲交通廳長時，曾獻血書向省委宣誓：「絕不收人家的一分錢」；繼任者張昆桐更誓言，將「讓廉政在全省高速公路上延伸」；再任者石發亮則提出更響亮的廉政口號：「一個廉字值千金，不義之財分文不取，人情工程一件不幹」。但這幾位大談廉政的交通廳長，前仆後繼，全數淪爲貪官汙吏，鋃鐺入獄。

曾錦城淪爲貪官，因敵不過資本主義的物質誘惑，並對社會主義的優越性產生根本性的懷疑。他在河南交通廳長任內曾多次出國考察，受到西方資本主義社會的衝擊極大，回到中國，曾感慨「正廳級幹部收入太低」、繼而萌生「共產黨的幹部太辛苦」的失落感、不平衡感。據紀委部門調

註：中國共產黨員在接受檢察機關調查前的黨內調查和限制人身自由，是其紀律檢查的措施。

查核實，他在交通廳任內的犯罪金額，占總涉案金額的百分之三以上。

曾錦城從作爲清代咸豐同治兩朝「中興第一名臣」之後，淪爲共產黨貪腐官場固定收取百分之三回扣的「Mr. 3%」，不知是共產黨幹部禁不起物質引誘？還是當今中國官場盛行貪瀆風氣使然，迫使曾錦城不貪都無法存活於政商掛勾最嚴重的交通部門？曾國藩地下有知，想必會爲曾錦城的貪腐敗德，破口大罵；《曾國藩家書》也勢必增列專章訓誡後代子孫記取貪瀆教訓。

曾國藩在談論清代官僚廉政時曾說，正是吏治敗壞，造成民心渙散，大多數群體性事件，乃至暴亂，根本原因就在「貪官藉口魚肉百姓，巧誅橫索」所致。清同治六年，曾國藩與幕僚趙烈文對話時也曾憂慮「民窮財盡，恐有異變」；趙烈文則答稱：「天下治安一統久矣，勢必馴至分剖。然主威素重，風氣未開，若非抽心一爛，則土崩瓦解之勢不成。」

曾國藩的警世之言，對其子孫曾錦城所屬的中國共產黨，應具有警惕與啓示作用。北京官場貪腐風氣是否已敗壞至「抽心一爛」地步，中紀委調查組可能有更精確的案情掌握，而曾文正公憂心忡忡的「土崩瓦解之勢」，百餘年後何時可能再度爆發？中紀委應有長期監控與有效掌握；然而，中國官場吏治敗壞，如同溫家寶所言，貪汙腐敗恐將危及政權的鞏固。

實在很難想像，一位統領十四億人口的中國總理，多次在中外記者會，或與中國網民網上對話，或是在主持黨內重要會議，均大聲疾呼貪汙腐敗恐將危及中國政權的警世談話，究竟反映了多少中國官場的貪腐實況？溫家寶反覆拋出反腐倡廉的反思言論，是否代表中共中央政治局九名常委都有一致性的反腐共識與決心？或中國對洪水般湧現的貪瀆大潮已完全失去治理的能力？

二〇一一年三月廿五日，溫家寶在國務院「第四次廉政工作會議」上，毫不保留地檢討貪腐現象，他例舉各類貪腐模式，正是貪官的寫照。雖然已下發《關於領導幹部報告個人有關事項的規定》和《關於對配偶子女均已移居國（境）外的國家工作人員加強管理的暫行規定》文件，並展開工程建設、商業賄賂、「小金庫」等專項治理，但反腐倡廉面臨的挑戰依然嚴峻。

溫家寶都不得不承認：「我們必須清醒地看到，目前反腐倡廉工作與人民群眾的期望還有較大差距。腐敗現象在一些領域仍呈易發多發之勢，一些案件觸目驚心，影響極爲惡劣；貪汙腐化、形式主義、奢侈浪費的問題屢禁不止。發生這些問題的原因，根本在於制度不完善，機制不健全，已有的制度執行不力，監督不到位和力度不夠，導致對權力缺乏有力約束。」

溫家寶對大陸官場既存貪腐現象所列舉的各項「突出問題」，儼然就是大陸官場的「貪瀆路線圖」，三大領域，綱目並舉，洋洋灑灑，蔚爲奇觀，中國貪官可能採行的貪瀆方法與策略，完全在溫家寶所敘述的範圍之內，幾乎無所遁形。令人難以想像的是，國務總理都能詳細列舉貪瀆行徑與各式權錢交易、政商掛勾的操作模式，但各級紀委雷厲風行的反貪腐行動，卻仍難以遏制這股空前的貪瀆大潮。溫家寶歸納整理出來的三大貪腐領域包括：

領導幹部以權謀私和瀆職侵權問題：近年來，國家機關和國有企業的違紀違法案件增多，特別是「一把手」違紀違法案件增多。產生問題的重要根源是權力過於集中而又得不到有效制約和監督。各種腐敗現象背後都有權力的支撐。解決問題，根本在於推進經濟體制改革和政治體制改革。

一是解決招投標的突出問題。當前公共工程建設、土地使用權出讓、礦產資源開發、政府採購等領域，是以權謀私、腐敗問題易發多發的重災區。許多違法問題集中表現在招投標環節。不少招投標流於形式，領導幹部違規插手招投標，掌握資金和審批權的部門或領導幹部，直接或變相推薦施工企業或供貨商。

二是治理土地和房屋徵收徵用侵害群眾權益問題。這是侵害群眾利益比較嚴重的領域，也是社會矛盾中的焦點。一些地方不顧群眾利益，有的領導幹部利用手中的權力同開發商搞權錢交易，強制徵地拆遷，引發極端事件，嚴重影響社會穩定，損害了黨和政府的形象。

三是一些部門權力過大且過於集中，權力結構不合理，監督制約機制不健全。要減少政府部門過於集中的權力。推進行政審批制度改革，減少行政審批事項；加快建立決策、執行、監督相互協調、制約的機制；加強對「一把手」權力行使的監督制約。

領導幹部廉潔自律問題：各級領導幹部必須按要求如實報告本人收入、住房、投資、配偶子女從業等事項和配偶子女移居國外境外的情況；要堅決查處領導幹部以各種名義收送禮金、有價證券、商業預付卡的行爲；要合理確定國有企業負責人薪酬，包括基本年薪、績效年薪、股權激勵和各類補充保險，建立健全激勵約束機制，接受公眾監督。

遏制奢侈浪費和形式主義的問題：各級財政預算的「三公支出」要進一步削減。因公出國人數要減少。嚴格執行《黨政機關公務用車配備使用管理辦法》，領導幹部要帶頭遵守。公務接待要嚴格控制經費，嚴禁贈送禮品，一律吃工作餐。舉辦國宴要堅持「三菜一湯」；會議經費預算要單列，並嚴加控制；兩年內要做到部門行政經費由部門財務審批記帳，國庫集中支付和動態監控。

中共外宣辦、中共黨史研究室爲宣傳反腐倡廉政策，爲建黨九十年打造「光輝形象」，從二〇一一年初就在機關報《人民日報》轄下「人民網」開設「黨史上的今天」專欄，展開反腐鬥爭史的宣傳。首日選輯的大事就有毛澤東在一九五二年元旦號召全民：「大張旗鼓地，雷厲風行地，開展大規模的反對貪汙、反對浪費、反對官僚主義的鬥爭，將舊社會遺留下來的汙毒洗乾淨！」

然而，當前官僚貪汙腐敗盛行，所謂「三公問題」：公費吃喝、公費出國、公車私用等惡習，絕不下於老毛所說的「舊社會」，甚至有過之千百倍。如廈門「遠華案」，其涉案金額之巨，涉案黨政高官之廣，前所未聞，堪稱「新中國第一經濟大案」；或「上海首富」周正毅官商勾結案、中共上海市委書記陳良宇貪腐案，每個案件背後，都是黨政高官集體貪汙腐敗的「官場現形記」。

反腐倡廉的大旗在全中國舞動之際，官方媒體為幫反腐行動樹立「典範」，刻意在媒體上披露了前政治局常委、中央紀委書記吳官正於二〇〇六年〈給弟弟及叔叔等家屬的信〉。吳官正在信中寫到：「剛得悉父親大人逝世……喪事一切從簡，決不能大操大辦，決不要收受任何人的錢財，決不可勞煩當地政府。」當時年近七旬的吳官正，喪父期間仍能嚴肅約束親族，應非矯揉造作之舉。

吳官正時任中央紀委書記，儼然全黨反貪腐行動的指揮官，權傾一時，威鎮八方，更是官僚爭相拉攏、奉承的對象。官方媒體披露「治喪家書」，用心良苦，對照中國官場藉由婚喪喜慶大肆斂財的亂象，吳約束家人「喪事一切從簡，決不能大操大辦」，廉潔自持，確是罕見，但為樹立典範，強化對權力的「自我約束和克制」，遏阻貪腐惡化，光憑吳官正的家書，就能對貪腐風氣達到警示與啓發作用？

吳官正任中紀委書記期間查辦過的特大貪腐案件，包括上海市委書記陳良宇貪瀆案、原國家食品藥品監督管理局長鄭筱萸貪瀆案。鄭筱萸在中紀委完成調查、送交司法審理後，因受賄罪名被判處死刑，震驚中外。在法治觀念不彰的中國，官方媒體披露領導人的廉政書信，無非就是想「匡正黨風、反腐倡廉」，但貪瀆案件層出不窮，這類柔性宣傳、道德勸說，對貪腐官僚體系，啓示意義相當有限。

面對中國官場千奇百怪，五花八門的貪腐模式，台商應是「體驗最深刻」的族群。據一位在江浙投資興業十餘年的台商說，他爲打造與黨政首長的良好關係，多年來，廣結善緣，結識歷任市委、市政府領導班子，並加強與工商、稅務、開發辦主管的關係。他粗估，光是政商交際應酬、照應某些擁有項目審批權的主管在海外留學子女、打通政商關節等費用，花費已超過近千萬元人民幣。

「這是高利潤與高風險並存，當代中國的政商遊戲規則！」在北方大省養地，投資房地產多年的台商則形容，申請用地審批，從蓋一個小章，兩千元至五千元人民幣，蓋一個重要章，一萬至五萬元人民幣，花五年至十年養地，投資總效益約有七、八千萬人民幣，「投資報酬率這麼高，雖然嘗遍酸甜苦辣、人情冷暖，十年砸它一千萬元，未來可以回收七、八千萬元，你說，幹不幹？還是划算吧！」

北京中南海紫光閣有一塊清朝遺留的「下馬必亡碑」。據北京考古專家說，滿清入關後，順治是第一個騎馬進北京紫禁城的滿清皇帝，當年順治來到紫光閣附近，坐騎突然停了下來，於是順治就在此下馬。相傳順治曾說：「我們生在馬上、長在馬上，不能忘記我們是馬背上的民族，忘記根本就是滅亡的開始！」後來，乾隆皇帝特別在紫光閣立碑紀念，以示警惕。

紫光閣「下馬必亡碑」上勒「諸戎求世德，寶訓揭鴻文」。乾隆皇帝鑒於滿清入關以後，八旗子弟驕奢淫逸，喜文厭武，爲繼承騎射傳統，乾隆曾下旨告誡八旗子弟：「我後世子孫，庶咸知滿洲舊制，敬謹遵循，學習騎射，嫻熟國語，敦崇淳樸，屏去浮華，毋或稍有怠惰。」馬背上民族的反省與智慧，讓這個「少數統治多數」的民族，統治中國長達二百六十八年。

馬背上得天下的滿族，最終還是被孫中山領導的革命推翻了。一九四九年以來，共產黨靠著發動人民革命，推翻國民黨政權，匆促建立的新中國，正面臨龐大官僚體系前所未有、前所未見的組織性貪腐的侵蝕，從中央到地方，從各部委到各省市自治區，貪汙腐敗、驕奢淫逸的共黨官僚，早已背離人民革命的理想初衷。

胡錦濤在慶祝中國共產黨成立九十週年大會上說：「九十年前，中國共產黨只有幾十個成員，國家貧窮落後，人民苦不聊生。今天，中國共產黨已經擁有八千多萬黨員，國家繁榮昌盛，人民幸福安康。九十年來，我們黨取得的所有成就都是依靠人民共同奮鬥的結果，人民是眞正的英雄，這一點我們永遠不能忘記。」

中共總書記雖大聲疾呼：永遠不能忘記「人民是眞正的英雄」，但大陸各地層出不窮、風起雲湧的群眾示威抗議，人民已敲響共黨政權「下馬」的政治警鐘，即使連共和國總理溫家寶都已站上歷史的浪頭，反覆示警，反覆敲鐘，甚至還警告官僚的貪腐，恐將危及中共政權的存亡！共產黨人能安然跨過這道致命魔咒？

作客北京：魏萼是小平同志的客人

一九八八年一月十三日，蔣經國總統病逝台北大直官邸，原籍台北縣三芝鄉的副總統李登輝依據《中華民國憲法》規定，當天晚間隨即宣誓繼任中華民國總統職務。當時，台灣黨外政論雜誌形容：這是「蔣家王朝」的歷史終結。其實，蔣家父子統治台灣時代的結束，也是兩岸關係重新摸索前進的歷史新開端。

同年九月二日，曾在蔣經國執政時期擔任國民黨文工會副主任的魏萼，第一次應邀訪問北京，就在人民大會堂「北京廳」會見鄧小平。春秋鼎盛的魏萼，在與中共第二代「政治強人」鄧小平晤談過程，坦率陳詞，率眞建議：「兩岸應採取『不三不四』政策：即台灣應該放棄『三不政策』，中共應該放棄『四個堅持』。」

魏萼拋出「四個堅持」（堅持馬列社會主義、堅持無產階級專政、堅持毛澤東思想、堅持中國共產黨領導）的改革議題，並非不現實地要求中共當局即刻放棄「四個堅持」，而是提醒這位「改革開放的總設計師」，是不是應該考慮把「四個堅持」從現行憲法條文，移植到中共的《黨綱》，較能符合黨政分離的憲政規範。

魏萼諍諍的語音剛落，鄧小平聞言，臉色轉趨嚴肅。隨後，鄧小平的說法似乎在爲共黨的政治立場做辯護，他以濃重的四川鄉音說著：「我們不放棄『四個堅持』，並不是針對台灣的，台灣如果從中國走出去，就變成台獨了！『四個堅持』如果拿掉了，西藏、新疆先亂，這是丟不得的。必要時，『四個堅持』是可以從《憲法》撤走，保留在《黨綱》裡面，但這是需要一些時間的！」

沉吟片刻後，讓台灣來的訪客在事隔多年後都還感到震撼的「變革訊號」突然提前出現了。鄧小平態度篤定，但語氣和緩地對魏萼透露：「我已經決定先將馬（克思）、恩（格思）、列（寧）、史（達林）等四個代表共產國際的領袖畫像從天安門廣場撤走，只懸掛孫中山和毛澤東的畫像！」此時是一九八八年九月間的北京，距離一九八九年六月天安門廣場發生「六四事件」還有九個月。

鄧小平與魏萼的晤談告一段落，客隨主便，東道主在「北京廳」設宴款待遠道而來的台灣訪客。魏萼在宴前繞至洗手間如廁，當時陪同會見的中國國家主席楊尚昆隨後跟著進來。楊尚昆也以濃濃的四川口音緊張地對魏萼說：「魏教授，魏教授，鄧主任今天講的話，你可不能拿去對外宣傳哦，我也是第一次聽到啊！」

就在接見魏萼三天後，九月五日，鄧小平在會見捷克斯洛伐克總統胡薩克時，也談到當時蓄勢待發，準備再推動新一波改革的思路。根據《鄧小平文選》（第三卷）披露，鄧當時談到：「我們都是國際共產主義運動的老戰士，老戰士見面總是愉快的。我們要把經歷過的好的時期記住，壞的時期忘掉，我們都是樂觀主義者。」可見鄧小平對如何處理廣場上「共產國際」的圖騰，早有規劃撤離的方案。

一九四二年生於福建漳州的魏萼，台大經濟系畢業、美國伊利諾大學經濟學碩士、聖路易大學經濟學博士，曾任史丹佛大學胡佛研究所資深研究員、柏克萊加州大學東亞研究所研究員，在美期間，魏萼結識美國著名「中國通」施伯樂等重要學者，也與北京派遣前往美國研究的中國社科院學者建立交流管道。回台後曾任國民黨文工會副主任，在蔣經國主政期間曾參與大陸決策事務。

一九八八年九月、十二月，魏萼應中國社科院、中共中央台辦的邀請訪問北京，並兩度與當時身兼中央軍委主席、中顧委主任的鄧小平在北京會晤。由於事涉兩岸敏感政局，魏萼在兩次回台後，將他與鄧小平、楊尚昆在「北京廳」深度晤談的要點寫成備忘錄，並送請美國史丹佛大學胡佛研究所「當代中國檔案」存檔，提供各國學術機構研究鄧小平決策思想的參考檔案。

二〇〇七年夏季，應邀參加「中華文化聯誼會」舉辦「情繫湖湘」活動期間，走遍長沙、張家界、湘西、鳳凰古城等名山勝景，與魏萼教授多次晤談，每每談到中國改革開放歷程，或兩岸關係發展變遷，總覺得意猶未盡，也未能進一步向他請益早年參與大陸決策事務的軼事。因此，屢屢要求魏教授能撥出時間，聽他講述兩岸故事。魏萼總是呵呵地笑著說：「回台灣，再找時間，好好聊聊！」

幾個月後，接到魏教授來電。他說，兩岸關係發展對台灣未來前途至關重要，但民進黨陳水扁政府完全無力操持大局，國民黨新一代領導人對兩岸互動發展的歷史脈絡與政經新局也普遍欠缺深層關照，他自覺身體情況欠佳，希望與我聊聊他對兩岸發展形勢的觀察與建言。其中，最精采的政治祕辛，莫過於廿餘年前他與中國「政治強人」鄧小平在人民大會堂的歷史性會晤。

魏萼是在一九八八年九月初，首次應邀前往北京訪問。當時，國務院台灣事務辦公室仍未成立，涉台事務與參訪接待，完是由中共中央台辦負責。當時接待他的中台辦主任楊斯德有一天問他：「魏教授，你還有時間嗎？鄧主任想見你。」雖是詢問語氣，但這場特殊會見，早已列入行程，只是依照慣例，大陸國家領導人的行程一般是不能預先透露的，即使接待單位也不會預先告知會見時間與地點。

楊斯德所稱的「鄧主任」，就是當時擔任中央軍委主席、中央顧問委員會主任的「政治強人」、位列第二代領導人的鄧小平。鄧小平當年還兼任中共中央對台工作領導小組組長；一九八八年四月剛接任中國國家主席的楊尚昆，則兼任中共中央對台工作領導小組副組長。兩位國家領導人同時會見魏萼，就當時的對台工作而言，應是極爲特殊的安排，也是少見的特例。

一九八八年的北京政局，隨著改革開放政策的逐步試驗，社會主義經濟體制出現了嶄新的迅猛活力，政治改革的氛圍、媒體言論的尺度，似乎也都呈現蓬勃萌芽的生機。相對的，台灣的政局，隨著蔣經國總統於當年一月十三日病逝台北，剛剛接掌黨政軍大權的第一位台籍總統李登輝，正試圖摸索著向中南海伸出「友誼之手」，冀望兩岸高層能建立有效的、權威的溝通、傳話管道。

在中國改革開放初期，曾在海外撰文鼓吹中國應該「政治學台灣」、「經濟學台北」的魏萼，應是中國處在關鍵轉折年代，極少數曾經應邀訪問北京，並有機會與當代中國最具決策影響力的「政治強人」鄧小平兩度會談的台灣學者。事隔廿餘年，魏萼回憶說：「我去見鄧小平，既不是兩岸密使，也沒有政府任務，純粹是以研究學者的建言，爲台灣找出路，爲中國找希望！」

在蔣經國執政後期，國民黨仍維持「三民主義統一中國」的政策基調，堅持不接觸、不談判、不妥協的「三不政策」，而中共當局主張一黨專政的「四個堅持」，也未見任何鬆動。因此，擅長以淺顯論述說明深奧經濟學理論的魏萼在會見鄧小平時，就率性地以兩岸應採取「不三不四」的政策建言開場：即台灣放棄「三不政策」，中共放棄「四個堅持」，沒想到激起小平同志諸多原創性的政策發想。

魏萼回憶說，在回應他提到台灣民眾關切的「武力犯台」等問題，鄧小平還特別澄清中共解放軍的軍事武力並不是針對台灣的。不過，鄧小平在會晤過程，曾明確提到中共可能對台使用武力的時機與條件，包括：國際勢力占領台灣或干預台灣內部事務；台灣宣布獨立；台灣內部出現動亂等。這項「武力犯台論」直到胡錦濤時代，則以立法手段，通過《反分裂國家法》加以規範化。

鄧小平雖說「四個堅持」不能放棄，但隨後鄧小平與楊尙昆在與魏萼餐敘時，鄧突然透露說：「我已經決定先將馬、恩、列、史四個畫像從天安門廣場撤走，只懸掛毛澤東畫像！」隔年四月廿六日，即爆發六四事件前夕，馬克思、恩格斯、列寧、史達林等四幅象徵共產國際的巨幅畫像終於被撤離天安門廣場；幾天後的五一勞動節，天安門廣場豎起了「革命先行者」孫中山的巨幅畫像。

魏萼與鄧小平晤談過程，曾談到一九八七年七月間，鄧在北戴河會見華裔美籍學者、紐約大學教授熊玠。熟悉美國學界與僑界的魏萼趁機向鄧小平問道：「熊玠教授後來對外轉述您的談話內容，您是否看到？」鄧小平連忙揮揮手，並以濃重的四川口音笑稱：「走樣囉！走樣囉！」究竟是轉述那些談話內容「走樣囉」，鄧小平並未細說，基於爲客之道，魏萼也不好追問，究竟是那些內容失眞走樣？

二〇〇四年八月間，在鄧小平百年誕辰前夕，熊玠在紐約接受新華社專訪時，曾以「不虛此行」總結他與鄧小平在北戴河晤談的往事。熊玠說他喜歡稱鄧爲「鄧大人」或「鄧公」。他說，他曾對改革爲何要搞那麼快不太理解，鄧解釋：「改革一定要使盡可能多的人受惠，受惠的人越多，支援改革的力度就越大。因此，改革不能太慢，慢了不行。」讓他疑慮盡釋。老鄧還談到爲什麼經濟改革必須先行，這是因爲只有經濟改革成功，才能爲政治改革提供一個扎實的基礎。

一九八八年，鄧小平宴請魏萼。圖片提供／魏萼

「鄧公聽人講話非常認眞。我在講話中不經意地提到我父親的年齡。鄧公聽完後說，熊教授，你剛才說老太爺今年多少歲了？我說九十四歲了。鄧公說，到香港回歸那年我也正好九十四歲。到那時我一定要去香港看看，就是坐著輪椅也要去。我說，那我來推你好嗎？他連連說好，並說，十年後我們香港再見。孰料鄧公於一九九七年初仙逝而未能踐約。」熊玠自告奮勇要幫鄧推輪椅去香港看回歸，但最後並沒推成，究竟哪些話傳得「走樣囉」，也就成爲未解的歷史謎團。

鄧小平會晤魏萼時，蔣經國剛過世，對「後蔣經國時期」的台灣政局，與剛繼承總統大位的李登輝動向，甚至國民黨派系鬥爭，都寄予高度關注；鄧小平還藉《封神演義》所描述，守護佛教寺廟的門神故事，寄語國民黨軍政權臣能坦誠合作。鄧小平說：「李煥、王昇，乃是蔣經國的哼哈二將，應該團結起來爲國民黨的前途而奮力！」鄧小平對政工與救國團系統的矛盾，顯然已有精確的觀察與掌握。

兩岸在蔣鄧分別主政時期互派密使傳話的訊息，時有所聞，但在蔣鄧過世之前，相關傳聞與坊間說法，始終未經兩岸當局的公開證實。不過，魏萼回憶說，鄧小平在聊到蔣經國主持國民黨黨務時曾對他說：「蔣經國曾經託人帶話給我！我現在可以明確地告訴你，國民黨是可以在北京設聯絡處，但不能在大陸發展黨務！」

魏萼回憶說，鄧小平是在晤談過程主動透露蔣經國曾經託人帶話給他，提出「希望國民黨能在大陸發展」等五項條件。對鄧小平透露蔣託人帶來的「五項條件」內容爲何？魏萼說，鄧小平當時並未完整轉述，但有關國民黨在大陸發展的問題，據陪同會見的中共官員詮釋說：「國民黨在北京成立聯絡處是可以考慮的，釣魚台國賓館就可以提供給國民黨使用，但不能在大陸發展黨務。」

鄧小平晚年曾在北京見過與蔣經國熟識的鄧文儀、嚴靈峰等老同學，以及華裔學者冷紹銓、翟文伯。他們其中的一位，是否就是鄧小平所說的爲蔣經國「帶話」的人？魏萼強調，鄧小平當時並未透露是何人帶話，他也沒有即時追問傳話者是何許人，因此，這類「密使檔案」或兩岸高層互動情況，只能等待兩岸的解密。

在一九八〇年代祕密成立的「劉少康辦公室」，曾被視爲蔣經國主政時期超越黨政軍的「太上皇機構」，但魏萼說，「劉少康辦公室」雖然已成爲台灣政治發展歷程的歷史陳跡，但它當年確是開展對中共當局溝通對話的重要政策指導單位。魏萼透露，在大陸改革開放初期，國民黨提出「經濟學台灣、政治學台北」號召，受到中共高度關注，時任全國人大副委員長的習仲勳，即曾透過華

上：天安門廣場上的孫中山畫像
下：天安門事件廿年後的廣場景象，攝於二○○九年六月四日。

裔美籍企業家來台傳遞訊息，邀請時任國民大會憲政委員會副主任陳建中前往北京訪問。

習仲勳與陳建中都是陝西省新平縣人，從孩提時代就已熟識，早年互動關係相當密切。當時參與「劉少康辦公室」運作的魏萼在接獲訊息後，專程會見陳建中，探詢他接受邀請前往大陸訪問的意願，但當時反共立場鮮明的陳建中，可能顧及兩岸仍處敏感時期，回絕了習仲勳的邀訪。魏萼即向「劉少康辦公室」主任、國防部總政戰部主任王昇上將彙報。王昇則說：「這是一件好事」，並指派陝西籍的朱文琳少將專責辦理。陳建中後來接受習仲勳的邀請訪問北京，也會見了當時的中國國家主席楊尚昆。習仲勳的妻子，習近平的母親齊心晚年在寫回憶錄時，就曾特別提到習陳兩人分離多年後重逢的場景。

魏萼認爲，「劉少康辦公室」是隸屬於國民黨中央，表面上，國民黨祕書長蔣彥士是辦公室負責人，但事實上，蔣經國在軍方政工體系的接班人王昇上將才是實際的領導人。當年爲因應中共即將推動改革開放新局，並調整反共、圍堵政策，在戒嚴體制的特殊環境下成立的「劉少康辦公室」，它只是國家政策的建議者和執行者，但不是眞正的決策者，雖然機構是神祕的，但其實並沒有特殊性。

魏萼說，「劉少康辦公室」有三個委員會：基地研究委員會、大陸研究委員會、海外研究委員會。基地組成員有王昭明、許新枝、李模、關中、施啓揚、王章清、陸潤康、廖祖述、魏萼等人。從成立到一九八四年結束，它應可視爲「執行蔣經國大陸政策開放思維的前哨站」。對於當時台灣仍無法公開處理的兩岸各類突發問題，該機構曾經扮演統籌與整合的角色，蔣經國則是幕後眞正的最高決策者。

鄧小平作爲中國改革開放的「總設計師」，擁有最多的改革資源，也具備主導拍板的最高決策權，但直到一九九七年初逝世之前，鄧小平並未能施展政治民主化的改革魄力，將「四個堅持」的歷史包袱，從中國《憲法》條文裡撤走，移植到中國共產黨的《黨綱》。當然，黨政軍權力繼承者江澤民、胡錦濤，更無法做到連老鄧都難以達成的政改進程。中國政改議題的複雜性與困難度，由此可見。

第5章

動盪疆域

花開了沒？中國的茉莉花革命

革命，自古以來始終都是年輕人不朽的事業。從一七八九年的法國大革命、一九一一年中國的辛亥革命，以至發生在突尼西亞、埃及開羅的「茉莉花革命」，古今中外年輕人激情奉獻的鮮血與生命，都已成爲轉動歷史滾輪的最大驅動力。

廿六歲的突尼西亞青年穆罕默德・布瓦吉吉（Mohamed Bouazizi）以自焚喚醒人民起義，推翻專制政權；卅歲的埃及Google主管戈寧（Wael Ghonim）透過臉書號召開羅青年走向解放廣場，挑戰國家專制霸權，最後促成了埃及變天，迎來了北非難得呈現的「民主之春」。

辛亥百年之際，一場源自於北非突尼西亞的「茉莉花革命」，從二〇一〇年底開始，藉由各種新興網路傳播工具：facebook、twitter、Youtube強力推波助瀾下，曾以雷霆萬鈞之勢，狂掃北非各國，以至中東阿拉伯世界，歷久不衰，餘波盪漾。

突尼西亞總統班・阿里（Ben Ali）的強人專制政權，負嵎頑抗，終究不敵人民要求民主的抗議浪潮，迅速遭到人民驅趕下台；埃及軍事強人穆巴拉克（Hosni Mubarak）也不敵百萬群眾走上街頭，十八天後，同樣遭到埃及人民趕出總統府。

就在埃及強人穆巴拉克匆匆下台之日，國際媒體的焦點仍不忘激起「茉莉花革命」的發源地！遠在千里之外的突尼西亞青年沙列姆．布瓦吉吉（Salem Bouazizi）在接受路透社電話專訪時激動地訴說著：「如果阿拉伯人民感激穆罕默德．布瓦吉吉，那麼他們就會自由，拒絕獨裁！對於阿拉伯革命從我們家開始，我們非常驕傲！對於穆巴拉克下台，我們非常興奮！」

沙列姆的兄弟，廿六歲的穆罕默德，大學畢業就失業，因找不到工作，只得以擺攤賣蔬果爲生，由於沒有官方核准執照，遭警方強行沒收蔬果和磅秤，二〇一〇年十二月十七日，悲憤的穆罕默德自焚身亡。他爲抵抗專制政權不顧人民生計的悲壯行動，透過網路傳播，激起人民起義，終於推翻政權。這段壯烈的行動，因突國國花爲茉莉花，而被各地譽爲當代世界的「茉莉花革命」。

中國共產黨雖靠著人民革命取得政權，但面對這波來自北非的「茉莉花革命」，背後都夾雜著勢如破竹的網路傳播效應，這就讓戒愼恐懼的中南海領導人心生警惕，高度恐慌。從二〇一一年年初開始，中國網管展開新一輪資訊管控：「茉莉花革命」被列爲各大網站的敏感詞；荒謬的是，胡錦濤多年前訪問肯亞與孔子學院學生合唱〈茉莉花〉的網路視頻，也悄悄地被屏蔽了。

就在海外網路綿密出現號召在中國境內發動「茉莉花革命」的同一天，二〇一一年二月十九日，中共中央黨校舉辦省部級領導幹部「社會管理及其創新專題研討班」開班式。胡錦濤率領溫家寶、吳邦國、賈慶林、李長春、習近平、李克強、賀國強、周永康等九名政治局常委出席會議。兼任中央黨校校長的習近平主持開班式，胡錦濤發表了有關強化對「網路虛擬社會」管理的政策講話。

胡錦濤在演說時坦言，當前中國既處於發展的「重要戰略機遇期」，又處於「社會矛盾突顯期」，但經過長期探索和實踐，中國構建了社會管理組織網路，形成「黨委領導、政府負責、社會協同、公眾參與」的管理格局。他並對做好社會管理提出八點意見。最受到關注的就是第七點：「進一步加強和完善資訊網路管理，提高對虛擬社會的管理水準，健全網上輿論引導機制。」

在新興網路媒體「點燃」革命浪潮的怒火，「茉莉花革命」方興未艾的敏感時刻，中共政治局常委全體總動員，省部級幹部齊聚一堂，研討「加強資訊網路管理」、「提高對虛擬社會的管理水平」，這不能不說是中共的未雨綢繆，面對北非、中東這波革命浪潮所敲響的警鐘。不過，中南海領導人與班・阿里和穆巴拉克一樣，面對民憤，依然還是相同的決策思維：從管理網路下手！

中國面對的政治形勢遠比突尼西亞、埃及，以及中東的君主專制國家更爲嚴峻。胡錦濤在中央黨校的演說，主要用意就是要求與會的中央與省部級領導，必須掌握並有效地管理好中國境內高達四億五千萬網民所構成的龐大「虛擬社會」。

數以億計的中國網民雖然是以虛擬形式存在的，但它的超大規模與可能爆發的無限能量，卻不是把它視爲「虛擬社會」，就可以等閒視之的。「網能載舟，也能覆舟」，中南海領導人深知網路社會所具有建設性與破壞性的特殊意義。

胡錦濤講完管理虛擬社會的意見隔天，駐京媒體關注焦點，已從中央黨校轉移到王府井大街。二月廿日，午後一時。從王府井地鐵口的新華書店，走到王府井北口，即金魚胡同新東安市場的人行徒步區，假日人潮，熙來攘往。佇足徘徊在大街上，觀望、等候看熱鬧的人顯得特別多，有趣的是，從群眾疑惑表情、公安或便衣神祕的眼神來看，各方都不確定茉莉花是否會「開花」。

北非「茉莉花革命」的傳播效應，在農曆春節至元宵節期間，即已在大陸各地蠢蠢欲動。二月十九日，博訊網開始流傳一封匿名投稿，宣稱將在大陸各城市發起「中國的茉莉花革命」，帖文並號召北京、上海、廣州、成都等十三個城市居民，在二月廿日（星期日）下午二時，前往各城市指定地點集會，高喊口號，表達對高房價、高物價、高失業等等的不滿。

博訊網貼出的文稿，經由網路科技推波助瀾，旋即流傳於海內外，尤其，大陸透過「翻牆軟體」閱覽敏感資訊的網民，在幾小時之內，即時看到這則號召「茉莉花革命」的訊息。儘管通知是匿名、虛擬的，也可能是有人惡作劇、造謠的，但這項極富創意的「網路動員」手法，確實對中國的公安與國安部門帶來空前的維穩壓力。網路流傳的文稿寫著：

不管你是結石寶寶的家長、拆遷戶、群租戶、復退轉軍人、民辦老師、銀行買斷工齡人員、下崗人員，還是上訪者；……在這一刻，你我都是中國人，你我都是對未來還有夢的中國人，我們必須爲自己的未來負責，爲我們子孫的未來負責。

我們只需要走到指定地點，遠遠圍觀，默默跟隨，勇敢地喊出你的口號，歷史就從這一刻開始改變。如發生參與集會人員受到不良對待，請以最大的容忍處理。集會結束時，不要留下垃圾，中國人是高素質的，是有條件追求民主自由的。

如本次召集未能成功舉辦集會的城市，可在每個星期天的下午兩點繼續前往，堅持就是勝利！統一口號：我們要工作／我們要住房／我們要公平／我們要公義／保障私有產權／維護司法獨立／啓動政治改革／結束一黨專政／開放報禁／新聞自由／自由萬歲／民主萬歲

地點：北京：王府井麥當勞門前／上海：人民廣場和平影都門前／天津：鼓樓下／南京：鼓樓廣場秀水街百貨門口／西安：北大街家樂福門口／成都：天府廣場毛主席像下／長沙：五一廣場新大新大廈門口／杭州：武林廣場杭州百貨大樓門口／廣州：人民公園星巴克門口／

瀋陽：南京北街肯德基門口／長春：文化廣場西民主大街快樂購超市門口／哈爾濱：哈爾濱電影院門口／武漢：解放大道世貿廣場麥當勞門口。

被指定爲北京集會地點的王府井麥當勞店，從中午開始，布滿便衣人員，監視著大街上的人潮。我點了雞肉漢堡套餐，還在店門口坐定位，赫然發現四周都是體型壯碩、神情專注盯著窗外的便衣，他們似乎已用過盒飯（便當），每人手上都只是一杯咖啡或可樂，臉部共同的表情，就是冷峻地監視著大街上群眾的動態。

雖然不像嘉年華會，但洶湧人潮確有假日的歡樂氣氛。在麥當勞巧遇幾位來自日本、新加坡、英國、台灣的同業。我們正聊著，身旁出現一位自稱在北京打工的中年男人，表情詭譎地聽我們聊天。隨後，神祕地低聲問道：「茉莉花開了嗎？」突然間，新聞同業們面面相覷，周遭原本詭異的空氣裡，爆出了陣陣的笑聲。

這位探頭探腦、低聲探詢外媒對網上號召中國式「茉莉花革命」評價的陌生民眾，我們並不知他的眞實身分，究竟只是單純關注茉莉花動向的網民，還是有關部門的「線民」，或是流竄於街頭的下崗工人，他這個突如其來、破題式的「大哉問」，讓原本無聊地在街頭「守候新聞」的境外記者們，臨時多了輕鬆的議論話題。

「北京天冷，天候條件不夠，看來花兒開不了了！」我開玩笑回了他一句，陌生路人卻認眞地回應：「哎，網路組織者缺乏動員經驗，茉莉花要在中國開花，恐怕不容易啊！」大街上冒出來的陌生人，讓我想起八〇年代，台灣黨外抗爭時期，在台北街頭經常出現的「街頭評論家」。不同的是，那天在大街上數以千計的群眾，並沒有任何人敢於站出來，對不滿的議題，公開表達異議。

上：花開了沒？二〇一一年二月二十日的王府井大街。
下：二〇一一年三月五日，北京天安門廣場上的巡邏公安。

在網路號召發動「茉莉花革命」的組織者，並沒有任何機構署名，大街上也沒見到任何組織團體，也見不到抗議海報。雖然到達預定時間：周日下午二時，現場人潮超過上千人（包括數以百計的各國記者、難以數計的便衣），但抗議狀況並未出現。網路號召「定點集會」，或許只是有人對當局的惡作劇，不過，因兩會開幕在即，中國當局出動的維安警力仍是相當驚人的。

為應對第一波「茉莉花」狀況，公安武警早已進駐在王府井周邊，並調動數十部廂型車在北京飯店後方的胡同待命，明顯是準備對付大型群眾集會的配備。便衣與國安人員也進駐王府井商圈，攝像人員並對現場採訪的境外記者錄影蒐證。北京街頭與台灣早年群眾運動所呈現的狀況相當神似：群眾十人、記者百人、警察千人。統治者愈缺乏自信，意外事件爆發的機率，相對升高。

第一波茉莉花行動，並沒有出現眞正集會的形式，也沒有喊口號的場面，但「茉莉花」、「茉莉花革命」、「革命浪潮」，甚到連遭到罷黜的埃及前總統「穆巴拉克」，都成為大陸網民搜尋不著的「敏感詞」；不靠翻牆，根本無法閱覽「茉莉花」訊息。近年來最嚴密的網路監控，正進入最新一波的嚴管期；微博等網路平台，只要出現敏感詞，都會遭到悉數刪除、屏蔽的命運。

第一波茉莉花並未「開花」，但各大城市出現的零星緊張場景，經由境外媒體報導，海內外網路持續轉載，加以全國人大、全國政協即將於三月初開幕，首都維安等級日趨升高，中國當局決定對境外媒體祭出禁絕報導網路號召集會的手段，並由管理境外媒體記者簽證的「北京市公安局入出境簽證管理總隊」出面，負責傳達官方對外媒在華居留期間的採訪規定。

第二波集會前兩天，駐京外媒陸續接到公安局簽證管理總隊的通知，要求前往北二環小街橋的「簽證大樓」報到。在接到趙姓警官來電時，我曾詢問對方準備商談那些問題？趙警官只簡略告知：「我們領導想請你找個時間過來聊聊，至於要聊什麼，並不清楚。」隨後，致電駐京同業，他們也都接到通知，警方要求不得結伴報到。初步研判，應與「茉莉花」集會能否採訪有關。

簽證大樓是北京市公安局負責受理北京市民出國簽證，以及境外人士申請出入境簽證業務的對外窗口。我準時應約，並在聯絡警官安排下進入管理總隊的小型會議室等候。隨後，一位被稱爲「隊長」的高階警官和另一位警官，同時進入會議室，我們彼此客氣地握手致意，我並遞出名片，但他們並未給我名片，即匆匆地在我前方坐定位。

「我現在奉命正式對你傳達《外國常駐新聞機構和外國記者採訪條例》（第五三七號國務院令）的相關規定。請你和你即將來北京採訪兩會的其他同事，務必遵守、配合。」這位被其他公安稱爲「隊長」的高階警官，表情稍顯嚴肅，在簡短寒暄過後，沉穩地攤開他手上的卷宗資料，語氣平和地傳達了北京有關部門的最新指示。

「《第五三七號國務院令》的採訪規定，不是在二〇〇八年北京奧運會之前就已經發布過了嗎？最近是不是還有其他更新的採訪規定？」聽到對方以略帶嚴肅的口吻傳達相關採訪規定，我當即對大陸官方透過公安簽證管理總隊下達指令的眞正「潛台詞」感到好奇，因此，希望了解北京最近爲因應網路散播集會的相關訊息，是否另有新的採訪規定出檯？

「並沒有新的採訪規定，因爲最近有大批境外記者陸續進京採訪，我們只是奉命對境外媒體再次傳達有關採訪條例，你們在北京居留採訪期間，應務必遵守《五三七號令》的相關規定。」

「我們只是重申外國常駐新聞機構和外國記者現行採訪條例，有關『外國記者在中國境內採訪，須徵得被採訪單位和個人的同意』等規定，並請轉達貴單位最近來北京採訪的同事，務必遵守。」

公安局簽證管理總隊約談境外駐京媒體，就在明示兩天後（二月廿七日）的第二次「茉莉花」聚會，境外媒體最好別去。因類似王府井大街、西單廣場都屬特定空間，只要警方採取限制措施，依據前述法令，媒體就不得在該區域採訪。「潛台詞」是：王府井大街屬王府井街道辦管理，「非經採訪單位和個人同意」將不得採訪。

二月廿七日（星期日）下午二時。王府井麥當勞前，再度聚集人潮，公安武警和便衣比上周規模更加擴大，警方不僅在一號線王府井地鐵站、西單地鐵站出口設障把關，便衣幹員還以攝影機蒐證。原本搭出租車想從長安大街右轉王府井大街，但發現王府井大街已遭公安封路，只得臨時讓出租車直行轉至北京飯店下車。原來寬闊的廣場被城管臨時架起圍籬，工人在現場故作施工狀，城管清潔車也不斷在大街來回噴灑清掃，明顯是防範人群在大街聚集逗留。

被圍堵在新華書店門口無法推進時，只得進入書店，等待已進入徒步區域內台灣同業的消息。正在店內徘徊時，手機不斷傳來訊息：「秋萍（三立記者）被公安帶走了！」「有好幾位老外也被帶走了！」下午三時過後，警方對麥當勞前的管制不再嚴密，走到麥當勞前發現貼有「暫停出入」告示，等於宣告已暫時打烊。

我和幾位同業隨手拿出iphone手機和傻瓜相機拍攝王府井大街的畫面，一位體型壯碩公安立刻趨近大聲喝止：「別拍了！別拍了！走吧！快走吧！」可能因攝影裝備太簡陋，公安並未查察是新聞記者，因此，並未像其他境外媒體同業，當天只要扛著專業攝影機，幾乎全數遭到盤查或被搜身，而三立電視台、部分外國記者遭警方帶走訊問，全都是專業攝影機洩露了記者身分。

據三立記者高秋萍事後回憶，當天她和攝影是準備從金魚胡同進入王府井大街徒步區採訪，雖然改持小型專業攝影機，但現場公安發現後，反覆盤問他們是否爲記者，她擔心情勢複雜，最後表明確爲新聞記者，並強調是經由國台辦批准合法駐京採訪的台灣記者，沒想到現場公安與便衣一聽到是記者，不僅對他們惡言相向，還扣留他們的攝影器材與手機，並展開長達數小時的盤問。

台灣記者在王府井採訪被大陸公安逮捕，很快就傳遍台灣媒體圈，甚至還驚動在台北的馬英九總統，陸委會、海基會也相繼發表聲明，要求公安部門盡速放人，並應尊重新聞採訪的自由與確保台灣記者人身安全。海協會會長陳雲林剛好率團在台參訪，海陸兩會也促請陳雲林協助交涉；兩個多小時之後，北京市台辦兩位女性官員即出現在派出所將兩名台灣記者保釋出來。

三月五日，十一屆全國人大四次會議開幕，五千多位人大代表、政協委員聚集北京，黨政軍領導人出席開幕式，首都維安升至最高級別。在京城氣氛外弛內張之際，《北京日報》發表文章說：「中東、北非部分國家局勢持續劇烈動盪，境內外一些別有用心的人企圖把亂局引向中國。他們通過網際網路煽動非法聚集，妄圖製造事端，挑起街頭政治。」同屬市委宣傳部的千龍網則率先刊出一則準備打擊網路散播、流傳「茉莉花革命」網路訊息，具有「弦外之音」重要訊息。

市委宣傳部發出的政治訊號，預示著官方對網路散播「茉莉花革命」謠言，將展開打擊行動！三月六日，北京市新聞辦發言人王惠宣稱，境內外別有用心的人，企圖在中國通過互聯網煽動非法聚集，想把中東和北非亂局，在中國製造事端，挑起所謂的「街頭政治」，這是一種癡心妄想；她並嘲諷外國駐京媒體，如果想在北京找中東和北非那樣新聞的人，到最後將是「竹籃子打水，也是一場空」。

北京市新聞辦刻意選定「周日下午二時」的特定時段，邀集各國駐京記者舉行「兩會期間維護公共安全和交通秩序」說明會，由於境外媒體連日來在北京報導網路匿名號召集會活動，屢遭公安拘留訊問，外媒在記者會上連番質疑北京採訪規定是否將更趨緊縮。在京奧期間形象不惡，談吐優雅的王惠，這回完全「變臉」，還多次以情緒化用詞回應，讓與會外媒記者錯愕不已。

美國CNN北京分社主任問到北京近來對外媒在公共場合採訪所採取的種種限制，已使駐華外媒感到迷惑與焦慮。他在剛才還接到有位新聞同業在北京西單廣場採訪時遭到公安人員拘留的短信，他很禮貌地詢問這位市政府的女性發言人王惠，究竟這類措施何時才會結束？王惠在以激情口吻宣示官方的基本立場後強調：「企圖挑起事端的人，選錯了地方，打錯了主意！」

曾在媒體任職的王惠，在記者會大談她所認知的馬列版「新聞學理論」，還以揶揄諷語氣告誡現場幾十位境外駐京記者說：「也許你們聽不進去這些很簡單的話，是你們的總部要求這麼做。建議你們往總部發新聞稿時，能不能多寫兩行，問問那個給你提出要求的人，到底讓你們找什麼？他們忘了新聞的生命是什麼嗎？是眞實！他們到底是讓你報導新聞？還是製造新聞？」

美聯社記者隨即起身反駁說，外國媒體並非製造新聞，只是採訪出現的新聞，但警方執法標準與法律邏輯並不明確。他詢問有關彭博通訊社記者上周遭人毆打已報案處理，不知該案調查進展如何？王惠則稱：「公安部門正採證調查。」

日本NHK記者則質問，他同事遭到沒有車牌的車輛尾隨，警方是否有保護措施？「美國之音」記者則說，記者並非製造新聞，而是觀察新聞事件的發生，如便衣毆打記者，當然就是新聞事件。市府印發的《在京居留及從事採訪活動相關法律規定摘編》則讓人意識到採訪氛圍趨於緊縮，但市法制辦官員張岩說，摘編是希望對外媒在京採訪「有所幫助」。

網路流傳的「茉莉花革命」並沒有在中國出現，但北京的戒備與網路監控，並沒有鬆懈跡象，對境內維權人士、網路活躍分子的監管，依然緊迫盯人；對境外新聞網站的封鎖，依然嚴格把關。尤其，四月三日，公安機關在北京首都機場將準備出境赴台參與藝術活動的艾未未帶走之後，更引起國際社會的強烈抗議，境外媒體傳聞艾未未無端遭到拘押，可能與他涉及網路散播號召「茉莉花革命」的訊息有關，因此，茉莉花的後續動向，再度成為國際輿論關注的焦點。

在艾未未失蹤一個半月後，外界赫然發現，艾未未被捕的罪名竟是「經濟犯罪」。五月廿日，新華社說：「從北京市公安機關獲悉，經公安機關對艾未未涉嫌經濟犯罪一案進行偵查，現已初步查明，艾未未實際控制的北京發課文化發展有限公司存在逃避繳納鉅額稅款、故意銷毀會計憑證等犯罪行為。在艾未未被依法監視居住期間，公安機關依法保障了其會見共同居住人等權利」。

艾未未遭公安以「經濟犯罪」羈押八十一天後，六月廿二日，新華社再度報導說：「鑒於艾未未認罪態度好、患有慢性疾病等原因，且其多次主動表示願意積極補繳稅款，北京公安機關現依法對艾未未取保候審（交保候傳）。」

艾未未的父親艾青是中國的「愛國詩人」，但曾坐過國共兩黨的政治黑牢。溫家寶則是艾青的「詩迷」，二〇〇九年九月，溫家寶出席聯合國會議期間，曾在會見紐約華文媒體負責人時，即席吟誦艾青早年詩作〈樹〉的部分詩句。溫家寶說：「大家都生長在一棵樹上。我常想起艾青的一段詩：在泥土的覆蓋下，它們的根伸長著，在看不見的深處，它們把根鬚糾纏在一起。」

艾青這首八行詩的創作背景，應是抗日戰爭時期，有感於中國遭到日本軍國主義的侵略，在中華民族面臨存亡絕續的歷史危難之際，應團結一致，共同抗日的詩人情懷。但諷刺的是，艾未未在被捕之前，曾感慨地告白，「前一秒鐘，我們國家的總理深情地唸我父親的詩；後一秒鐘，他們跟蹤我、打我，這就是我的國家！」

「艾未未事件」成爲海外觀察中國是否出現「茉莉花革命」的指標，網路媒體對事件的效應，更與二〇一二年秋天的中共十八大連結，並賦予高度政治意義。近年來，艾未未既聲援維權人士，調查川震豆腐渣工程，以至策畫前衛表演藝術，嘲諷黨國統治體制，早已被北京視爲政治異端。

北京演出「捉放曹」，並非艾未未涉及驚天動地的「經濟犯罪」，而是嚴防中國出現「突尼西亞的穆罕默德」，或「埃及的戈寧」，因擔心艾未未搖身一變，成爲具有號召力的「穆罕默德」或「戈寧」，北京採取雷霆手段，制敵機先，希望讓異端與謠言消弭於無形。然而，北京弄巧成拙，缺乏自信的草率處理，反而把艾未未塑造成爲國際社會關注的潛在「茉莉花英雄」。

龍門山斷裂帶：浩劫大地湧動的暖流

長安大街如果不塞車，從地鐵一號線永安里站搭到西單站，沿途經過建國門、東單、王府井、天安門東、天安門西，大約十五分鐘可到。

二〇〇八年五月十二日。中午過後，剛走出世貿國際公寓，路況還行，但徒步走到永安里還要十分鐘，北京地鐵「均一價」兩塊錢，但「打的」（taxi）不過十二、三塊人民幣，還不到新台幣七十元嘛，想都不想，直接跨進出租車。

「師傅，光華路直行，左拐長安街，西單民族文化宮！」

下午二時卅五分，雖然遲到五分鐘，還是趕到西單商場附近的「民族文化宮」，採訪「西藏文化與社會現況文物展覽」活動。這是北京官方在「三一四拉薩暴亂事件」，特別對境外駐京媒體安排的文化宣傳活動。雖然新聞性不強，上版面的機率不高，但這類活動通常提供境外媒體聚會的機會。

剛踏進文化宮，聚精會神，仔細參觀現場布展的百年來西藏文物史料，突然發現新華社、《聯合報》的新聞同業們，神情頗爲緊張，各個表情焦慮地在會場角落猛打電話，似乎無心看展。新聞直覺告訴自己：「又出大事了！」

「剛剛發生地震，民族文化宮大廳的巨型吊燈都被晃動了，你看到了嗎？」神情驚愕的新聞同業緊張地說道：「這次地震規模，好像滿大的哦！」下午二時廿八分發生的地震，讓具有職業敏感症的新聞同業們，頓時浮現焦躁不安的氣氛。

「啊，眞的嗎？我剛在出租車上，不曉得有地震啊！」當我意識到有大地震，正想打手機查證時，只見同業們紛紛快步跑出展場，並以最快方式離開文化宮。一邊打著手機，一邊往西單地鐵站走去，急於知道北京地鐵有沒有發生任何狀況。

在東四環「新光天地」附近上班的台灣友人在手機裡回話說，感覺有搖晃，但沒有出現驚慌人潮；在北四環「鳥巢」附近上班的台企員工疑惑地反問：「啊！有地震？沒感覺啊！」在西二環「金融街」外企上班的友人，我都還沒開口問話，立馬以餘悸猶存的口吻說道：「嚇壞了！樓上很多人都逃下來了！」

從一九七六年發生「唐山大地震」以來，被明清兩朝皇家視爲風水寶地的北京很少再遭逢震撼教育，因此，對於「震感」的臨場反應，普遍缺乏警覺意識。當我快速地以手機查詢北京不同方位的震感情況後，發現北京市民對地震造成建築物搖晃的感受與反應是全然不同的，在地震發生之際，有人甚至還以爲是街道工程施工造成地層晃動，完全沒有意識到災難的危險訊號。

北京看來是平安的。地鐵照常行駛，王府井大街依然川流不息。貝納通（Benetton）專門店的銷售員還爽朗地笑著說：「沒事啊！大街上的購物人潮沒感覺呢！」誰也沒有想到，就在北京市民稍感搖晃，甚至沒有知覺的詭異氛圍裡，千里之外的四川龍門山斷裂帶，山崩地裂，一波波餘震，正在對災區形成滅絕式的巨大災難。

沿著王府井大街、東單、建國門，北京核心區的情勢相當平靜，街道沒有任何異狀，回到駐地，急著上網了解災情狀況。就在台北報社聯繫京滬兩地駐點人力如何調度之際，新華社發出快訊：「國務院總理溫家寶已搭乘專機趕赴四川災區」。台灣幾家電視台的駐京記者緊急動員，趕赴機場，候補飛往成都的機位。

溫家寶指揮救災搶險的靈活性、機動性、高效率，確實驚人。大陸媒體同業說，國務院在地震發生後，緊急通報並指定相關部委負責人，限令在第一時間趕赴首都機場與總理會合飛往災區，有些官員根本沒時間打包行李，接到指令，直奔機場；溫家寶抵達災區的畫面，立即成為央視晚間七時「新聞聯播」的焦點新聞。

大地震剛發生的前幾個小時，有關受災城鎮範圍、災情破壞情況、具體傷亡人數，消息非常混亂，各種謠言四起：包括北川縣城地層陷落、綿陽核能設施受損、核輻射外洩等等令人驚駭的訊息，充斥網路。剛抵災區的溫家寶出現在電視螢幕，表情肅穆要求大陸軍民要團結一致：「我們一定能夠戰勝這場特別重大的地震災害！」

瀕臨五月十二日午夜，各地傳出的災情訊息仍極為混亂，地震造成的傷亡人數與四川災區受損情況，北京官方說法莫衷一是。五月十三日凌晨一時前，在報社最後截稿前，我從北京駐地：光華路甲九號世貿國際公寓，發回了第一篇有關四川「五一二大地震」的綜合報導：

【王銘義／北京報導】中國四川汶川縣十二日下午二時廿八分發生規模七點八的強烈大地震，造成近卅年來中國最嚴重的地震災情。據大地震救災指揮部透露，截至凌晨一時，四川地震災區已發現死亡人數八、六九三人，但因汶川等重災區的災情仍未列入統計，實際死亡人數至少超過萬人。

汶川大地震讓半個中國的省市都出現「震感」，遠至曼谷、河內與台北都測得有感地震。中國國家主席胡錦濤指示，儘快搶救災區傷員，保證災區人民的生命安全。國務院總理溫家寶在傍晚趕抵災區救災，他要求軍民團結一致，「一定能夠戰勝這場特別重大的地震災害。」

中共中央政治局連夜召開緊急應變會議，研商各項後續救援與復建的重大決策。截至昨天深夜，政治局的會議仍在進行研商，這次的因應規模與即將投入的各項救援行動，勢必將比搶救冰雪災情更爲擴大。

根據國家地震局掌握的最新災情，成都彭州市磁峰鎮、向峨鎮、德陽市、什邡市、紅白鎮、鎣華鎮、三河鎮、綿竹縣、漢旺鎮等地的房屋幾乎全數被夷爲平地，災情相當慘重。此外，寧夏、甘肅、青海、陝西、山西、山東、河南、湖北、湖南、重慶、貴州、雲南、西藏、江蘇都有震感。地震局迅速啓動一級應急處置響應，地震災害緊急救援隊已奔赴救援。

在死亡人數中有相當部分是被倒塌教室所活埋的中小學生，包括重慶梁平縣禮讓鎮中心小學頂樓垮塌，文化鎮小學教學樓垮塌，都江堰市聚源鎮聚源中學教學樓垮塌，都造成嚴重傷亡，當地有關部門仍在緊急搶救中，而北川縣的八成建築物都倒塌，單是一縣死亡人數超過七千人。

汶川地震後，武警總部緊急啓動應急預案，派出武警四川總隊和駐川武警二千九百名官兵趕赴災區救災，成都軍區也動員了六千名以上部隊加入救災行列。四川省長蔣巨峰已請求成都空軍派遣直升機到汶川災區勘察災情。地震發生兩小時後，已有多架次直升機起飛趕赴災區。

在汶川地震發生後，成都雙流國際機場全面關閉，各地飛往成都的航班陸續備降重慶江北國際機場。受地震影響，航班發生延誤，在四川旅遊的境外旅客行程大受影響，其中，包括大批台灣旅客也滯留在四川。國台辦新聞局長兼發言人李維一昨天深夜表示，已促請四川省台辦全面協助，務必使每位滯留的台灣旅客受到妥善照料。

汶川大地震後，災情嚴重程度超乎外界想像，救災任務的高難度與複雜度，也超出大陸官方的預期。台灣旅遊團初期失聯失蹤的人數高達數百人，台北報社決定再增派人力投入災區採訪。第三天晚間，我從北京飛抵成都後，聽聞國務院新聞辦籌組的境外媒體採訪團即將於稍後抵達成都，由於災區聯外道路大都管制，個別採訪安排極爲不易，只得臨時加入國新辦的境外媒體採訪團。

災後第四天，前往川東沿線的德陽、綿竹、什邡等重災區，沿途所見，儼然是戰後城鎮廢墟，充滿悲愴的家園已人亡樓毀，倖存者被安排暫住在露天的簡易帳篷裡，軍方與民間組成的救災隊伍，穿梭在廢墟裡尋找、挖掘罹難者的遺體。由於溫度升高，災區還不時傳來屍臭異味，夾雜著死難家屬悲慟的哭號；救難隊伍既要救災，還得防範疫病傳染，形成雙重壓力與考驗。

「大地震開始搖晃後，我連忙跑了兩公里路，趕到了村辦學校，進了校門，教室全塌了！老師一個也不在啊！我拚命地往裡挖啊，往裡掏啊，別人的娃兒，我都挖出來，救活了，我自己的兩個娃兒，卻活不得嘍！」什邡市鎣華鎮生產隊的羅再伍，在這場大地震，喪失了兩位年僅九歲、十五歲的川娃兒。

面對突然到訪的大批境外記者群，一次又一次，反覆訴說喪子悲慟、哭腫雙眼的羅再伍泣訴說：「我的兩個娃兒啊，都是我自己背到後山，親手把我的娃兒給埋了啊！我的娃兒啊！」這位體型精幹的四川青壯父親，無助地站在鎣華鎮山坡道路邊的悲愴哭號，讓他在災難廢墟現場嘶啞的哭兒聲，讓人聽起來，格外痛楚難過。

這場特大地震，震央位於四川中北部的龍門山斷裂帶，沿著斷裂帶的德陽、綿竹、什邡等城鎮北行，所到之處，滿目瘡痍；有的全村被夷爲平地，變成廢墟；有的全家慘遭橫禍，面臨人間至痛的滅絕式厄運；還有沿途災民們泣訴著令人驚心動魄、令人心酸的人間悲劇。災難的龍門山斷裂帶，猶如將天府之國撕裂出一道長達數百公里的傷口。

從成都出城後，沿著成綿高速公路北上，途中盡是運載解放軍救援部隊的車輛，或掛著「一方有難，八方支援」，由各省市湧入災區的救援專車與運送物資的志願者，不時還夾雜著鳴笛呼嘯而過的救護車。儘管地震過了一百小時，緊急救災的「黃金七十二小時」已過，但餘震不斷，讓災區仍處在「餘波盪漾」的驚慌之中。災民有如驚弓之鳥，只能屈膝躲進斷垣殘壁之間的臨時帳篷。

這場特大浩劫，是繼一九七六年七月「唐山大地震」以來，對中國山河與人民生命財產造成最大創傷的地震，官方在第四天公布的死亡人數已達兩萬九千人，但實際死亡人數將達數倍以上。僅僅位於龍門山斷裂帶中段的德陽市，在震後四天，死亡者就有近八千人，而有更多山崩、地裂、路斷的山區鄉鎮，救援部隊剛開進搶險救災，眞實的浩劫慘狀，外界並不得而知。

曾榮膺「中國優秀旅遊城市」的德陽，境內的「三星堆」是古代蜀文化象徵的遺址，曾經是震撼世界的文化奇觀。德陽更是中國重大裝備製造業的基地，受創嚴重的東方汽輪機廠，以及學生傷亡慘重的東汽中學，都已成爲浩劫後的廢墟。

綿竹公安局交警大隊副大隊長楊占彪的兒子楊浩天，小名冬冬，十八歲，東汽中學高二。地震來時，楊占彪以警察和家長雙重身分，投身救援，雖然救出幾名同學，但始終沒有尋獲冬冬。兩天後，楊占彪接獲認屍通知，趕赴漢旺，看到滿身是血與灰塵的冬冬，夫婦倆放聲痛哭，用柬汽發放的白布，親手包裹遺體後，含淚對校方說：「冬冬的遺體交給你們統一處理，讓他和同學們在一起不會孤獨的！」

漢旺鎮的街道廣場，一座巨型的時鐘，時針與分針就停滯地指在地震發威的「下午二點廿八分」的位置，動也不動，似乎默默地見證了這一毀滅性災難的歷史時刻。居民區處處危樓，存活下來的災民，早已被強制送往收容站。

漢旺廣場在震後就變成救災指揮中心，穿梭來回的解放軍、空軍救難隊，以及來自各地的救援隊，依然奮力地搶救被壓在建築底層的受難災民，但只見遺體一具一具地從殘瓦廢墟中被抬出，罹難家屬哭喊親人的哀號，讓旁人都淚流滿面。

震後隔天，從四川瀘州醫院被緊急調來德陽支援救治災民的外科醫生左懷全說，震後第一時間救出來的傷患，有的全家僅剩一人，有的親人性命垂危，面對災難與生死離別交織，左懷全醫生心情沉重地說：「如何照料災民是長期工作啊！」

地震斷裂帶造成的毀滅性災難，在川東沿線應以什邡的山城鎣華鎮最悲慘。鎣華鎮的木造建築全毀，仁和村生產隊長黎昌希說，鎮裡死了兩、三千人，他的隊裡就死了廿二人，上級交代生產自救，能挖就挖，但還是得靠解放軍部隊幫忙掩埋遺體，「解放軍部隊第一天夜裡就到村裡了，他們連夜幫忙掩埋啊！」

面對幾近滅村的歷史性浩劫，解放軍救援部隊協助災民就地集體掩埋親人遺體，但並無法及時為每一位往生者單獨立碑紀念。黎昌希嘶啞地說：「這是大災難啊！先埋了再說啊。反正大家都相信政府，大夥兒今後都要靠救濟，先活下來吧！」

一度成為「孤島」的山區小城清平，解放軍還動員直升機空投，在回程時，地面的解放軍抬來幾位村民，摔斷腿的，昏迷不醒的，執勤機長毫不猶豫，讓他們抬上直升機，後送醫治。機長激動地對媒體說：「溫總理從災區返回時，還帶了十七名傷員出來呢！」

不斷湧現的苦難災民，只能送往暫時安置的簡易收容場所。夜訪位於什邡市的收容站，除防雨、防曬的簡陋帳篷，基本維生的礦泉水、泡麵，收容站其實就是一座大型的難民營。夜色中露出數千雙凝滯的眼光，益顯災民們堅韌的生命力。

相對於鎣華鎮、漢旺鎮等重災區浮現一幕幕人間悲劇，鳳凰山軍用機場傳來台灣旅遊團在汶川山區奇蹟式獲救的喜訊，應是大地震救援期間，最令台灣社會激動的時刻。位於成都北郊的鳳凰山機場，早在一九三〇年代，四川軍政府時期，就已建成軍用機場，現在則是解放軍成都軍區輕航團專屬的軍用基地。

一九四九年，十二月十日。蔣介石最後離開大陸，就是從鳳凰山機場搭乘衣復恩駕駛的「美齡號」飛抵松山機場。蔣決定棄守，因在成都滯留期間，當時雲南省主席盧漢已叛變投共，盧還曾密電「西南王」西康省主席劉文輝，促請劉策動四川部隊發動類似「西安事變」，捉拿蔣介石，蔣毅然決定從鳳凰山機場飛離成都。

六十年前，蔣介石為防止遭到叛軍扣留，或避免遭到解放軍包圍，匆匆從成都鳳凰山機場飛往台北松山機場；六十年後，解放軍輕航團日以繼夜地在鳳凰山機場協助搜尋失聯的台灣旅遊團，讓鳳凰山機場的歷史時空，再度成為新聞矚目的焦點。

受困在龍門山震央的台灣旅遊團，在汶川七盤溝村失聯七天六夜。第七天，鋰電池竟還殘存些許電量，並發出微弱的求救訊號，旅行社接到這通奇蹟般的求救電話，隨即向當地搜救單位和兩岸當局報告，七盤溝村瞬間成爲兩岸媒體聚焦所在。

在確認受困七盤溝村的台灣旅客全數平安後，大陸海協會副會長張銘清奉命趕赴鳳凰山機場，協調聯繫各項緊急救援與安全後送台灣旅客的作業。解放軍輕航團的直升機，則負責從汶川災區搜尋，並接運受困旅客回到成都的鳳凰山機場。

由於汶川特殊的山川地形，與高山峻嶺多變的天候氣流，解放軍輕航團的直升機雖曾多次飛抵七盤溝村上空，但因天候與氣流因素無法降落接運。在機場周邊守候採訪的台灣記者只能天天報到，隨時等候解放軍部隊通知飛航接運情況。

五月十八日，中午十二時。受困七盤溝村的台灣遊客，終於被直升機從汶川接返鳳凰山機場。在兩岸媒體包圍採訪的情況下，七十一歲、彰化縣溪州鄉的鄭頭，率先從直升機走下來，興奮地與彰化的兒子通上電話：「喂～喂～我阿爸啦，坐直升機出來囉，已經到軍用機場啦！」

飛航部隊在接運部分台灣旅客和民眾安抵鳳凰山之後，計畫再度前往七盤溝村接回最後三位台灣旅客，但因天候不佳與通訊困難，未能及時將他們接回，軍方承諾將持續派機接運。最後，在國台辦與相關救援單位緊急協調，堅持「特事特辦」，十四名台灣旅客最後全數安全接回成都。

這批阿公阿媽級的台灣旅遊團成員，原是參加「九寨溝張家界八天團」，但在這場世紀大地震災難發生之際，他們的旅遊巴士意外受困在汶川震央附近的七盤溝村，讓他們度過畢生驚險難忘的「七盤溝村七天六夜團」的震央野地戰鬥營。

平安回到成都，談起露宿野炊的災難經歷，這群平日就在彰化農村幹活兒的老人家笑稱：白天撿柴、挑溪水、煮飯、洗衣，男的在溝邊洗澡，女的燒熱水後，在遊覽車上擦拭身體；晚間睡在車上，大小便回到原始時代，在山溝就地解決。但他們神氣地訴說著：「這不算什麼嘛，早期農村生活就經常是這樣子過的啦！」

由於受困災區斷橋、斷路、斷訊，旅行團的遊覽車進退不得，受困危難山區的台灣阿公阿媽們，與世隔絕，台灣導遊與大陸司機還著手規劃野地求生的任務分工：有的負責溪邊撿乾柴，有的向附近存活的村民借鍋，買米、買肉，村民也供應僅存食材，埋鍋造飯，展開七天六夜吃泡麵、吃什錦大雜燴飯的野地生活。

團員們誇讚台灣領隊「小胖」非常厲害。鄭茂盛說，小胖每天負責跟山區村民購買民生物資，結果都帶回一大堆免費東西，團員們覺得不能白吃白喝，還是湊足一些人民幣給附近村民。鄭茂盛回憶說，受困七盤溝村的第二天，同樣受困當地的汶川縣長廖敏曾送來一大堆米與五斤鹹肉，這些物資支撐他們度過難關。

鄭廖梅女士回憶說：「當時大家都認爲，災難，反正被我們遇到了，不然你要怎麼辦？因此，撿柴的撿柴，借鍋的借鍋，煮泡麵的煮泡麵，條件並不是很好，但有溪水、有食物、有遊覽車，這就樣度過來了。」她說，他們是在獲救的兩天前才知道外面震死了好幾萬人，他們才眞正感覺到自己幸運地逃過這場大災難。

記者群不斷地好奇追問野營期間的吃喝拉撒如何解決？「要小便、上大號，就找個空曠地方，或是到果樹園裡找個能躲藏的地方，不然你能怎樣，這是在避難啊！」鄭頭笑著說：「洗澡嘛，查某人（女人）就在車上用毛巾擦身體，查埔人（男人）就去溪邊洗身軀囉。汶川山區的溪水哦，實在是有夠冷啦、會凍死人！」

個性爽朗，屬樂天派，喜歡逗團員開心的鄭頭，國曆五月十六日正好是他七十二歲生日，身陷災區，動彈不得，是否還過生日？「出發前，我孩子有先幫我過生日啦，遇到這麼大的地震，也忘了要過生日。」大陸記者追問：「生日那天做什麼？」鄭頭不改爽朗性格，哈哈大笑：「在災區還能做什麼？當然是做難民啊！」

每年出國旅遊多次的鄭頭，旅行經驗相當老到。當記者再問受困災區如何排遣寂寞心情，鄭頭突然答稱：「泡茶啊！我出國旅遊，一定都會帶茶葉，這次來大陸玩，帶了一斤，茶葉還不錯喔！」他笑稱：「受困災區比較克難，只能用木柴燒水泡茶。」茶具那來呢？鄭頭得意地說道：「我都隨身攜帶一套簡易茶具出門！」

歷劫歸來，生性樂觀的彰化阿公阿媽們，並沒有顯露驚恐神色，見到台灣記者，熱情爽朗地分享驚險記。回到鳳凰山機場，七十五歲的鄭福仁，走下解放軍輕航團直升機，面對蜂擁而上的記者詢問其身體狀況，開心地說著：「還可以啦！平安就好！」困在震央災區的遊覽車上七天六夜，能平安脫困，他已覺得相當萬幸。

汶川大地震「頭七」之日，從中南海懷仁堂到西藏拉薩大昭寺，從天安門廣場到四川漢旺廣場，同時爲遇難者默哀三分鐘。在浩劫災難發生的歷史時刻，各地汽車、火車、艦船笛聲長鳴，防空警報在各城市鳴響。在上海和深圳，股票交易所停止交易三分鐘。經與國際奧委會協商，北京奧組委決定：奧運火炬三天內暫停傳遞。

中共總書記胡錦濤率領政治局常委、委員在中南海懷仁堂肅立默哀。天安門廣場的五星紅旗降半旗，爲遇難者致哀。這是中國首次舉國哀悼向遇難人民表達悲痛。毛澤東與周恩來逝世時，中國曾訂過全國哀悼日；一九九九年中國駐南聯盟（南斯拉夫）使館遭美軍轟炸，使館和政府也曾降半旗，但這次是爲普通人民設立全國哀悼日。

在河北唐山，居民聚集到抗震紀念碑廣場，默默哀悼。一九七六年七月，這裡同樣遭受大地震災難。在拉薩大昭寺，藏民在釋迦牟尼佛像前點燃酥油燈，向地震遇難者表達哀悼。在浙江寧波，奧運會聖火接力團隊舉行默哀儀式，聖火傳遞暫停三天。青島公安邊防官兵則在青島奧帆中心爲地震遇難者鳴笛默哀。

在綿竹漢旺鎮廣場的鐘樓前，救援隊和民眾共同默哀。地震發生後，大鐘時針從此停擺，永遠指向「二時廿八分」的災難時刻。我當天則佇立在成都「紅星廣場」，與數千位紅會志願者和市民同爲罹難者默哀。激動的市民並在廣場的紀念布條上書寫著：「汶川挺住！四川挺住！」「把災難除以十三億，災難就變得微不足道了！」「活著就有希望，家，我們終會有的！」

二〇〇八年歲末。寒流一波波掃過汶川大地震災區，飽受災變磨難的浩劫大地，變成兩岸人民心手相連的愛心交流平台。儘管災區正面臨攝氏零度的酷寒天候，並沒有阻隔台灣民眾的善款、賑災物資，源源不斷地送達災區各級學校、羌族部落、臨時板屋等災民收容社區。

根據統計，截至二〇〇八年底爲止，台灣各界透過海陸兩會、紅十字會、宗教團體、企業集團，賑濟四川大地震的善款，累計高達約新台幣五十七億元以上（折合約人民幣十二點六億元）。陸委會官員形容：「救援汶川大地震的捐款，應該是台灣對外救援行動最大一次的捐款熱潮！」

中華民國紅十字總會會長陳長文在冬季來臨之際趕赴災區，並運載大批冬被等禦寒物資，深入理縣桃坪羌寨等災區部落發送物資。陳長文把台灣善心人士跨海捐贈的冬被，逐件遞送給羌族的爺爺、奶奶時，每當雙手緊握的剎那間，眞誠的眼神與開懷感謝的熱淚交織。

在映秀鎮簽署兩岸紅會《汶川災後重建協議》時，陳長文引述詩人紀伯倫的詩：「這世界若沒有愛你的心與你愛的心，那你不過是一粒飄盪的塵埃。現在，你們有我們的愛，也有著彼此互愛的心，我們都不是一粒塵埃，我們的存在都有意義。」

陳長文說：「我們帶著台灣兩千三百萬同胞的愛與關心來到這裡，一路上，我們看到倒塌的房屋、破碎的道路，想到在這裡喪生的朋友，仍壓在裡面的同胞，心情沉重，感覺複雜，但是，希望大陸同胞知道，我們的心和你們一直在一起，你們的苦與痛，我們感同身受；我們有決心在廢墟中重建我們對你們的承諾！」

在計畫興建的「紅十字博愛康復中心」前，陳長文爲了鼓勵阿壩州當地的殘疾孩童，他分享了自己與多重障礙兒子文文的相處經驗。陳長文眞情地說著，透過文文讓他與家人感受到最單純愛的眞諦，文文是家中的寶，是上帝派來的天使，透過文文讓他看到更多人性的「善與愛」。

根據兩岸紅會簽署的重建協議，台灣紅會承諾將運用新台幣十五億餘元，協助重建四十四所學校、四十三所衛生院，以及一所殘疾人康復中心。由於重建時程勢必延續相當時日，撥款將分階段、分批撥付。這項行之有年的常態作法，在日本發生「三一一大地震」後，卻意外地招致外界非議，這應是台灣紅會始料未及的。

台灣捐助的新台幣五十七億餘元善款，已陸續匯往海協會、大陸紅會，轉由四川統籌調配；工商企業、宗教團體，災後湧現的捐款熱潮，曾獲得熱烈回響。王永慶當時率先捐助一億元人民幣，引發中國網民熱議，紛紛要求中國

汶川大地震後，五星紅旗降半旗三日致哀。

富豪應向台灣企業家看齊；國台辦更公開向台塑、鴻海、旺旺等企業集團，以及台灣紅會、慈濟、法鼓山等團體表達感謝。

在五一二大地震發生後，企業總部在上海的旺旺集團董事長蔡衍明聞訊，親自下達救災指令，旺旺所有位於南方省市的食品工廠，緊急調動庫存米果、雪餅等產品，裝滿五十輛大卡車的旺旺食品，在第一時間火速送達各災區災民收容中心，供應災民急需。大陸政府部門對台灣企業家的眞情善行，感佩不已。

二〇〇九年三月卅日，四川災後重建工作持續推動，中國紅十字會會長彭珮雲在訪台期間，與台灣紅會簽署合作備忘錄，表明將加強交流合作，推進博愛、人道志業。首次訪台的彭珮雲特別感謝台灣紅十字會在汶川地震後所提供的緊急援助、醫療團服務，她說：「此行要特別答謝台灣同胞在汶川地震中所展現的大愛！」

曾經訪台表達感恩的四川省委書記劉奇葆，二〇一一年五月十二日，汶川大地震三週年之日，在《人民日報》發表題爲〈煉盡黃沙自是金〉的紀念專文，引述一位台灣民眾的說法：「四川救災和重建，是『打斷胳膊顚倒勇』。」四川的災後重生，猶如鳳凰涅槃，重生的天府之國，滄海桑田，再還人間一個「錦繡巴蜀」。

汶川地震過後，災區歷經幾番酷暑、幾番風雪。漢旺鎭那座停滯的巨型時鐘、看著罹難親人被救難隊從殘破家園抬走的哀號民婦，鎣華鎭山坡上那位在廢墟家園哀號慟哭、向記者哭訴失去兩位川娃兒的年輕父親，……曾經浮現在夢裡，不知他（她）們是否已安然無恙，或是否走出這場世紀浩劫的陰影？

布達拉宮：雪域高原的奧運聖火

雅魯藏布江，藏語的語意是形容「高山上流下來的雪水」的雪域美景。走進傳說中的人間祕境，站在雅魯藏布江畔崢嶸矗立的巨石上，遠眺雪域高原，峰峰相連的壯麗山川，頓時興起無比崇敬的心靈。就在眼下，雅魯藏布江奔流而過，雙手併合，捧起了澄澈見底的冰潔河水，瞬間，洗淨了長途旅行的疲憊，心曠神怡。

從遠處高原奔騰而來的千年雪水，流淌起伏，湛藍碧綠，江畔兩岸的原生樹林倒影水中，蔚為空靈奇景。這條自古以來被雪域藏族視為「生命的搖籃」，更是歷代雪域人民歌頌的「母親河」，全長綿延近三千公里，海拔三千至五千公尺的天際大河，像是一條盤繞穿梭於青藏高原雲霧之間的銀色巨龍。

離開貢嘎機場前往西藏首府拉薩城途中，處處可見汪洋的滾滾江水橫空而過，山勢雄渾，氣象萬千。對來自南方的旅人來說，孩提時期就已耳熟能詳的世界屋脊、地理名詞，突然在眼前化為氣勢磅礡的眞實場景，心中的激動澎湃，實在難以用文字加以形容。更難想像的是，在海拔三千公尺以上的無邊天際，日夜喧囂奔流的寬闊大河，還要滋養數以百萬計，世世代代的藏族人民。

第一次到拉薩旅行是二〇〇一年夏季。從台灣出發，取道香港國際機場，搭乘夏季旅遊包機，直飛海拔三千五百公尺的貢嘎機場；純粹是參加拉薩旅遊團，沒有採訪任務，委託旅行社代辦「入藏」申請手續，倒也沒有遭到任何刁難，但因我們的台胞證身分都是「新聞工作者」，進藏旅遊期間，必須遵守「團進團出」原則，私人參訪行程，屢遭當地導遊勸阻或制止。

第二次到拉薩，則是在二〇〇八年六月，「三一四拉薩事件」後獲准進藏採訪。在北京奧組委與國務院新聞辦管制名額，並堅持官方統籌安排行程的情況下，與數十位各國駐京記者，先從北京首都國際機場飛往四川成都，取道雙流機場再直飛拉薩貢嘎機場。此行雖然說是「進藏採訪」，但嚴格來說，這次西藏自費採訪行程只准三天兩夜，採訪主題則嚴格限定：拉薩聖火傳遞活動。

六月廿一日，「三一四拉薩事件」屆滿百日。京奧聖火在數萬武警全面封城、公安民警嚴密戒備、傳遞路線全線封閉、動員忠貞黨員客串群眾等等周全防範措施的情況下，終能順利地在西藏拉薩啓動傳遞任務；不過，在奧運聖火傳遞起跑與熔火儀式上，原本應是單純的雪域聖火傳遞盛會，最後卻變成西藏中共黨政官員藉機聲討西藏流亡政府與達賴喇嘛的「反達賴群眾大會」。

拉薩傳遞聖火的起跑儀式，刻意選在達賴喇嘛於一九五九年流亡印度前曾住過的夏宮「羅布林卡」公園廣場舉行。點燃聖火儀式時，細雨紛飛，爲全城歡樂的聖火傳遞，增添詭譎不安的氣氛。爲縮減保安範圍，傳遞路線從廿餘公里縮短爲九點六公里，因此，不到兩小時就傳達終點。雖然軍警嚴密戒備，但跑到布達拉宮廣場舉行「熔火儀式」時，卻發生珠峰火種意外熄滅的尷尬場面。

「三一四拉薩事件」之後，支持藏獨，或同情達賴喇嘛的組織，曾掀起全球性的抗議浪潮，導致奧運聖火在各國傳遞過程持續受到阻撓，藏獨人士揚言將阻撓聖火進入西藏傳遞，迫使拉薩保衛聖火的等級升高。拉薩城在傳遞聖火前夕更是局部封城，出租車被限制不得營業，沿線居民被管制進出，城區還實施大規模交管，街頭處處架設拒馬、蛇籠、雞爪釘，嚴防車輛進入管制區。

數萬名夾道歡迎聖火進城的「觀眾」，精確的說，應該稱爲「臨時演員」，因爲他們都是經過嚴選考核，來自各級學校、政府機關與各級黨組織的黨員或幹部眷屬。因此，拉薩官方媒體報導說，聖火傳遞沿線，「秩序井然，氣氛熱烈」。我在布達拉宮前採訪一名退休幹部，他就說，他們早在聖火經過前的兩三個小時，就已抵達現場，每個人都佩帶公安部門核發的「觀眾證」。

傳遞盛會在激動人心的聖火出現後，很快就變質成爲批鬥達賴的公審大會。時任中共西藏自治區書記張慶黎、西藏自治區副主席兼拉薩市委書記秦宜智，在主持聖火傳遞儀式時，毫不保留地表現藏區官員的愛國主義態度，並毫不避諱地在國際媒體面前，藉由聖火傳遞場合，批判西藏精神領袖達賴喇嘛，使得拉薩城的迎聖火儀式，全然走味，淪爲「反達賴群眾大會」。

在拉薩事件發生後，曾以極端惡毒用語，批評達賴是「一隻披著袈裟的豺狼、人面獸心的惡魔」，引發輿論譁然的張慶黎在布達拉宮前廣場激情地說，西藏一定能粉碎達賴集團分裂的圖謀，「西藏的天，永遠變不了，五星旗一定會在西藏天空飄揚！」奧運聖火傳至布達拉宮廣場時，五月八日在珠穆朗瑪峰完成傳遞的聖火火種，則從廣場另一側的「西藏和平解放紀念碑」傳遞到主席台，準備和巡迴中國各城市傳遞的火種燈「熔火」匯合。

當火炬手才旦卓瑪將火炬遞交給張慶黎，珠峰隊員尼瑪次仁準備將火炬遞交給西藏自治區主席向巴平措時，聖火護衛隊員準備將珠峰火種燈引火點燃火炬，在操作過程，卻不慎將珠峰火種熄滅。由於事發突然，「熔火儀式」頓時陷入僵局，張慶黎、向巴平措站在台上左顧右盼，不知所措，場面尷尬。尼瑪次仁機警地喚來備份火種，重新點燃火炬，使得「熔火儀式」順利完成。

奧運聖火與珠峰聖火「熔火」過程一度發生的火種「熄火」事件，大陸電視台或報紙都是含混帶過，隻字不提，或是進行超完美剪接，閱聽大眾根本看不到這項訊息，也不知道現場曾發生聖火一度熄火的尷尬畫面。大陸官方想要呈現給世人，或呈現給西藏人民看到的只是「民族團結、社會和諧」的歡樂場景，任何違背這項宗旨的畫面或訊息，並不可能在官方媒體上出現。

「張慶黎式」的反達賴言論受到官方刻意縱容後，在中共內部，任意攻擊或誣蔑達賴的言論，就成為一種像流感般的傳染病。台灣「八八水災」發生後不久，達賴應邀來台為台灣南部災民祈福，中國國家宗教局長葉小文就嘲諷說：「台灣有很多長老大德，為何要捨近求遠，請一個頗有爭議，成天穿著袈裟、GUCCI皮鞋到處亂跑，被稱為『戲劇喇嘛』的人來念經、演戲、作秀呢？」

中國黨政官員批判達賴喇嘛的各式激進言論，基本都是為了保有烏紗帽，也符合中國政府對西藏政策的「政治正確」。源自共產國際的中共政權畢竟是無神論者的國度，對宗教信仰的法律保障，或對宗教領袖的態度，超乎常人的理解範疇。千百年來的漢藏矛盾，短期勢必難以化解，政教分際也無法有效釐清，北京與達賴的鬥爭，恐怕不是三年五載可以化解的糾葛。

在拉薩事件後，北京當局迫於國際現實形勢，並不願看到北京奧運受到「非體育因素」的拖累，一度聲稱考慮到「達賴方面」多次要求恢復商談，有關部門準備與達賴私人代表進行接觸磋商。但北京當局仍不忘強調：「中央對達賴的政策是一貫的，對話大門始終敞開。希望通過接觸磋商，達賴方面以實際行動停止分裂祖國、策畫煽動暴力、干擾破壞北京奧運會的活動，為下一步商談創造條件。」

西方國家的領袖，如法國總統薩科奇表態，以中方是否與達賴展開和平談判，作為是否出席京奧開幕的依據。奧組委官員透露，胡錦濤曾拍板：統戰部與達賴集團的對話仍須進行，但不必在意

西藏布達拉宮

各國領導人是否出席京奧開幕。據說，胡錦濤曾說，別國舉辦奧運會，他也沒有參加過開幕式。胡的說法，爲北京奧組委解除了各國元首與會的「指標」壓力，但也使得北京失去務實處理與達賴對話的契機。

二〇〇八年七月一日，在京奧開幕前夕，中共與達賴特使團在北京舉行拉薩事件後的第二次中藏會談。中共中央統戰部長杜青林在會見達賴特使團時，要求達賴喇嘛承諾「四個不支持」。他說，達賴要是眞的希望在有生之年爲國家、爲民族、爲西藏人民的福祉做有益的事，就應公開明確承諾：不支持干擾破壞北京奧運會的活動、不支持策畫煽動暴力犯罪活動、不支持並切實約束「藏青會」的暴力恐怖活動、不支持一切謀求西藏獨立、分裂祖國的主張和活動。

統戰部常務副部長朱維群、副部長斯塔與嘉日洛地等人會談時，則闡明中共中央對達賴喇嘛的原則要求。統戰部宣稱，如果達賴喇嘛「確實有積極表現」，二〇〇八年底前可再進行接觸商談。達賴喇嘛特使團在北京停留期間，曾參觀奧運場館，並與藏學專家學者座談。這是雙方自二〇〇二年開啓對話以來的第七次接觸商談。雙方在拉薩事件後，曾在深圳舉行第六次對話，這次在北京的會商，正是在國際社會高度矚目下進行的雙邊會談。

京奧閉幕後，二〇〇八年十一月初，中共與達賴特使團舉行事件後的第三次會談。達賴特使正式向北京提交《有關全體西藏民族實現名符其實自治的建議》，要求中共「把所有藏人自治區域合併爲一個自治區」。十一月十日，朱維群舉行記者會，逐項反駁西藏流亡政府提出的主張，並批評達賴還是在搞「半獨立」、「變相獨立」。朱維群說，達賴所謂「大藏區」，歷史上不存在，更沒有現實根據。

《有關全體西藏民族實現名符其實自治的建議》，是西藏流亡政府與達賴喇嘛首度針對「大藏區」與「高度自治」等核心理念向中方提出政策說帖。這也是西藏流亡政府首度以正式書面建議，詳述他們願意在《中華人民共和國憲法》與中國《民族區域自治法》等法律基礎上，對散居各地藏族進行統一管理的建言，它在歷次對話過程，絕對是最具實質性與指標性的「談判價碼」。

達賴喇嘛的特使嘉日洛地十一月初在遞交給大陸全國政協副主席、中共中央統戰部長杜青林的《建議》中，對有關「對在中華人民共和國內的西藏人要進行統一的管理」的政策論述，西藏流亡政府曾提出以下被北京視為所謂「大藏區」核心爭議的建議：

．基於西藏人民的基本需求，通過實施民族區域自治，保護和發展西藏的民族特性，文化以及佛教傳統，並在尋求發展的過程中，現今被中華人民共和國賦予自治地位的所有藏族地區，需要納入統一的自治管理範圍內。

．現今的行政區域劃分，將藏人分散在中華人民共和國的自治區和許多省分，從而造成藏人被分散割裂，各個地區發展不平衡，也嚴重削弱了保護和弘揚民族特性、文化與佛教傳統的力量。

．這一政策不但沒有尊重西藏民族的統一性，反而進行民族分裂，對西藏民族的統一性製造障礙，踐踏了民族自治的精神。在新疆和蒙古等主要的少數民族地區，大部分人民都包含在各自的自治區域內，而聚居的西藏民族卻被劃併不同的省區，彷彿在對待不同的民族。

．將目前分散在各種自治地區的所有藏人統一在一個自治體系下，不僅符合《憲法》第四條的相關規定和精神，而且《民族區域自治法》第二條也規定：「各少數民族聚集的地方施行區域自治」。西藏民族在中華人民共和國範圍內享受自治權利時，如果能夠統一普及到整個西藏民族地區，將有助於實現具實質意義的民族區域自治。

・《民族區域自治法》也傾向於認為民族區域自治的邊界是可以進行調整的。根據《憲法》有關自治的基本原則，尊重藏人統一性的願望完全是合法、合理的，為此而改變部分行政管理範圍並不違背《憲法》精神，而且也有許多前例可循。

在國新辦記者會上，朱維群強調，達賴既不承認西藏是中國的一部分，還圖謀歷史上不存在的「大藏區」，意圖涵蓋青川甘滇等藏族自治區，其總面積約占中國領土的四分之一，「外界把達賴的野心看小了！」他說，中共與達賴代表商談，談的只是達賴徹底放棄分裂主義主張和行為，爭取中央和全國人民的諒解，解決其個人前途問題，根本不會與他們討論什麼「西藏問題」。

雖然京奧已閉幕，拉薩情勢也已基本恢復，但在這場為反駁流亡政府所提「建議」的專場記者會，這位長期與西藏流亡政府對話的統戰官員依然不假辭色地強調：「中國搞民族自治，只有目前的這種搞法，沒有別的搞法！達賴不要再用所謂的『大藏區』、『高度自治』這一套同中央政府兜圈子！希望達賴在有生之年，做點對國家和人民有益的事，不要在歷史留下不好的名聲！」

朱維群不僅猛攻流亡政府要求高度自治的理念，對西方媒體曾經報導達賴要求解放軍從西藏撤軍，或建議在西藏設立「國際和平區」等倡議，直批達賴的說法是「騙人的鬼話」。朱維群對這位受到國際尊崇的西藏精神領袖，以毫不掩飾的情緒用語加以嘲諷，甚至攻擊，實在不符合北京所標榜的「和諧社會」，是否意味著西藏情勢仍存在安全隱患，備受駐京媒體議論。

客觀來看，從二〇〇二年以來，中藏開展九次協商，二〇〇八年更完成三回合商談，儘管雙方仍存在極大分歧，但彼此保持對話，應有助弭平歧見。同時，西藏流亡政府提出書面建議，開啓實質談判應可預期。至於談判過程的短兵相接，激烈攻防，從一九八〇年代，中英談判香港主權移交，或近廿年的兩岸談判經驗來看，有時只是談判策略的運用，或是雙方在談判過程的較量形式。

無神論的共產黨人，批判達賴無須承受宗教壓力。因此，朱維群嘲諷：「達賴年事已高，但最近看他在日本，幹勁兒挺大的，不管達賴身體好不好，都希望達賴改正錯誤！」他並說：「近來確有人以達賴如果圓寂，在藏獨團體有恐怖抬頭的問題來說項，有的是想提醒我們，但有的是想嚇唬我們！如果有人想搞暴力恐怖，不僅沒有成功的希望，將背上大大的罵名，在政治上加速走向覆滅！」

對十四世達賴喇嘛的繼任者，朱維群說：「達賴喇嘛的名號，都是中央政府冊封的，認定也要經過中央批准，如達賴喇嘛不聽勸告，堅持他那一套，將在歷史上留下不好名聲，也爲大家尊重的達賴喇嘛世襲抹黑。」儘管達賴反覆澄清絕未策動拉薩暴動，但北京對他的指控始終未曾停歇。朱維群就說，在反分裂鬥爭中，藏族幹部與軍警都是主力軍和穩定力量，達賴不要以爲「還能搞出什麼亂子來！」

由於北京與流亡政府缺乏互信，迫於國際形勢的虛應對話，就如同二〇〇二年以來舉行的歷次會談，雙方透過談判代表「照本宣科，各自表述」，彼此對「高度自治」、「大藏區」等敏感議題，根本無法進行實質對話。曾參與日內瓦會談的西藏流亡政府前駐台代表、「達賴喇嘛西藏宗教基金會」前董事長才嘉，在台期間曾說：「北京只是在對國際擺個姿態，並沒有眞正想解決問題！」

北京與達賴喇嘛之間，斷斷續續的接觸與對話，根本分歧除了「大藏區」的概念與「高度自治」的法理認知，截然不同，雙方難以展開有意義的對話，關鍵障礙在於彼此對達賴喇嘛繼任者、身後的「轉世靈童」如何產生，以及北京是否讓達賴喇嘛回到西藏，或讓達賴前往中國其他地方弘法，各有不同的盤算與評估，這也使得近十年來的溝通接觸，始終難以突破瓶頸，也無法取得積極性的進展。

達賴喇嘛近年曾透露，他從一九五四年就曾提過希望前往山西五台山朝聖的想法；二〇〇五年，達賴特使與中央統戰部在北京進行第四輪談判過程，再次向北京提出了達賴喇嘛希望前往五台山朝聖的要求，但統戰部的答案很清楚，「達賴到任何一個地方，都不可能是單純的宗教活動，一定有政治色彩！」青海玉樹發生大地震時，達賴喇嘛也曾表達回去青海探視災區的願望。

化解北京與達賴的恩怨，是需要創造歷史契機與創造有利條件的，但往往是契機出現了，但配合條件仍未成熟，導致多次契機不斷流失。據達賴二〇一〇年在日本橫濱會見新聞界的說法，一九八三年他曾透過管道向中方提出回西藏的想法，爲了更趨圓滿，一九八四年間，位於達蘭薩拉的西藏流亡政府還特別組建一個籌備小組，計畫前往西藏展開先期部署作業，但最後還是無疾而終。

達賴喇嘛說：「一九七九年，我的第一個代表團回到西藏時，民眾熱烈歡迎，激動得一片哭聲！四川發生地震時，曾想捐款給災民，但中國駐新德里大使館沒有接受；連捐款都不接受，怎會接受我到災區訪問？青海玉樹發生大地震時，因玉樹是藏區，如果我能回去，相信對災民有很大的幫助，所以，除了公開提出回去的想法，一些中國朋友還在北京進行遊說，儘管出現了希望，可還是沒有下文！」

相互猜疑、缺乏互信，加以複雜的國際因素經常產生干擾，使得北京與達賴喇嘛之間（包括達賴喇嘛指派的家族代表、西藏流亡政府派遣的特使）持續開展的各項對話，始終難以積累有價值的共識基礎，尤其，廿餘年來屢屢引發雙方爭議的「兩個班禪」問題，更成爲雙方對未來可能發生「兩個達賴」的高度疑慮。

目前在大陸出現的「眞假班禪」正是雙方互信崩塌的例證。北京在京奧開幕前曾安排各國駐京媒體前往西藏採訪，並透過官方媒體證實，達賴所認定的十一世班禪確吉尼瑪，當時仍在西藏讀高中，但西藏流亡政府前駐台代表才嘉認爲，十一世班禪失蹤十餘年來，下落不明，有說在北京、西藏，眾說紛紜，但從來沒有人看過他的照片，中共的說法，只是在緩和各方關切的壓力而已。

對於中共透過宣傳機構重申，「達賴認定的班禪是無效的、非法的」的說法，才嘉特別強調，依據西藏的宗教傳統，對於班禪的繼承認定，達賴喇嘛是主要的認證；同樣的，達賴喇嘛的繼承認定，班禪喇嘛也是主要的認證，這是符合藏傳佛教的歷史傳統與宗教儀軌的。近年返回達蘭薩拉工作的才嘉認爲，「唯有得到達賴喇嘛認定的班禪，才會得到絕大多數藏族人民的承認。」

在二〇〇二年以前，達賴喇嘛與北京的權威溝通管道，正是達賴的二哥嘉樂頓珠。達賴的侄子，多次陪同其父親嘉樂頓珠訪問中國的西藏流亡政府前國會議員凱度頓珠，是一位活躍

順治皇帝敕封五世達賴喇嘛的金印

人。於西藏流亡政府的「台灣女婿」，他曾在一九九○年前後，陪同嘉樂頓珠會見胡錦濤等中共領導

據凱度透露，一九八九年他父親曾轉交達賴喇嘛的親筆信函給中共中央，要求與北京合作處理班禪「轉世靈童」的認定問題，達賴喇嘛並依據扎什倫布寺老喇嘛所選出的五位「候選靈童」認定十一世班禪，但卻遭到中共否定，令人難以理解。

凱度頓珠說，中共統戰部官員近年在會見達賴喇嘛代表團時還說：「你們有班禪喇嘛，我們也有班禪喇嘛！」態度極不友善，這種各自尋找班禪喇嘛繼承人的情況，讓達賴喇嘛相當擔心，未來達賴喇嘛繼承問題恐怕也會出現兩個達賴的爭議。

「達賴喇嘛最不希望看到中國當局一再利用他的轉世問題大作文章！」凱度頓珠認爲，達賴喇嘛並不堅持下一世達賴喇嘛繼承人的產生方式，但達賴喇嘛在各地弘法時曾說，下一世達賴喇嘛的繼承問題，完全要尊重西藏人民決定是否接受。

才嘉說，達賴喇嘛近年來對其繼承問題，曾闡述過兩種方式：在他圓寂後，依據藏傳佛教的宗教儀軌，尋找轉世靈童做爲他的繼承人；其次，在達賴喇嘛仍未圓寂，依然在世期間，也可透過藏傳佛教高僧「指定或選出」達賴喇嘛的繼承人。

至於如何「指定或選出」，或西藏人民「公投」的具體方式爲何，才嘉說，達賴喇嘛並未進一步闡述，不過，依據藏傳佛教的宗教傳統，也曾有上師在圓寂之前，就尋找自己的繼承人，繼續推動未來的事業，這並不違背藏傳佛教的傳統。

達賴喇嘛曾說：如果在他還沒回到西藏前就圓寂，轉世的達賴繼承人一定是在「自由的地方」出生，因爲，轉世的達賴喇嘛是要繼續推動今世達賴喇嘛的事業，只有在「自由的地方」出生的繼

承者才能繼續推動前世達賴喇嘛沒有完成的事業。

二〇一〇年一月底，杜青林再度會見剛從湖南參訪北上的達賴喇嘛特使嘉日洛地等人。大陸官方媒體宣傳說：「杜青林介紹了中央第五次西藏工作座談會，這次會議充分體現了中央對西藏經濟社會發展的高度重視。世界上沒有像我們國家、像中國共產黨這樣，連續十幾年舉全國之力支援一個民族地區發展。真正能夠使西藏人民過上幸福美好生活的是中國共產黨，是中央和西藏各級人民政府！」

事實上，杜青林這回在北京會見達賴喇嘛特使團的重要任務是，再次對西藏流亡政府稍早前提出的「建議」做出最具有代表性、權威性的政策回應。杜青林代表中共中央對西藏問題所表達的基本政策立場與談判底線，主要論述是：

> 國家利益不容侵犯，主權和領土問題不可能有任何商談的空間，不可能有絲毫妥協的餘地；《憲法》準則不容踐踏，所謂的「大藏區」和「高度自治」違反中國《憲法》，只有徹底放棄，接觸商談才有基礎，達賴喇嘛本人才有出路；民族尊嚴不容詆毀，如果達賴喇嘛方面繼續在國際上從事反華宣傳和破壞活動，缺乏基本的尊重和誠意，接觸商談不可能有什麼進展。
>
> 中央對達賴喇嘛的政策是一貫的、明確的，接觸商談的大門是敞開的，這個政策迄今沒有改變。達賴喇嘛如果眞正希望接觸商談取得進展，眞正希望與中央改善關係，就應當尊重歷史、順應時代，就應當對自己的主張進行根本性改正。無論是搞「西藏獨立」還是「變相獨立」，無論是搞暴力還是「非暴力」，無論是搞「西藏問題國際化」，還是爲國際反華勢力搖旗吶喊，都是沒有出路的。

面對一輪又一輪的接觸、商談、爭議、挫敗，達賴喇嘛仍未放棄他的「中間路線」。二〇一〇年六月廿七日，達賴在日本橫濱會見華文媒體時說，中華人民共和國之中的「共和」，要通過和諧才能達成的。人與人之間，沒有信賴，只有猜忌，要達成「共和」是不可能的！唯一的辦法，就是通過見面，達到理解，消除疑慮。

儘管雙方的對話，時斷時續，然而，中共官方媒體與黨政官員，對達賴喇嘛的形象認知與宣傳定性，迄今仍是「披著袈裟的豺狼、人面獸心的惡魔」（中共前西藏黨委書記張慶黎）、「舊西藏黑暗封建農奴制度的總頭目」（外交部發言人馬朝旭），這般高度敵意的談判對手，達賴喇嘛如何能與北京找到「共和」的歷史契機呢？漢藏的歷史恩怨，又如何能適時化解呢？

二〇一一年八月間，三度進藏，曾與十餘家海外華文媒體受邀前往拉薩、林芝、日喀則、當雄等地參訪，還神遊了藏傳佛教的聖湖納木措等地。八月廿日在西藏大學採訪第三屆「中國西藏文化論壇」，在開幕式後，我當面詢問出席論壇的中共中央統戰部常務副部長朱維群，有關中共中央與西藏流亡政府的新一輪對話何時得以恢復，並詢問目前雙方對話受阻的關鍵因素何在。

八月八日，四十三歲的哈佛大學學者羅桑森格（Lobsang Sangay），經由全球流亡西藏人民的投票選舉，剛在達蘭莎拉就任西藏流亡政府的「噶倫赤巴」（總理）。羅桑在就職演說時，以虔敬的心對藏人宣誓：「我們面臨的任務，像喜馬拉雅山那樣艱險。但從我們歷史上捐軀獻身、竭盡全心的勇敢藏人身上，我們得到鼓舞！我們一定會到達自由的山頂，把喜馬拉雅山兩麓的西藏人團聚一起。」

北京與達賴之間的溝通接觸，因為這項最新趨勢的出現，正面臨新的溝通障礙；尤其，達賴將政教分離，並透過民主選舉方式選出流亡政府政治領袖的這一天形容爲：「西藏兩千多年歷史上最爲特殊的一天！」北京受到的震撼，恐怕是難以忍受的。因此，朱維群在答覆時就強勢地回應說：「並不是我們不想談，而是達賴集團提出分裂的要求，中央政府是不可能同意的！」

朱維群與達賴派遣的代表團曾有多回交手經驗。朱維群說：「中央政府是不會與流亡政府談判的，中央政府怎能與流亡政府，而且還是外國豢養的叛亂集團進行談判呢？黨中央過去只是派人與達賴的私人代表進行接觸，兩者性質是不一樣的。」他並補充說道：「達賴集團必須承認西藏是中國的一部分，我們可以就達賴個人的前途問題進行商談。」

由於達賴派遣的代表團在最後一輪會商過程曾提出《有關全體西藏民族實現名符其實自治的建議》（備忘錄），對各項政治主張已提出相關陳述，但朱維群強調，達賴集團口口聲聲說要談，但卻提出「大藏區高度自治」，根本就是變相的西藏獨立，這種情況下我們能談嗎？達賴集團提出各項分裂主義的要求，爲接觸對話設立各種障礙，「中央政府是不可能同意的，你就等著吧！」

當晚，我從拉薩酒店打電話回台灣，訪問當時在台居留的西藏流亡政府前國會議員凱度頓珠。曾多次陪同其父親嘉樂頓珠訪問中國的凱度分析說，朱維群的說法，顯現北京對達蘭薩拉最新形勢的變化仍在觀望。他並研判，北京可能傾向認爲達賴喇嘛老了，目前並不急於談判解決西藏問題，因此，對達賴喇嘛提出的談判建議，北京刻意採取拖延策略。

北京與拉薩之間的鐵路里程是四、〇六四公里，這是兩地的空間距離。不過，地圖上兩點之間的直線距離不到三千公里。根據藏民傳說，一千三百多年前，肩負「和親使命」的文成公主，從唐朝古都長安到西域拉薩與吐蕃王松贊干布和親，三千公里的和番旅程，送親隊伍「從白雪飛舞的冬天，走到鮮花盛開的春天」。唐朝千辛萬苦的和親任務，其目的無非就是企求漢藏世世代代遠離戰爭，和平相處。

羅桑森格在就職典禮上曾說：「藏人的先輩，兩千年前在藏漢簽署的『唐蕃（漢藏）會盟碑』確立的理想，將致力開創一個偉大的紀元：『蕃於蕃國受安，漢亦漢國受樂』。」這位出身哈佛名校的新任領袖，他的艱難任務，就是如何帶領族人「開啓一個史詩般的偉大歷程，從佛法住所達蘭薩拉邁向雪域佛國的聖城拉薩」，實現達賴於一九五九年三月十七日離開西藏前所發的大願：「我會回到西藏！」

千百年來，隨著中原統治權力結構的更迭或變遷，漢藏之間的歷史恩怨、雪域高原的種族紛爭，始終就沒有眞正的平息過。北京目前與達蘭薩拉之間，時續時斷的溝通，在十四世達賴喇嘛仍在世期間，應會保持必要的授權對話，但因雙方對主權領土完整、民族自治區域、宗教傳統儀軌等本質爭議，始終缺乏實質性的共識，雪域高原的和諧春天，何時才能眞正降臨呢？

前進朝鮮：現代版的《一九八四》

政治神話、愚民教育、管控資訊、封鎖輿論、無所不在的祕密警察，這些組成極權專制國家的基本元素，原來只是英國作家喬治．歐威爾（George Orwell）在一九四九年出版的《一九八四》政治小說裡的虛擬素材。

不過，歐威爾在《一九八四》政治小說所塑造極權主義社會的「老大哥」，在現代朝鮮半島的「朝鮮民主主義人民共和國」，非但不是虛擬預設的烏托邦現象，而是一個眞實存在的國度的生動寫照。「金氏王朝」儼然是歐威爾政治小說的踐行者。

對威權體制模式富有高度想像力的歐威爾，在《一九八四》反覆提到的政治標語「Big brother is watching you!」幾十年來，在世界各地經常成爲公共輿論討論極權社會、專制體制，或軍事政權轉型過程等政治發展議題時的關鍵用語。

神奇的是，當親身進入朝鮮國度，處處可見擁戴、歌頌金日成、金正日父子爲「廿一世紀的太陽」的政治宣傳標語，無異就是「老大哥」的現代版，「金氏王朝」根本就是以《一九八四》所虛擬的極權體制模式，作爲統治朝鮮的執政藍圖。

「金氏王朝」創建人金日成，一九四八年起即擔任朝鮮黨政軍最高領導人。朝鮮曾修改憲法封他爲「共和國永遠的主席」。一九九四年金日成逝世，其子金正日接任勞動黨總書記、國防委員會委員長、人民軍最高統帥，並授予「共和國英雄」、「朝鮮民主主義人民共和國元帥」等最高統治者的稱號。

多次驚傳病危的金正日，爲延續「金氏王朝」香火，二〇一〇年九月廿八日，安排其子金正恩擔任勞動黨中央軍委副委員長，並宣布他是「金正日的唯一繼承者」。二〇一一年十二月十九日，當局宣布金正日已於兩天前因過度勞累病逝，金正恩隨即接班。金家三代統治朝鮮超過六十年，創下舉世罕見的家族執政紀錄。

朝鮮半島的國際外交與軍事衝突形勢，瞬息萬變，詭譎難測。二〇〇六年十月間，聯合國安全理事會剛表決通過「一七一八號決議」，國際社會決定聯手譴責制裁朝鮮後，有關戰爭的陰影再次籠罩在北緯三十八度北方的平壤上空。

不過，一個多月後，斷斷續續的朝鮮半島「六方會談」，又戲劇性地出現復談契機。原先因朝鮮人民軍發射導彈、核武試驗，暫停核發外國遊客觀光簽證，二〇〇六年十月底，朝鮮再次恢復核發外國人赴朝鮮觀光旅遊的限量簽證。申請等待核發朝鮮旅遊簽證數個月之後，終於接獲旅行社告知已可成行。

從台北到平壤最近的距離，就是經過北京或瀋陽。觀光客當時僅能經由北京、瀋陽與俄羅斯的航線，或鴨綠江岸的丹東口岸進入朝鮮旅遊。從瀋陽飛往平壤的「高麗航空」班機，幾乎都是前往尋覓商機的日韓商人，或來自「兄弟之邦」的中國旅遊團，台灣旅客屈指可數。北京同業聽聞台胞竟有雅興前往平壤觀光，無不默默地獻上祝福：「你可以看到卅年前苦悶中國的現代翻版！」

機型老舊的「高麗航空」從瀋陽起飛後，機上沒啥娛樂節目可看，飛抵平壤前，神情肅穆、穿著老氣的朝鮮空姐，不知她們的眞實身分是民航空姐？還是朝鮮女兵的化身？但總算勉強擠出一絲笑容，分送中韓文版的《今日朝鮮》雜誌。

朝鮮觀光部門在飛機上分送閱讀的官方宣傳雜誌，文章標題不是「國際核罪犯是誰？」就是「反美是不可抗拒的時代潮流！」等尖銳話題，大談「實現核裁軍，完全銷毀核武器，是世界愛好和平人民一致的要求，刻不容緩的時代話題」。

朝鮮官方宣傳機構反美、反帝、反核的強勢宣傳論調，對聯合國安理會剛剛通過的譴責決議案，不啻是一項政治反諷，對即將入境平壤觀光，體驗朝鮮特殊政治風情的外國遊客而言，無疑也是一項難得親身體驗的「震撼教育」。

從二戰後世界極權國家的發展與變遷歷程來看，朝鮮不愧是堅持到底「碩果僅存」的極權國家，它所以能長期地對朝鮮人民形成極權統治，對外維持虛矯的軍事強國的姿態，關鍵就在於「金氏王朝」牢牢地掌控了國家宣傳機器，強勢地將「金氏神話」、「愚民政策」進行到底！

平壤機場，雖然號稱是「國際」機場，但因朝鮮長期與美國尖銳對立，屢遭國際社會外交孤立與經濟制裁，朝鮮與國際「接軌」的空中航線並不多。停機坪除了高麗航空，難得見到其他國家的民航班機。設施簡陋的入境大廳，僅有四條海關動線，像極了早期台灣中南部的客運總站。

進入平壤海關，朝鮮人民軍與警察共同執行出入境的驗關作業，毫不在意地在有限的外國觀光客面前，公開展現朝鮮「軍管」與「警察國家」的政治形象。

「攜帶手機的旅客，請將你們的手機交由海關保管！」說著一口北京腔的海關官員，對即將入境的觀光客，提醒「禁止攜帶手機入境規定」。旅行社在行前就已反覆提醒，因此，為避免被檢查的困擾，手機留在瀋陽由旅行社代為保管。

朝鮮嚴格管制網際網路，限制衛星電視落地，更禁止外國人攜帶國際漫遊手機入境。這些管制通訊的「愚民政策」背後，都有著冠冕堂皇，所謂基於國家安全的理由，但骨子裡擔心的，就是害怕「美帝」趁機對朝鮮搞情報，搞「和平演變」。

充滿肅殺氛圍的平壤，並非純粹旅行者的最佳選擇；但如果是基於感受神祕東亞小國的特殊政治氛圍，或為見證東亞絕無僅有的威權國度，實地體驗朝鮮的異國風貌，那確是一趟處處充滿驚奇的旅行經驗。

踏出平壤海關，迎接的是朝鮮國際旅行社的女性導遊，搭配一位朝鮮國安部門退休的「安全查核官」。他們都是朝鮮勞動黨黨員，精通中文，略通閩南語。這種特殊的旅遊組合，讓人眞實的感受到，眞的踏進了歐威爾小說中的「大洋國」。

外國觀光客進入平壤，大都安排住宿在大同江島上的「羊角島飯店」，或平壤市區另家高檔的「高麗飯店」。這些駐地具備相同特色，都是受到安全部門與軍警單位嚴格管理的涉外酒店。雖然提供國際電話的通訊服務，但必須透過接線生轉接，電話另一端傳來的接線生聲音，赫然發現竟是白天隨車同行的「安全查核官」。

外國觀光客在平壤的旅遊參觀行程，明確規定必須由隨團導遊與「安全查核官」負責全天候掌控，他們在導覽過程中，會不斷地提醒並約束外國觀光客，那些特殊的建築景點不得任意拍照，或在參訪途中，即使巧遇一般朝鮮民眾，外國人在公眾場所也不得與朝鮮人民交談，未經允許更不得隨意進入民宅參訪。

上： 平壤金日成廣場
左下： 平壤金日成銅像
右下： 朝鮮鈔票

這種既要開放觀光，爭取外匯，但卻處處嚴格管制的矛盾，每天就呈現在與導遊、查核官爲了限制拍照、禁止與朝鮮居民交談所產生的爭執過程。雖然在長途車行過程，偶爾拍攝街景，並不會受到制止，但在平壤市區，管制規定嚴格執行。

精通中文的女導遊會告誡說：「朝鮮居民對外國情況並不熟悉，請不要干擾他們正常的生活！」長期活在強控制的朝鮮人民，在看到外國觀光客時，眼神所流露出來的陌生與疏離，觀光客即使善意接觸，對他們恐怕都將帶來莫名的政治麻煩。

朝鮮人民活在一個沒有網際網路、沒有手機漫遊的「寧靜」國度，近年來則已陸續開啓手機業務。不過，朝鮮人民卻擁有全世界最高密度的領袖銅像、標語紀念碑。

從平壤機場、英雄青年公路、開城工業區、板門店、三十八度軍事分界線、西海水閘壩堤，金日成銅像形影不離，頌揚金氏父子豐功偉業的巨幅標語處處可見：

廿一世紀的太陽金正日將軍萬歲！
偉大的金日成主席萬歲！主體思想萬歲！
黨做決定，我們跟著幹！

平壤最具代表性的旅遊景點，一是金氏父子各式的巨型雕像、銅像，二是各種「反美、反帝、反霸」的軍事題材。板門店是旅遊者的必經之地，從朝鮮向南眺望韓國，是一次難得的旅行體驗。板門店築有一道長達二百四十六公里，寬四公里的「南北軍事分界線」，半個世紀以來，始終是國際社會高度關注的「火藥庫」。

美朝雙方在韓戰結束後，曾先後在此舉行過四五八次談判，韓國於二〇〇〇年在分界線南側興建「自由之家」，朝鮮則於七〇年代在分界線北側興建「板門閣」，南北聳立兩座標誌性建築，隔著象徵南北分裂的北緯三十八度線緊鄰相望，美韓聯合部隊與朝鮮人民軍，全天候密切地監視著對方的所有動態。

隨著朝鮮半島情勢的快速變遷，在中國、美國、俄羅斯、日本等四國積極促成「六方會談」的新形勢下，南北韓在板門店軍事分界線的緊張對峙狀態，近年已有明顯緩和趨勢，但各項不確定因素，讓朝鮮半島形勢經常籠罩在詭譎氣氛之中。

南北雙方在「軍事分界線」區域內開通陸路通道，並開放部分韓國企業從陸路進入朝鮮開城工業區工作。然而，傳統武裝衝突雖大幅減少，但各式各樣的心理戰、宣傳戰卻未曾或歇。兩韓在海域附近呈現的緊張對峙，還經常引爆衝突，近來的「天安號事件」，就是典型的衝突事證。

韓國在二〇一〇年初曾不顧朝鮮警告，允許政治團體向朝鮮飄撒傳單、小型收音機、美金一元現鈔等，對朝鮮展開宣傳。朝鮮人民軍的將軍，就曾在兩韓軍事代表團會談過程

左：朝鮮女兵
右：美朝停戰談判會場：朝鮮人民軍

嚴正通報，指控這項手法是在「侮辱朝鮮的思想和制度」，如果韓國繼續違反協議，朝鮮將採取措施，限制韓方人員通過軍事分界線的陸路通行。

在朝鮮半島上的神祕國度旅行，嚴格說來，並非傳統的旅行，反而有種「探祕」的新奇感受。除零星的旅遊車，筆直寬闊的高速公路，基本見不到任何私家轎車。沿途灑落遍地的鮮黃銀杏葉，深秋時節益顯「詭祕寧靜」，這與平壤核心城區街道上，朝鮮人民井然有序的「秩序感」，讓初次造訪的台灣觀光客備感「驚嘆」。

開城是古代朝鮮「高麗國」的京都所在地，朝鮮人參的原產地。近年陸續開發建設的「開城工業園區」與「金剛山旅遊區」，由韓國企業投資興建，北韓雖想藉此形成「南邊帶動」的經濟發展戰略，但因設廠規模有限，加以美國持續實施經濟制裁，朝鮮南部的經濟發展形勢，依然停滯在低迷蕭條的沉悶局面。

反美反帝的觀光景點，在平壤處處可見，想不到反美還能創匯。美軍太平洋司令部第七艦隊所屬的「普布魯號」（USS-PUEBLO, AKL-44），於一九六八年初在朝鮮北方海域進行「海洋地理研究」，因闖入朝鮮水域，遭到人民軍逮捕，隨後則以「美國間諜船」，停泊在大同江畔，朝鮮藉此規劃作爲「愛國主義教育的宣傳基地」，持續對觀光客與朝鮮人民進行「反美教育」。

「普布魯號」表面是海洋研究船，但其任務是在朝鮮水域周邊，探測人民軍在海岸部署水雷的區域，並掌控人民軍調動情況。據朝鮮當時掌握的情報指稱，「普布魯號」是從日本佐世保海軍基地出發，先後十七次侵犯朝鮮水域，蒐集朝方軍情，朝鮮即運用傳統「誘捕手段」逮捕該船，以及船上八十餘名美國海軍官兵。

金日成當年曾藉此昭告天下：「英勇的朝鮮人民軍，將以報復回答報復；以全面戰爭回答全面戰爭！」這種美朝軍事鬥爭的歷史規律，在二〇一〇年三月廿六日韓國海軍「天安艦」疑似遭到朝鮮攻擊沉沒後，朝鮮在韓國公布證據後的第一時間，既不承認，還要求派員檢視證據的作風，如出一轍，針鋒相對，毫不怯弱。

穿著軍服，年輕貌美、身材姣好的朝鮮人民軍女兵講解員，站在「普布魯號」甲板上，操著流利的北京腔，以堅定的語氣，對我們幾位來自台灣的訪客介紹說：「歷史一再證明，朝鮮人民軍絕對有能力打敗美國帝國主義的任何侵犯行動！」

見證朝鮮統治集團對金氏父子的「造神運動」，號稱朝鮮五大名山之一的妙香山，更是令人眼界大開。北韓曾宣傳妙香山的聖境：「三千里錦繡江山皆名勝，未見妙香山莫談景。」妙香山上建造龐大的「國際友誼展覽館」，兩座超大型的展廳，展示全世界一百六十餘個國家領導人與各界人士送給金氏父子的廿餘萬件禮物。其中還包括台灣「陳特企業」送給金日成，「TCK企業」送給金正日的禮物。

「國際友誼展覽館」是金氏父子的神殿，參觀者必須換穿隔離鞋套，不准攜帶攝影器材，外國遊客也不准與朝鮮人民交談。導遊還會要求國外遊客向朝鮮的「偉大領袖」銅像行禮。館內有兩件龐大禮物：一九五〇年蘇共總書記史達林送給金日成的豪華防彈車；著名朝鮮族英雄力道山一九六二年送給金日成的賓士房車。

朝鮮經濟發展落後，人民所得極低，民生物資匱乏，但朝鮮仍持續加強軍事建設，近年更進行導彈試射與核試驗，耗損有限資源。尤其，連年洪澇災害、糧食短缺、災民嚴重傷亡的情況，被「金氏王朝」列為比核試驗更機密的「國家機密」。當西方媒體出現朝鮮人民鬧饑荒、挖野菜、吃嬰孩的驚駭報導時，對「金氏王朝」加諸於神祕國度的強勢控制，以及朝鮮人民的悲歌，無不發出

朝鮮平壤市區遠眺景象。

深沉的嘆息。

九〇年代初期，朝鮮曾效法中國「改革開放」思潮，對未來也有過美麗的幻想，對國家的改造也曾有浪漫的憧憬。積極引進外資挹注，平壤的城市建設已初具現代化格局，接受蘇聯經援，平壤擁有壯觀的地鐵，高樓林立的建築，並不遜色於其他社會主義國家，但因政策搖擺不定，外資觀望，導致長期陷入停滯的蕭條景況。

朝鮮在思圖變革的開放年代，部分擁有決策權的高層軍政官員，「八仙過海，各顯神通」，紛紛透過管道與海外祕密接觸，他們不僅透過澳門賭場便捷的國際金融管道，祕密處理朝鮮對外的金融、外匯，甚至還曾與李登輝執政期間的國安官員、台塑總裁王永慶、台電核電部門主管，以及重量級大陸台商進行廣泛交流接觸，尋求台朝雙方推動經濟交流合作的可能模式。

據台灣一位汽車工業的新生代領導人透露，具有朝鮮人民軍背景的軍方人士，在九〇年代即曾以經貿集團身分祕密訪台，認眞商談在朝鮮合作投資汽車工業的可能性，並希望從台灣引進配套產業。據稱，朝鮮承諾的投資條件相當優渥，並保證投資利益與營收目標，但最終因美國、日本政府透過管道，表達「強烈的關切」，迫使台灣汽車業者投資朝鮮的可能計畫，無疾而終。

李登輝執政期間曾考慮打「朝鮮牌」，意圖牽制北京圍堵，仍屬極機密外交祕檔，台朝雙方迄未解密。據李登輝時代的國安核心幕僚透露，台朝確曾就相關議題溝通，但朝方代表暗示在合作計畫談成之際，應再附贈「五噸豬肉」作爲回饋，這項私人需索，讓負責商談合作的主事者警覺，朝鮮官員的背景太複雜，對方承諾事項的可操作性，仍待評估，雙方的合作意向，最後不了了之。

當旅遊車經過平壤郊區，看到朝鮮農民正在採收大白菜，正準備捕捉這幅畫面，但立即遭到導遊與「安全查核官」制止。我疑惑地問道：「農民採收大白菜，準備做泡菜過冬，這不是很溫馨的畫面嗎？」女導遊表情冷峻地回應：「這不屬於你們的觀光行程，就別拍吧！」在朝鮮半島嚴冬來臨之際，這位朝鮮導遊擔心的，恐怕是外界對更多朝鮮人民正處於饑荒挨餓的關注吧！

「金氏王朝」統治下的朝鮮，已成爲連一粒民主的種籽都難以播種生根的蠻荒之地。金氏父子長期控制的統治集團，以至世襲傳承給第三代金正恩的家族統治型態，種種愚民政策的高壓手段，無視於全球經濟發展的僵化宣傳手法，如果喬治・歐威爾依然在世，對金氏王朝在東北亞打造這座「朝鮮版」的《一九八四》國度，都要自嘆弗如，甘拜下風！

第6章

京城雜記

光榮與恥辱：林毅夫的歷史抉擇

「你出身台灣宜蘭的農村，曾在台大研讀農業，在北京研習政治經濟，在芝加哥大學攻讀經濟，你對大陸自一九七八年改革開放以來，持續保持高速增長的經濟發展趨勢，有何評價？這個快速發展的過程，究竟還存在那些潛在的危機？」

「大陸面臨的困難很明顯，它是轉型中的經濟，過去三十年的經濟改革雖然取得很大成績，連續二十九年平均每年九．七％的經濟成長速度，這可說是經濟奇蹟。在此過程，國際化、全球化程度大爲提高。但在發展過程也有未解決的問題，包括城鄉收入、收入分配的差距，還有社會發展相對滯後、環境問題日趨嚴重，國際國內收支不平衡，這些問題都亟待解決。」

「你對當前台灣經濟發展所面臨的問題有何看法？有何建議？」

「台灣目前國民所得約一萬五千美元，但跟發達國家相比，還有差距，如何讓台灣的經濟轉型，這是需要思考的問題：一是產業結構，技術層面如何提升；二是對現有的產業，如何轉移到海外，發揮生命力、競爭力，創造產業第二春。」

「一九七九年五月十六日，你從金門駐地泅水至廈門的過程，是否眞如外界所傳言是抱著兩顆籃球游過去的？」在作者提問之後，香港新聞同業有興趣的話題，還是林毅夫當年游過「金廈航線」的驚險歷程，是否眞的得力於兩顆籃球的「助泳」。

「台灣媒體這幾年來都已經報導過了，過去的事，今天就不去談它了吧！」林毅夫低調地婉拒回答這個讓他感到難堪，並可能勾起當年往事的話題。一場小型的個人記者會，就在充滿眾人祝賀，與林毅夫略帶感傷的複雜氛圍中，匆匆結束。

位於北京大學「朗潤園」的「中國經濟研究中心」，是最近十餘年來，林毅夫在北大從事研究與教學的學術重地，布置典雅古樸，一律採用傳統風格清代家具的研究室，在世界銀行發布任命林毅夫爲新任（二〇〇八年至二〇一二年）首席經濟學家兼副總裁之後，臨時變成林毅夫接待部分中外記者的新聞發布會場。

二〇〇七年底，世界銀行總裁佐立克（Robert Zoellick）在訪問北京時，曾私下徵詢林毅夫，問他是否願意前往美國華盛頓擔任世界銀行首席經濟學家兼副總裁，林毅夫雖要求給他一些時間思考，不過，在接到這項人事徵詢之後，林毅夫激動、興奮的心情，始終就沒有平靜過。儘管他必須離開全心全力創建的北大「中國經濟研究中心」，但他已做好心理準備，決定前往華府，接受挑戰。

世界銀行（World Bank Group）不是一般意義上的「銀行」，它是聯合國的專門機構，「世界銀行集團」的俗稱。六十年來，美國對世界銀行的決議案擁有絕對的表決權，長期控制著世銀的重要人事，世界銀行總裁向來都是美國籍，首席經濟學家兼副總裁，也長期由歐美重量級的財經學者專家擔任。這項任命，對林毅夫個人、對北京大學，甚至對中國，更誇張地說，對亞洲人而言，都是一次史無前例的挑戰。

林毅夫的新職任命，在世界銀行的歷史上創造了舉世矚目的「第一」，其實，林毅夫長期以來在世界重要主流媒體、國際研究機構或學術論壇，經常爲備受國際社會矚目的中國經濟改革「發聲」，或爲中國的經改政策辯護，宣揚他獨到見解的中國觀察，更使得林毅夫在中國經濟學界締造了多項創新紀錄的「第一」：

・中國改革開放以後第一位從西方學成歸國的經濟學博士；
・中國改革開放以後第一位在國際經濟學學術雜誌上發表論文的經濟學家；
・中國第一位運用規範的現代經濟學理論和方法研究中國問題的學者；
・國際經濟學界公認的研究中國問題的權威學者；
・曾被SCI和SSCI授予「經典引文獎」以表彰他的文章在過去二十年間，成爲全世界引用率最高的論文之一；
・中國具有政策影響力的經濟學家，他的論見洞察了中國經濟的眞相。

二〇〇八年二月四日凌晨（北京時間），佐立克在華府發表聲明：「林毅夫是首位來自開發中國家的首席經濟學家，也是擅長農業領域的經濟發展專家，爲世界銀行帶來獨特技能與經驗。期待與他密切合作，包括非洲成長與投資，和對遭逢高能源與高農產品價格的國家提供更佳支援。」林毅夫的任期，將從二〇〇八年五月至二〇一二年四月。他的職掌將是主管發展經濟理論、世界經濟研究與預測。

二〇〇八年二月，林毅夫在北大朗潤園的研究室，那時他剛獲任為世行副行長。

幾個小時後，林毅夫的助理邀約了少數幾位大陸和台港媒體駐京記者，上午十時在北大中國經濟研究中心舉行記者會。隨後，林毅夫準時出現在他的辦公室，這場小型記者會，氣氛就像是課堂上的討論會，更像是朋友的話別會。在回答我提出何時回台探親問題時，林毅夫紅著眼眶，感性地說著：「做爲在台灣長大的台灣人，回台灣的願望總是有的，離家快卅年了，爲人子女，總該回家祭拜父母！」

林毅夫和他的太太陳雲英，是十一屆全國人大的「明星夫妻檔」。以北京大學「中國經濟研究中心」主任當選全國人大代表的林毅夫，當初是被劃歸爲「北京市代表團」，而以中國特殊教育專業獲選全國人大代表的陳雲英，則依其台籍背景分配在「台灣省代表團」。近幾年兩會期間，這對來自台灣，上個世紀八〇年代初期從不同管道登陸的「明星夫妻檔」，總是境外媒體聚焦的明星級代表。

二〇一〇年三月間，十一屆全國人大三次會議在北京開幕。「台灣省代表團」對境外媒體的開放日，向來是台灣記者好奇的分組會議日程，並非這批傀儡式的人大代表會說出什麼驚天動地的政策建言，或能講出什麼民主大道理，純粹是這批號稱代表「台灣省」的人大代表，被北京視爲中國對台灣擁有主權的「政治象徵」，因此，它就成爲台灣記者每年都得一探究竟的兩會花絮。

「當年，毅夫知道不能回台灣爲父親送終，連續多少天徹夜痛哭啊！我每天半夜醒來，就會看到一個男人抱著枕頭嗚嗚地大哭，你沒法想像，那麼剛強、穩重的人會那樣地痛哭，他的哭聲讓我也徹夜難眠啊！」林毅夫因爲在華府世行任職，並未出席會議，當時仍掛念著艋舺老父二度中風的陳雲英，在「台灣廳」分組會議上答覆中天電視記者問到林毅夫回家路還有多遠時，竟激動地淚灑會場。

陳雲英泣訴：「毅夫的父母都走了，生不能養，死不能葬，林老師兩個不孝都做了，你們不知道他有多痛苦！這條回家的路雖然仍未打通，但我們還是樂觀的。我相信，有一天我可以陪著他踏上返鄉之路。我們對家族要有個交代，宜蘭老家重修祖墳，毅夫的大哥希望在祖墳修好後，期待他能回去看看，但這不是個人可以掌握的，希望在有生之年能實現我們的願望，這只是普通老百姓的願望啊！」

一九五二年出生在宜蘭的林毅夫，本名林正義，曾就讀台大農工系、政大企管研究所，在陸軍官校就讀時改名林正誼。一九七九年五月間，在擔任陸軍二八四師上尉連長時從金門叛逃，遭台灣軍方以「敵前叛逃」罪名通緝。一九七九年，正是中國改革開放浪潮湧動之際，社會主義初級階段的各項改革行動，正處於探索、試驗、試行階段，改革的契機也悄悄地在中國大地展開。從廈門登陸的林毅夫，當年九月，就從北京大學的課堂裡，展開了他長達卅餘年的「中國旅程」。

對台灣軍事檢察官提出「行為繼續犯」追訴期限的法律見解，林毅夫無法全然理解，有關追訴期限的計算方式，究竟是從他叛逃離開金門那天起算，還是台灣軍方獲知那天起算，軍事檢察機關仍有不同的見解。不過，林毅夫強調：「我希望我對一些經濟發展問題的研究與瞭解，能夠協助台灣的朋友，在解決經濟問題時能有所幫助。要是我能有貢獻的，不管在什麼地方，我都會義無反顧的做我該做的事。」

一九七九年，正是中國實施改革開放政策的第一年。全國人大常委會在元旦發表的《告台灣同胞書》宣稱：「統一祖國是關係全民族前途的重大任務，是每個中國人不可推諉的責任，也是人心所向、大勢所趨。我們必須盡快結束目前這種分裂局面，早日實現祖國的統一。」這是中共對台政策從「武力解放」走向「和平統一」的歷史轉折點。林毅夫叛逃到大陸後赴美深造，一九八六年獲得芝加哥大學經濟學博士，成爲改革開放初期獲得美國博士學位的「海歸派」。

在北大經濟研究中心「蹲點」多年的林毅夫認爲，如何解決兩岸政治對經濟自然融合過程中所產生的障礙，是台灣經濟發展必須解決的問題。他並高度評價兩岸取得的經濟成就：「台灣與大陸，都是成功地從一個比較貧窮落後的經濟體，變成經濟上取得成功的經濟體。台灣曾是亞洲四小龍之一，中國大陸從一九七八年開始推動的經濟轉型和轉軌，則是舉世公認最成功的經濟發展經驗之一。」

長期專研農業經濟，並關注兩岸經貿發展的林毅夫說，台灣或大陸的經濟發展，都還有一些困難要克服。大陸面臨的困難很明顯，它是轉型中的經濟，過去三十年的經濟改革雖取得很大成績，連續二十九年，平均每年九・七%的經濟成長速度，可說是「經濟奇蹟」。但仍有一些亟需解決的問題，包括城鄉收入、收入分配的差距，社會發展相對滯後、環境日趨嚴重，國際國內收支不平衡等等。

林毅夫對中國農業經濟、農業政策的相關學術研究觀點，在朱鎔基、溫家寶擔任中國國務院總理期間，深受中南海決策高層的倚重，尤其，在一九九四年主導創辦北京大學「中國經濟研究中心」（CCER）之後，林毅夫更是全力運用他在北大與政商界豐沛的研究資源，吸收大批海歸派年輕學人、中壯派經濟學者、管理專家，系統化地開展當代經濟學的科研工作，逐漸擴展其政經決策影響力。

二〇〇四年，該研究中心還曾被中國教育當局評選爲「教育部人文社會科學百所重點基地」。由於林毅夫獨特的經濟決策影響力，使得該中心的編制型態也具有「中國特色的社會主義」：編制上，直屬北京大學；運作上，實行學校和董事會領導下的主任負責制。林毅夫在接掌世界銀行首席經濟學家職務之前，就一直擔任這個研究智庫的「中心主任」，並經常應邀參與中國高層的經濟決策事務。

久拖未決的林毅夫案件就如同流感一般，每隔一陣子，就會在台灣輿論上出現議論。二〇〇二年十一月十五日，林毅夫有意返台奔父喪，台灣國防部在輿論關注下，對於林毅夫早年的叛逃案件，採取具體追訴行動，依據台灣《陸海空軍刑法》第二十四條「投敵者，處死刑、無期徒刑或十年以上有期徒刑。」相關條文，以林毅夫涉嫌投敵罪名，發布對「林正義」（林毅夫本名）的通緝令。

該法第十條並明定：「本法所稱敵人，謂與中華民國交戰或武力對峙之國家或團體。」林正義當年所投靠的「敵人」：中國人民解放軍，即是法律條文所定義的「與中華民國交戰或武力對峙之國家或團體。」但這項法律定義，是否符合已經結束「動員戡亂時期」後的兩岸政治定位，因牽涉甚廣，處理過程，備受非議。

本案的處理時機延宕多年，國防部軍法單位追訴林正義涉嫌投敵的「犯罪日」：一九七九年五月十六日，在二〇〇九年五月十六日，就已屆滿卅年，但因牽涉複雜，其追訴時效雖已屆滿，但軍法單位並未隨之結案，尤其，林毅夫還具有世界銀行副行長兼首席經濟學家的國際特殊身分，台灣軍方處理本案，備感棘手。

林毅夫案件的核心爭議，即在於追訴期限的法理之爭。依據台灣《刑法》第八十條「追訴權」的規定，犯最重本刑為死刑、無期徒刑或十年以上有期徒刑之罪者，卅年內未起訴，其追訴權將消滅。因此，中華民國軍事檢察官如在卅年內並未起訴林毅夫，這項叛逃案的追訴權，理應在二〇〇九年五月十六日即告消滅。

依據同法規定，卅年追訴時效的計算，應是自「犯罪成立之日」起算，但犯罪行為有「繼續之狀態」者，自「行為終了之日」起算。而軍法單位即堅持採取此一法理概念，即認為林毅夫卅年前的投敵行為屬「行為繼續犯」，即使犯罪之日已經過了卅年，且因其投敵行為並未完全終止，所以追訴時效並未起算。

法學教授陳長文曾針對本案投書媒體，批判軍法單位並未依法處理。他說：「法律之所以會有追訴時效的規定，一部分是安定性的考量，另一部分，特別是牽涉到意識形態問題時（如國共對峙），就是法律對時代的謙卑反射。三十年前的滄桑人事，挺國挺共，孰是孰非？法律寧可留給歷史評價，而不是扮演上帝。」

台灣軍方對林毅夫叛逃案件的追訴行動，無疑是交織著歷史、法律、政治與人倫親情等複雜因素的時代悲劇，尤其，本案核心爭議更牽涉到被視為建立兩岸軍事互信機制必先攻克的歷史難題：「兩岸軍人投誠問題」。隨著台海形勢的新發展，類似林毅夫叛逃案的兩岸空軍駕機「叛逃或投誠」事件，近年已逐漸受到外界關注，這也成為未來兩岸處理軍事對話，難以迴避的敏感議題。

根據非正式統計，從上個世紀四〇年代，國共內戰期間，中華民國空軍飛行員劉善本首先駕機叛逃飛向延安，五〇年代空官李純駕機叛逃以來，約有廿名中華民國空軍飛行員，從台灣本島的不同軍機場駕機叛逃至中國大陸，他們並都獲准加入中國人民解放軍，並獲得政治職務的安排、頒贈投誠獎金等實質獎勵。

這批受到台灣軍法機關列案追訴的叛逃飛官，包括六〇年代中華民國空軍飛行員徐廷澤、黃天明、朱京蓉，以及八〇年代的空軍少校飛行官黃植誠、李大維、空軍中校林賢順等。據大陸官方媒體當年報導，按不同軍機類型，黃植誠當時曾獲得六十五萬元人民幣的獎勵，李大維則獲得十五萬

前空軍少校黃植誠

前空軍飛行官林賢順

元人民幣獎勵。

另一方面，因中華民國政府曾公開獎勵中共解放軍空軍飛行員駕機來台，歷年「起義來歸的反共義士」，從上個世紀五〇年代的邵希彥、劉承司、高佑宗、李顯斌，以至七〇年代以後的范園焱、吳榮根、孫天勤、王學成、蕭天潤、劉志遠、蔣文浩等人，同樣被中國人民解放軍視爲無可饒恕的「叛徒」、軍法追緝的「解放軍敗類」。

一九八八年，李登輝繼任總統，並接掌黨政軍大權，兩岸逐步建立密使溝通管道，中共在當年九月十一日發布《中國人民解放軍駐福建部隊宣布停止執行一九六二年的兩個〈通告〉》：「從即日起停止執行一九六二年頒布的對駕機、駕艇起義的國民黨官兵給予獎勵」；李登輝政府隨後也作出善意回應，取消以黃金、獎金獎勵解放軍空軍駕機投誠的相關法令，隨後兩岸軍方的叛逃事件即趨於緩和。

同樣被台灣國防部視爲「叛徒」，目前仍遭台灣軍事檢察機關追緝的中華民國前空軍少校飛行考核官、現任中國解放軍北京軍區空軍副參謀長黃植誠少將，二〇一〇年三月四日，以全國政協委員身分出席分組會議時，我遞出《中國時報》駐京記者名片，表明希望採訪他時，開始顯得拘謹，言談之間，語多保留。

一九五二年在高雄出生的黃植誠，祖籍廣西橫縣，壯族。一九七三年畢業於空軍官校專修班。曾任飛行員、分隊長、第五聯隊督察室少校飛行考核官。一九八一年八月八日，在執行飛行任務時，叛逃至福州機場。雖然黃植誠的叛逃行爲，也已經超過卅年追訴期，但就像「林毅夫事件」翻版，台灣軍檢單位對其投敵行爲也同樣認定屬於「行爲繼續犯」，即使追訴期屆滿，但仍無法停止無限期的追緝。

黃植誠當年駕駛F-5F從桃園起飛，任務是考核中尉飛行官許秋麟的儀表飛行。他原已飛越福州，但在飛越中線後，兩人曾起爭執，爲尊重許秋麟意願，黃植誠折返，等許秋麟在東引上空平安跳傘後，再飛抵福州。中共後來安排他擔任空軍航校副校長，中華全國台聯理事。一九八六年任空軍軍校副部長，同年獲准加入「中國國民黨革命委員會」（民革）。後任空軍後勤部副部長，一九九五年獲授少將軍銜。

由於黃植誠具有全國政協委員身分，在每年三月兩會期間，具有較大的發言空間，而且，政協委員在兩會期間對外發言，言論尺度較爲靈活彈性。在回答我問及如何看待兩岸軍事互信機制問題時，黃植誠認爲，現階段是兩岸關係六十年來最爲穩定的關鍵時期，兩岸應掌握難得的歷史機遇，積極推動建立軍事互信機制，儘早商談結束兩岸敵對狀態，這是攸關兩岸和平大局能否持續穩定的課題。

雖然仍在解放軍服役，但黃植誠近年關注台商在大陸投資遭遇的各項權益問題，並經常向國台辦提案要求解決台商權益案件。黃植誠強調，兩岸要發展經濟，需要建構和平的外部環境，但幾十年來，台灣耗費太多軍備預算防範大陸的侵犯，同樣的，大陸也動用不少軍事經費防止台灣走向獨立。如今兩岸已建立和平發展的共識，如能早日開啓必要的軍事交流與對話，對兩岸交流將是一個歷史新局。

黃植誠強調，兩岸軍事問題，是一九四九年以來最難處理的議題，如果兩岸領導人能推動建立軍事互信機制，甚至簽署《兩岸和平協議》，將是前所未有的歷史功德，兩岸領導人將有機會贏得「諾貝爾和平獎」。要建立軍事互信機制，兩岸都需「要有想法，決定步驟，拿出方案」。他強調，兩岸就是缺乏解決敵對狀態的互信，福建沿海的發展相對比珠三角、長三角滯後，而金門、馬祖、澎湖的發展，也受到潛在不安心理的影響，讓企業家的長期投資為之卻步。

至於兩岸建立軍事互信的溝通步驟，黃植誠建議，軍事學術交流就是可行的具體方案。兩岸可透過交流對話，逐步還原國民政府領導抗日的史實，或透過學術會議，坦率說明福建沿海的彈導部署，有那些是預防台獨的，有那些是針對國際勢力的，應有助於化解彼此的對峙心理。他說，他因來自台灣，對近年台灣政經社會的變遷發展，或兩岸關係的變化情勢特別關注，希望能提供更多政策建言，而推動兩岸軍事互信機制的建立，構築和平架構，對兩岸人民的受益將是最直接的。

林毅夫當年從金門駐地泅水泳渡金廈水域前往福建後不久，曾寫信給在「日本國東京都港區高輪」執業行醫的表哥李建興，談及他的心路歷程。林毅夫寫道：

……基於對歷史的癖好，我特地去參觀許多名勝古蹟，但是，長城的雄壯、故宮的華麗，並沒有在我心裡留下深刻的印象，最令我感到震撼的是，戰國時代秦李冰父子在成都所築的都江堰。由於都江堰，使四川成爲天府之國，始建迄今已近三千年，但它還在惠及眾生。當我站在江邊，聽那滔滔的水聲，眞讓我有大丈夫若不像李冰父子，爲後世子孫千萬年之幸福貢獻一己之力，實有愧此生之嘆！

……

台灣的未來，現在正處於十字路口，長期維持那種妾身未明的身分，對台灣一千七百萬同胞來說，並非終久之計。因此，何去何從，我輩應當發揮應盡的影響力，正如你來信所說，台灣不該獨立，更不應該再次淪爲次殖民地，那麼台灣到底應該往何處去，這個問題長久以來，一直是我心中思索的主題。……我覺得台灣除了是台灣人的台灣之外，台灣還應該能對中國的歷史，發揮更大的貢獻。長期的分裂，對大陸不利，對台灣不利，對整個中國的歷史更不利。

……

在冷戰年代，林毅夫、黃植誠、林賢順，或是吳榮根、范園焱、孫天勤等，他們對認同與效忠，各自做出了不同的抉擇。這些抉擇，在尖銳對峙的年代，讓他們個人、家庭、部隊，甚至原來效忠的國家，面臨極端窘迫的尷尬處境，也曾造成諸多無辜的株連；「叛徒」早已成爲他們共同的代名詞，即使兩岸關係逐步邁向常態化，但任何法律手段或政治談判的善後，都難以完全抹去「叛徒」的政治印記。

悅賓飯館：中國市場經濟的領頭羊

中國改革開放的「總設計師」鄧小平曾說：「膽子要大一點，步伐要快一點！」鄧小平的意思是說，在摸著石頭過河的探索過程，儘管大膽地去進行各種嘗試，快速地去體驗各種不同的發展經驗與模式。

住在北京翠花胡同裡的郭培基、劉桂仙夫婦，就是衝著老鄧的這句精神感召，在胡同裡以私營經濟的管理模式，獨家經營起「悅賓飯館」生意，想不到，郭家打開的這道飯館小門，卻意外地打開了中國「市場經濟」的大門，創造了完全「中國式」的傳奇篇章。

一九九〇年代初期，赴京採訪習慣住在王府井大街周邊的「松鶴飯店」，或「天倫王朝飯店」，或「華僑大廈」。每逢兩會開會期間（全國人大、全國政協），台港新聞記者，經常就在飯店駐地附近的餐館解決「吃的問題」，這家外觀老舊，內裝簡樸的胡同飯店，因菜色經濟實惠，就成為港台記者的「首選餐館」。

位於王府井大街巷內，北京五四大街，中國美術館與北大紅樓對街的翠花胡同，這間大門招牌寫著「中國個體第一家」的悅賓飯館，正是中國改革開放之後，第一家私人經營的個體餐館，它在中國「市場經濟」發展史，甚至中國改革開放的經濟體制演進過程，都已寫下歷史的篇章。

歷史有時是由一連串的「偶然」所造成的；原來擔任北京飯店職工的郭培基和劉桂仙夫婦，一九八〇年十月間，有感於北京政局已出現變化，決心在翠花胡同陋巷開辦悅賓飯館，其原始目的只是爲謀求改善家計的求生之道，更是本能地想憑藉廚藝謀生的權宜之計。他們並沒有想到，悅賓飯館後來竟然會在中國經濟改革發展史上，獲得與安徽鳳陽小崗村同樣的標誌性地位。

郭家的悅賓飯館原來只是打開陋巷小門迎客，賺取微薄成本價差的小飯館，開張沒多久，轟動全中國，更震驚全世界，因此，意外地打開了中國「市場經濟」的歷史大門。它不僅僅是一種在中國大地剛剛萌芽的微型經濟個體，更是成爲舉世關注的中國政經體制出現重大變革的開放現象。

中國改革開放卅餘年，計畫經濟體制的變遷、調整、磨合、修正與發展，持續讓中國成爲舉世關注的新興經濟體，千千萬萬的「個體戶」，不乏已成爲躋身世界富豪的「國際企業家」。卅年來，持續在翠花胡同經營悅賓飯館的郭培基夫婦，正是中國私營經濟的「領頭羊」，意外地踩上歷史浪潮的中國第一個「個體戶」飯館。

一九八〇年代初期，雖然已浮現改革開放的些許聲音，但中國社會的政治經濟活動，基本仍處於封閉狀態，尤其，在京畿重地，私營經濟的開放政策動向不明，悅賓飯館的橫空出世，不僅受到中共高層關注，更成爲世界關切中國經濟發展趨向的窗口。

二〇〇八年初，再次造訪悅賓，這次不只是扮演食客，還約訪了郭家夫婦。劉桂仙回憶說，飯館開張後，生意特別紅火，確實也賺了錢，可見是受到人民歡迎的，政府也是需要的。可心裡七上八下，踏實不下來。就怕京城多事，政治運動又回來了，也怕文革又來，槍打出頭鳥，把悅賓當成

「走資本主義」的典型。直到兩位副總理來悅賓拜年，心裡的石頭才算落了地。

她說，餐館開張後的第一個農曆春節，大年初一，翠花胡同突然熱鬧起來。北京公安局幾天前就派人先來看過，早就預知可能會有政府領導人來店裡視察，但門簾一掀，前頭進來的兩個首長特別面熟，不等劉桂仙開口，兩位首長就說「我們給妳拜年啦！」眼前正是國務院主管金融事務的陳慕華副總理，和主管經濟事務的姚依林副總理，後面跟著的是中共北京市委副書記賈庭三。

悅賓飯館開張以來，各界議論沸沸揚揚，外媒關注持續不斷，「中央首長給悅賓拜年」的消息隨後很快傳遍北京城，翠花胡同裡的悅賓，總算安下心來，可以放心做起私營餐館的買賣了。後來，京城太子黨，如鄧小平的兒子鄧樸方，葉劍英的兒子葉選平，姚依林、賀龍的兒子，都成為悅賓四張小方桌的座上賓。

性格豪爽的劉桂仙說，鄧小平的兒子鄧樸方，有回來飯館用餐，還帶來整箱精美廚房用具送她，鄧樸方還吆喝著說：「劉阿姨，我們捧場來了，你不要錢可不行！」因為郭家兩老曾幫過這些中央首長的家裡做過飯，與他們子女都相當熟識。

劉桂仙說，文化大革命剛結束沒幾年，他們老兩口，再加四男一女，最大的十六歲，最小的六歲，全家七口人，如依靠國家每月補助十元，實在撐不下去，她和老伴兒都學會做一手好菜，自力更生，多掙點錢，養家餬口，應該沒有問題，她和愛人商量後，就決定單幹，搞個私營的餐館。

中國政治運動太頻繁，鄧小平雖然祭出改革開放的大旗，但開放初期的不確定性，加上政治運動的陰影持續籠罩，揮之不去，讓郭家經營的小本生意，忐忑不安。劉桂仙就說：「北京那時的天下，今天怕運動又回來，明天怕文革又來了，誰敢說話啊，我就有膽識，我也不怕批鬥，死磨硬泡，就要工商局官員根據新的政策形勢核發證照！」

扛下「中國第一家個體餐館」的先鋒招牌，備極艱辛，來之不易。她說，餐館開辦前，雖然天天往工商局跑，死磨硬泡，但京城官員膽子小、怕事兒，中央開放私營飯館的政策又曖昧不明，最後，因為《北京晚報》記者報導了她申辦餐館艱辛過程，因態度執著堅持，引起社會普遍關注，才促成北京市人民政府審批、核發證照。

當時擔任中共中央黨校副校長的賈震，在悅賓飯館開張後，親自為店名題字，還送了「嘗嘗看」三個大字，但落款僅寫著「一九八〇年十月六日」，並未署名。據說，當時改革動向仍未明朗化，私營體制仍具有一定程度的政治風險，賈震在題贈店名與送字後，只是低調地鼓勵她做標竿個體餐館，「不要逃稅，不要漏稅」。

悅賓飯館因當了「領頭羊」，當時即成為世界各國關注中國經濟動向的「櫥窗」。劉桂仙說，據不完全統計，最少有七十多家外國駐京媒體，和駐華使領館的七十多國外交官員來過悅賓用餐。有外國記者認眞地問過她：「妳不怕被共產黨抓起來嗎？」街坊看到外國人天天上門，還曾懷疑她是不是「特務」，讓她哭笑不得。

面對當時中國社會對悅賓飯館出現的兩極反應，郭培基回憶說，有時候在翠花胡同裡走著走著，後面就有三三兩兩地說：「現在咱們國家資本主義復辟了，這個人開飯館的，他是資本主義復辟的急先鋒啊！」為避免飯館的作風過於招搖，他就拉拉衣領，趕緊低著頭，推著自行車快步向前行。

當時，京城報紙還曾出現不同聲音的評論，「社會主義國家，做私人買賣不倫不類！」不過，面對輿論出現各種質疑聲浪，以及相繼傳來的各式各樣的街坊巷議，郭培基回憶說，當時就想著：「開一天算一天吧。什麼反革命資本主義啊，資本主義復辟啊，大不了，再回去上班吧！」

鄧小平在有生之年，並未走進悅賓飯館，體驗「中國第一家個體餐館」的服務，但劉桂仙堅信，他雖然沒有來過，「但他的小孩老來，我心裡想，鄧小平是支持我的！」鄧樸方有一回到悅賓就說：「劉阿姨，您好樣兒的，開餐館，爲中國私營經濟起帶頭作用！」她說，那時誰敢說話，鄧樸方腳癱，但思想前衛，膽識過人，對她的堅持相當鼓舞。

悅賓能踩在歷史浪頭，是不是受到鄧小平解放思想，「膽子要大一點」的影響，劉桂仙笑稱：「鄧小平這些話，在八〇年初期還沒出來呢，中央還沒有政策，社會還沒有這個氣兒呢！」劉桂仙只是輕鬆地笑著說：「哈哈，當時只是想賺錢而已，錢也確實賺到了，這證明當年的堅持是對的！」

中國走過了卅餘年的改革開放，悅賓創造了中國式經濟奇蹟的「千萬元戶」，也爲中國私營市場經濟的發展史締造一頁歷史傳奇。劉桂仙篤定地說：「當時活在刀刃上，隨時都會有危險，可我是從沒害怕過！我走出來了，我富了；我們國家也走出來了，也開始富了！」

逐鹿中原：台商的京城傳奇與驚奇

二〇〇八年第三季度後期，全球性的金融風暴掃過北京城。雖然百業並未全面蕭條，京畿重地也沒有出現哀鴻遍野的景況，但中國官方媒體宣傳許久的「奧運經濟」虛幻榮景，在金融風暴快速襲擊過後，悄悄地結束了。以中小企業模式爲營運主體的台資企業，原本在持續膨脹、無限擴張的中國內需市場，就擁有異於常人的旺盛生命力。經營環境愈惡劣，競爭形勢愈艱困，產業生存愈危急之際，北京城還是出現了一批批「時勢造英雄」的台商企業典範。

二〇〇九年，五月中旬。就在北京城出現新型流感病例之際，北京「呷哺呷哺」華貿店、樂成店同步開店。這是這家台商著名吧台式涮涮鍋的第七十四、七十五家分店。

從大望路一號線地鐵站下車，沿著北京時尚新地標新光天地、華貿商場走去，遠遠地就看見站在店外觀察客流量的總經理賀光啓。

賀總帶點炫耀的心情，興奮地爲我介紹說：「呷哺呷哺的招牌，現在掛到哪裡，北京消費者就跟到哪裡！」賀光啓對又一家新店開張盛況的自信，在朋友面前可一點兒都不謙虛，但卻也沒有絲毫浮誇，完全只是眞實場景的描述。

賀總經營呷哺的成功之道，近年在北京台商圈，甚至北京消費大眾，都已傳頌爲現代經商致富、經營中式快餐有成的「京城傳奇」。

初聞賀總的傳奇，很難理解，小小一鍋涮涮鍋，人均消費三十元人民幣（約新台幣一五〇元）的小火鍋，怎可能征服以嘴刁聞名於中國的北京消費者？快速攀升的實戰業績，就是硬道理。在北京經常會聽到台商以欽羨，又略帶驚嘆的口吻形容：「呷哺呷哺有這麼好吃嗎？爲何從早至晚，都可看到一條長長的排隊人潮？」

金融風暴，經濟低迷，加以新流感來勢洶洶，對經營中式快餐連鎖店的業者來說，即使不算「雪上加霜」，但也稱得上「屋漏偏逢連夜雨」。但賀光啓經營的這家連鎖餐廳卻能屹立不搖，獨領京城風騷。與時俱進、掌握機遇，是他的成功秘訣。

二〇〇三年春，SARS肆虐，京城名牌餐飲或連鎖餐廳紛紛中箭落馬，但在恐懼疫病蔓延的氛圍裡，分餐觀念驟然興起，呷哺採用快捷「中央廚房」物流供應新鮮食材，價格實惠，物超所值，旋即迅速攻城掠地，贏得京城消費者的信賴。

中央廚房設在南郊大興工業區的呷哺，近年是北京大興區餐飲業納稅第一名，即使全北京中外著名餐飲業都算上，包括國際招牌強大的麥當勞、肯德基、星巴克等美式連鎖餐飲，呷哺的納稅排名，近年來都已躋身全北京市納稅前十強。

依照賀光啓規劃布局、指揮若定的征戰版圖，呷哺呷哺的勢力範圍，並不以京津地區爲限，他的經營戰線陸續擴充，近年並已延伸插旗到上海與東北。

呷哺創造的「京城傳奇」，不斷地在京城被演繹著、傳頌著。有個誇張的比喻，每逢用餐時間，北京城區會出現排隊人潮的餐廳，如果不是麥當勞、肯德基，鐵定就是呷哺呷哺。

截至二〇〇九年第二季度的估計，京津地區近八十家分店，每月來店用餐客流總量已突破一百五十萬人次，這意謂京津地區每天會有五萬人次的消費者，要進入這家講究健康時尚的台商「吧台式涮涮鍋」用餐。近年來的持續擴張，客流量早已呈現倍數增長。

巨大的客流量，象徵著人潮與錢潮的匯聚。近年保持三十至四十%營業增長，很快就受到國際專業投資者的關注，二〇〇八年底，私募股權公司英聯與呷哺就聯合宣布：英聯決定投資五千萬美元（約新台幣十六億元）取得呷哺部分股權。

技術含量不高，營運門檻不算太難的呷哺，何以能得到國際資金的青睞？關鍵就在它掌握的有利經營條件。根據專業投資者分析評估，呷哺與麥當勞、肯德基等跨國企業營運效能比較，呷哺店每平方公尺的銷售額及增長，都占有絕對優勢。

標榜健康美食的呷哺，消費客層以中產、白領和年輕族群爲主。標準化的物流系統，無須雇用高成本的廚師，業務擴展容易。近來想投資的私募基金很多，甚至連馬政府都曾派出說客與賀光啓接觸，遊說呷哺能適時「衣錦還鄉」，回台上市。

呷哺不僅是北京快餐業經營成功的「領頭羊」，它在經濟低迷年代，有效抗擊風險，快速成長的致勝秘訣，更成爲國際投資與京城企業尋求跨業合作的熱門對象，包括金融、汽車、旅遊業，都看上每月百萬客流人潮背後潛在的無限商機。

這股新興強勢的消費者，其內聚力與忠誠度，遠遠超過其他行業的消費者，難怪敏感度較高，對北京市場情況反應機敏的不同產業行銷者，不斷想方設法尋求與呷哺跨業結盟。這是中小企業成

「呷哺呷哺」總經理賀光啓

功提升自我價値、擴張產業規模的成功案例。

成功品牌，在中國最常面臨的相同問題，就是要學會如何對付層出不窮，源源不絕的「山寨版」。但累積多年抗擊「山寨版」涮涮鍋經驗的賀光啓說：「品質就是致勝武器！」品質與口碑在消費者心目中建立充分信任後，呷哺已強大到無懼於任何「山寨版」的仿冒與挑戰了。

賀光啓自豪地說：「呷哺的消費者，可以吃到中國各地當天送來最新鮮的農特產食材！」透過他一手打造的「中央廚房」物流供應系統，每年有一萬五千隻來自內蒙錫林浩特草原的羊肉、東北的黑木耳、山東的魯西牛肉、河南的上等豆皮、福建的海帶、北京郊區的蔬果，都是當天從產地直接送達呷哺廚房的新鮮食材。

京津食客，對各式外來餐飲，向來以尖酸、刻薄、挑剔聞名，被視爲粗糙的火鍋店，要在京城占有一席之地，誠屬不易。台商的吧台式涮涮鍋，有何能耐在京城站穩腳步，還能攻城掠地，擴展版圖？賀光啓得意的笑稱：「北京消費者的口味，的確很難捉摸。十年前，我在北京西單商場創業時，第一天只賣了三鍋呢！」看著新開分店排隊人潮持續不斷，賀總豪氣的眼神帶著憧憬：「希望有一天，呷哺呷哺也能像7-ELEVEN一樣，變成大陸消費者每天生活中不可或缺的朋友！」

台商不僅能在天子腳下的京畿重地譜寫呷哺呷哺的「京城傳奇」，擅於體察政經形勢變化，對投資標的向來具有特殊敏感度的傳統製造業台商，同樣也能在中國億萬女人私密領域的「內衣產業」創造出另一種傳奇。

來自台灣彰化鄉間，以中小企業身分躋身大陸女性內衣市場一霸的「歐迪芬家族」，近年來在全中國境內銷售女性內衣的件數，已突破「數以億計」以上，同樣在大陸締造了「中國內衣產業史」的歷史新頁。

二〇〇九年初，全球籠罩在金融危機的不安氛圍裡。一場豪奢華貴的「ILsee珠寶內衣」精品盛宴，在京城時尚圈造成轟動。ILsee董事長王文宗對著媒體分析說：「中國精品消費的成長趨勢，近年來不曾停止過，即使正處於金融危機，這波充滿潛力的市場發展速度也不會停頓！」

ILsee正是「歐迪芬（Ordifen）國際集團」推出的高端新品牌。儘管經濟景況低迷，並沒有影響營收。多品牌布局的行銷規劃，更成爲這家台商企業站穩中國女性內衣市場，躋身一線品牌的核心策略。歐迪芬董事總經理王振興就說：「展店擴增、多品牌營運，正是歐迪芬的致勝策略！」

曾任職內衣輔料廠，專職生產女性內衣花邊、內衣肩帶的技師，十六年後，搖身變成執掌中國女性內衣時尚趨勢的企業家，王文宗不僅創造了「粉紅色驚奇」，也爲中國女性內衣文化，開啓了全新的視野。中國人常說，女人撐起「半邊天」，歐迪芬對中國女性內衣產業的革命創新，則撐起了中國女性內衣的時尚文化。

中國內衣業界普遍認定女性內衣的「一線品牌」，包括德國的黛安芬、日本的華歌爾、台灣的歐迪芬、香港的安莉芳、北京的愛慕，以及廣東的曼尼芬。如何能在內外夾擊的市場爭奪戰中勝出?近年專責拓展中國北方市場的王振興說：「台商的競爭強項在於加工，但面對產業新局，多品牌策略才是存活的關鍵。」

傳統產業如何升級，向來是中小企業難以超越的課題。歐迪芬堅信「缺乏設計的產業是可怕的」。因此，近年來挹注大量人力、物力、財力，舉辦設計大賽，爲中國內衣產業注入新元素，增添時尚感，遍布全中國都可看到歐迪芬的時尚訊息。但王文宗認爲：「行業的決戰還沒開始，一線城市競爭激烈，二、三線城市的競爭還沒有眞正啓動！」

對中國女性內衣市場呈現的激烈戰局，王振興形容說，歐迪芬是一線品牌裡的「台灣代表隊」，面對中國女性內衣產業的大決戰，勝負關鍵就取決於品質策略、行銷策略、財務策略，以及核心的品牌策略。因此，因應國際品牌與本土品牌的較量，歐迪芬就必須要有「知己知彼，百戰百勝」的致勝布局。

精準的產業情報，專業的產銷供需調節，是經營致勝的第一利器。中國女性胸部的平均尺寸，女性體態的變化趨勢，雖然是女人極度私密領域，但對內衣業者而言，對罩杯大小、不同尺寸比例分配等數據能否精確掌握，卻是攸關產業競爭成敗的「核心機密」。

中國當代女人的罩杯大小，包括南北女性的差異、不同種族女性的差異，既是女性內衣產業的重要生產依據，更反映中國女性族群的體質、體態的歷史變化趨勢。嚴格來說，這已不只是產業情報蒐集，而是對當代女性的社會學研究了。

幾乎把女性內衣產業當成「民族人類學」在研究的王振興透露，根據他們近年掌握的「產業情報」，中國當代女性A、B、C、D罩杯的比例，大約是2.5：4：2.5：1。綜合近廿年的變化趨勢，中國A罩杯女性大幅減少，C罩杯比例明顯增加，反映改革開放後，經濟發展，所得增加，生活條件改善的必然結果。王振興說：「明年夏天流行款式，與各種罩杯產量，早已根據這項產業訊息下單了！」

擔任歐迪芬內衣創意總監，集團員工稱她爲「歐老師」的陳淑媛，負責開發中國女性內衣市場初期，曾規劃密集式的小眾傳播，並針對北大、清華等高校，展開女大學生認識女性內衣的系列講座。據稱，這項推廣內衣知識的活動，當年還曾在北京各大知名高校造成轟動，儼然形成一股「內衣文化現象」。

王振興形容說：「對當時北京的女大學生來說，不僅可以學習到內衣穿著的基本常識，更重要的是，給她們帶來了現代生活觀念上的震撼！」

在北京高校舉辦內衣講座，安排女模示範，絕對稱得上是中國女性內衣文化的「寧靜革命」。透過市場化操作，顛覆京城女大學生「隨便買，隨便穿」的習慣，讓品牌內衣貼近了這批潛在的巨大消費客群。隨後，全國婦聯、甚至黨政機關，競相邀約舉辦內衣講座。歐迪芬不僅推銷內衣，還扮演了女性內衣文化的傳播角色。

歐迪芬曾是首家將「內衣秀」引進商場，也是首家將內衣廣告帶進地鐵廣告燈箱的業者，但也曾因女模穿內衣的廣告，遭衛道者檢舉爲「不文明廣告」，經反覆溝通，不斷增加內衣廣告女模的「身體覆蓋面積」，才能獲得工商管理局批准在地鐵上廣告。王振興回憶說：「這些實戰經驗，都是進入中國市場的必修功課！」

傳統食品業，或製造業，在中國創造奇蹟的台商企業，愈來愈多，但在廣闊的「虛擬世界」得以成功攻占灘頭堡的案例，非「愛情公寓」莫屬！

二○○九年五月間，造訪位於北京建外SOHO的「愛情公寓」，來自政大、北醫、淡江的年輕夢想家，熱情地分享著年輕時期從台北西門町街訪問卷得來的網路創業夢想。原本只是虛擬的夢想，但在跨海進軍京滬兩地後，正逐步在無限的網戰疆域實現之中。

這群幹勁十足、活力充沛的台北鐵哥們，不僅敢於在北京追逐夢想，更是兼具創意與行動力的創業團隊。問到創業的原始發想時，作爲「愛情公寓」經營團隊龍頭的張家銘說：「愛情是一項永不褪色的產業，情感是生活的重要依託，在『宅經濟』快速延燒之際，我們的核心能力，就在滿足網路消費者的各種心理需求！」

金融危機的年代，企業雖然經常被迫轉型，但也可能帶來重大契機。近年在中國大陸火爆增長的「宅經濟」現象，正是隨著網路興起所帶動起來的「新經濟模式」。影響數以億計中國網民日常生活的SNS（Social Network Site交友網站，或社群網站），更是眾家著名網站公司重兵部署、廝殺最爲慘烈的網路新興戰場。

在這波前所未見的SNS網戰時代，幾位主修財稅、資管、醫學的「台灣少年家」，在京城合夥創辦的「愛情公寓」交友網站，正以「十倍速」的驚人增速，勇猛無悔地殺進漫無邊際的中國網路市場。「愛情公寓」首席執行官張家銘說：「愛情公寓不僅是我們在中國的投資，也是在實現我們從高中以來的創業夢想！」

二○○三年創辦的「愛情公寓」，在網路用戶僅有一千一百萬人的台灣網路市場，註冊用戶一百七十萬人；二○○五年進軍中國市場，在龐大網路市場支撐下，註冊用戶呈現「十倍數」增長，截至二○○九年九月，大陸會員數超出二千一百萬人，每個月網頁瀏覽次數高達三億到四億次。同時，每個月仍以七十五萬人的增速成長。

「愛情公寓」這個以城市女性白領、女大學生爲主要用戶群，公寓網站裡提供交友相冊、網絡小屋、部落格等，網絡社區的個性化氛圍，已成爲大陸女性網民的新寵。

網路產業千變萬化，已成爲觀察中國萬象的窗口。愈來愈多中國宅男宅女，習慣在SNS享受「網上衝浪」的生活樂趣，不論是網上交友、視訊聊天、線上遊戲，或享受電子商務等現代化便捷服務，讓「宅經濟」的可能產值，得以展現無窮的經濟威力，這種新興另類的「經濟奇蹟」，只有在中國網路世界才能深刻體會。

張家銘說，「愛情公寓」既有豐富線上遊戲，還有各式各樣的互動娛樂、虛擬商品與實體廣告，都是爲了滿足消費者的需求。二〇〇八年第二季即擁有的一千八百萬註冊用戶，其中，有二五五萬用戶就是來自當年第一季的新增用戶。他充滿自信地說：「所謂金融風暴、經濟不景氣，在我們的網路產業，實在感覺不到！」

中國SNS交友網站的競爭，正處於白熱化戰局。全球金融危機，更助長網路產業對「宅經濟」潛在商機的爭奪。網路產業與科技產業，息息相關，環環相扣，它的消長變化，直接反映了中國經濟的發展現況，它早已是眾所矚目的指標產業。

「愛情公寓」的投資者，涵蓋台灣、日本科技界，以及新加坡創投集團等，二〇〇八年還有八五〇萬美元資金挹注，因應網戰，如虎添翼。面對各方財團有意併購，張家銘認爲：「未來不論股票上市，或談判併購都是有可能的，但目前還有很多盈利模式，都還在開發獲利階段，這些規劃並沒有既定時程。」

從中國女大學生、城市粉領上班族用戶數量的快速增長，與網路業界的樂觀評估，國際知名品牌很快就領略到「愛情公寓」的廣告威力。因此，「愛情公寓」經營團隊掌握契機，「虛實並進」，除持續研發虛擬商品交易，還同時擴充互聯網的各項增值服務，更研擬城市女性白領消費群專屬廣告等各項盈利模式。

台商在中國的投資經驗，有前述出身中小企業，卻能創造「京城傳奇」的典範，也有像旺旺、康師傅等掌握契機成功轉型，名震大江南北的台商集團，林林總總，難以完整歸納。台商事業成功，投資致富者固然有之，但投資失利，或套陷股市，或認賠殺出，默默汲取慘痛教訓者也有之，其中，台灣百貨龍頭新光三越的「京城驚奇」，應可說是前述「京城傳奇」的鮮明對照。

「愛情公寓」網站CEO張家銘

二〇〇七年八月駐京期間，我在《中國時報》率先獨家披露的「新光天地事件」，就是典型兩岸合資經營遭遇挫敗的大案。從近年發生的合作投資案例中，絕對很難再現像北京精品名店「新光天地」的投資「風波」，應該可以說是「風暴」，足以驚動中南海，還動員國務院、商務部、國台辦、北京市委領導人出面協調，都還無法平息紛爭，合資雙方只能訴請仲裁，並訴諸法律解決。

廿餘年來，數以百萬計的台商在中國創造了自我價值，也對中國產生了潛移默化的影響。胡錦濤曾在會見台灣工商界領袖時說：「台商對大陸近年的經濟發展有重大貢獻！」賈慶林也曾高度評價：「台商是大陸經濟發展最大的貢獻者！」已故的前中央政治局常委、前上海市委書記黃菊，十年前在上海會見兩岸共同市場基金會董事長蕭萬長時說：「上海十餘年來的經濟發展，台商的貢獻最大！」

南宋詩人楊萬里曾經寫道：「萬山不許一溪奔，攔得溪聲日夜喧，到得前頭山腳盡，堂堂溪水出前村。」台商逐鹿中原已經歷廿餘載，商場征戰無數；政治解禁後的開放年代，法律的枷鎖被揚棄了，敵對的思維被淡化了，百萬台商大軍跨越海峽、超越世代、穿越藩籬，儼然是一波又一波的奔放激流，洶湧地跨出前村的溪水，正以自信、樂觀、開朗、決斷的行動，突破重圍，走出自己的康莊大道。

第7章

綠營在京

誰更勝古今：許信良在延安棗園

從西安古城北上，向延安挺進，在共產黨人向陝北革命根據地進行長征路線的漫漫長路上，親身體驗在中國各地紅紅火火的「紅色旅遊」經典路線。

那首傳唱多年，紅遍大江南北的陝北民歌，不時閃過耳際：「我家住在黃土高坡哦，大風從坡上刮過，不管是西北風，還是東南風，都是我的歌，我的歌……。」

二〇〇九年七月間，盛夏季節，長途大巴沿著西安北上的高速公路，映入眼簾的陝北黃土高原，視野廣闊，一望無際，氣勢雄渾壯麗。

行走在陝北高原的高速公路上，時而青翠，時而碧綠，綠樹綿延數百公里，在多處廣闊高原地形的綠帶之間，陝北農民栽植了罕見的紫色薰衣草田，全然不像〈黃土高坡〉卡拉ＯＫ伴唱帶所呈現高原地表沙漠化的浩瀚場景。

曾爲連戰、吳伯雄等政黨領袖執行重要導覽任務的西安國旅資深導遊鄧梅認眞地對台灣訪客解說，眼前呈現這般「非傳統黃土高原」的地表綠化景觀，正是陝北高原農民近年配合執行黨中央「退耕還林」政策的綠色成果。

第N次走讀中國，第三度造訪紅色小城延安的民進黨前主席許信良，多年來持續尋訪泰山、洛陽、開封、雲岡、敦煌、成都、拉薩等歷史文化古城，撫今追昔，經常詩興大發，每逢千年古城，也都不忘即興吟詩見證。

酷愛中國歷史，廿年來踏遍大江南北的許信良，談到諸葛亮死在五丈原的歷史軼事，不禁豪情地訴說，他從小就熟讀《三國演義》，讀到「將星隕落五丈原」，竟還難過不已，後來到了歷史遺址，發現五丈是錯的，應該是五十丈，不是五丈。

同時，許信良近年踏遍歷史古道的尋幽探訪歷程，還曾爲了一句「蕭何月下追韓信」，眞的沿著蕭何走過的路線一路探訪過去。對追逐歷史故事癡心著迷的程度，以及對歷史人物功過是非的特有評價，應是台灣朝野政治人物的異數。

車行北上延安途中，許主席與同遊長安的兩岸文化旅人，慷慨地分享了他近年來在大江南北，白山黑水旅行途中，即興創作的多首五言古詩與七言絕句：

〈詠泰山〉五言古詩：一覽眾山小，東土我獨尊，天地呈眼底，日月捧手心；始皇獻輿圖，武帝奏胡琴，英雄事未了，誰更勝古今？

〈四川懷古〉七言律詩：蜀地天險古多王、曾無幾人好下場，後主猶幸封安樂，貴妃豈堪鎖愁傷；峨嵋從來迷深霧，芙蓉依舊盼驕陽，縱有英雄與沃野，偏安一隅終不長。

〈長安行〉五言律詩：涇渭水已枯，黍田今似古，區區百里地，赫赫千年都；齊楚愛纖細，周秦尚拙樸，風俗一變易，帝宮化塵土。

〈延安行〉七言絕句：寶塔山下古延安，十里荒原苦旱寒，一成革命風雲地，萬里江山竟變天。

穿過寶塔山下的延安市區，現代化建築夾雜錯落在這座共產黨人的革命根據地。走進寧靜的延安棗園，標示著「中共中央書記處舊址」的老舊會議室，雖經歷六、七十載寒暑，幾經整修，依然維持共產黨人當年作爲革命根據地的樸拙模樣。

窗外柔和的陽光，緩緩映入昏暗的舊式平房建築。雖然多次改造、翻修整建，作爲紀念共產黨人在陝北搞革命年代的歷史性建築，這座曾經是中共中央紅軍總司令部的最高決策中樞遺址，還是展現出共產黨人革命時期的草莽氣息。

早年曾號召海內外獨派「革國民黨的命」，熟讀中國歷朝歷代君王革命鬥爭史的許信良，踏進中央書記處舊址，默默凝神，看著牆上懸掛毛澤東寫的那幅氣勢雄渾，蒼勁有力，但略顯斑駁，可能還是「山寨版」毛氏書法橫額：「爲群眾服務」。

站在許信良背後，同樣聚精會神欣賞這幅出現在延安歷史場景的毛氏書法，突然覺得，這儼然是一幕兩岸政黨領袖「精神交會」的歷史性畫面。

棗園中心園區有一座共黨領袖的巨型雕像：毛澤東、朱德、周恩來、任弼時、劉少奇，它已成爲中共「紅色旅遊」、「愛國主義教育的基地」；中共刻意形塑紅色延安的歷史意義，其實也是在

二〇〇九年七月二十日，許信良在延安棗園留影。

傳揚著屬於共產黨人的政治奇蹟：一個在一九二一年創黨，由少數八路軍幹部領導的共產黨人，何以能在短短十八年之後，奪取全中國的政權，這應該也是許信良三度造訪延安，亟於探索的政治啓示。

這裡曾是毛澤東指揮解放軍部隊，與蔣介石領導的國民黨部隊作殊死戰的革命根據地，而延安棗園出現的這位台灣訪客，則曾是台灣政治民主化之後，台灣最大的在野黨：民進黨主席，這是民共兩黨最高領導人的另類歷史「交會」。

延安，這座被共產黨人視爲「革命聖地」的陝北小城，曾是國民黨西北軍胡宗南部隊一度攻破的共黨「老巢」，也曾是國共內戰期間，毛澤東坐鎮的最高軍事指揮中心；隨著兩岸新形勢的發展，延安已成爲兩岸紅藍綠三黨領導人的旅遊景點。

二〇〇八年五月以來，途經陝西黃陵縣祭陵，順道前往延安旅遊的台灣訪客，絡繹不絕。過去因政治敏感，絕大多數的陝北行程，並未納入延安、安塞，如今，政經形勢丕變，交流格局大開，延安則成爲見證兩岸分裂分治的歷史名城。

中華民國前副總統、國民黨榮譽主席連戰曾於二〇〇九年四月參訪延安，中華民國前外交部長程建人、前僑委會委員長焦仁和、前民進黨主席許信良，同年七月間則與兩岸藝文界、學術界人士，參訪延安棗園等中共的「革命時期遺址」。

站在延安棗園「中共中央書記處舊址」的許信良感慨地說，中共在文化大革命之後，爲擺脫毛澤東的舊包袱，重新確立黨的發展路線，在中共十一屆六中全會通過決議，對毛的歷史定位、是非功過重新評價，讓黨得以掙脫困境，走向未來。

許信良難以理解的是，即使如一代梟雄，「神壇上的偉大領袖」毛澤東，共產黨人都可以把毛拉下神壇，批判檢討，重新定位，爲何民進黨人對涉及違法、貪腐、濫權的陳水扁，諱疾忌醫，遲遲難以決斷，更何況陳水扁還是台灣民選總統。

據說，毛澤東著名詩篇〈沁園春・雪〉，原是一九三六年在延安寫的，一九四五年八月應蔣介石之邀，搭機前往重慶與國民政府談判時，因從空中領略山川之壯麗，幾經修飾，更有「江山如此多嬌，引無數英雄競折腰」的壯志。如今，時移勢易，形勢丕變，兩岸當前政局，誠如老毛所言「俱往矣，數風流人物，還看今朝。」兩岸關係的發展不能只看馬英九、胡錦濤的決策，還得數數民進黨的風流人物。

然而，民進黨檯面人物的氣魄與格局，卻是許信良最爲憂慮的綠色政府能否重新執政的深層問題。站在共產黨人的「革命根據地」，許信良嚴肅地倡議，民進黨中央應務實地借鏡歷史經驗，重新定位陳水扁對台灣與對民進黨的是非功過。許信良強調：「爲擺脫歷史舊包袱，確立黨未來的發展路線，民進黨應借鏡中共處理毛澤東歷史定位問題的經驗，明快處理陳水扁的問題。」

「民進黨人並非捨不得與陳水扁畫清界線，而是面對黨的歷史困境，不知該怎麼做；由於建黨時間太短，沒有機會學習做爲執政黨就已執政，貪瀆案件爆發以來，仍未能嚴肅看待黨所面臨的危機」，許信良倡議：「處理陳水扁問題，應可借鏡中共十一屆六中全會通過的《關於建國以來黨的若干歷史問題的決議》，對毛澤東的歷史定位、是非功過做出評價，讓黨擺脫舊包袱，掙脫困境，走向新的未來！」

許信良強調，共產黨敢於檢討、批判，並處理毛澤東的定位問題，這不僅涉及中共對毛澤東是非功過的歷史評價，還攸關共黨自身的長遠發展問題。這是中共得以自我超越、向前發展的重要過程，也是面對存亡絕續的原則問題所做的重要抉擇，中共當年處理毛澤東問題之後，全面發展經濟，推動改革開放，這項決議「改變了中國，影響了世界」。

許信良這帖「救黨藥方」的創意靈感，是來自中共十一屆六中全會通過的《關於建國以來黨的若干歷史問題的決議》，對毛澤東的歷史定位做出「功大於過」的評價，即「七分功，三分過」。許信良雖倡議可借鏡中共處理毛澤東定位的經驗來處理陳水扁問題，但民進黨能不能將扁政府的貪瀆，與民進黨執政八年的功過區別，並給予客觀的評價，這將是攸關民進黨能否重新站上歷史舞台的關鍵因素。

中國實行改革開放新政之後，總設計師鄧小平所主導的執政路線，首先就面臨如何處理共產黨內部的歷史遺留問題，而橫亙在前進道路的最大包袱，正是「毛澤東的歷史評價問題」。一九八一年六月廿七日，中共十一屆六中全會通過的《關於建國以來黨的若干歷史問題的決議》，就是最值得民進黨參酌、援引，並可借鏡作爲處理黨內陳水扁包袱的「最佳歷史案例」。

「總結歷史，是爲了開闢未來！」事實上，一九八八年九月五日，鄧小平在會見捷克斯洛伐克總統胡薩克時，就曾具體而微地詮釋共產黨何以急於「總結歷史」的戰略考量，正是爲了能有更充足的改革動力得以「開闢未來」。鄧小平就說：「文化大革命以前我們黨犯的『左』的錯誤，我也有份。不能把錯誤的責任完全推到毛澤東同志身上。」

鄧小平還說：「毛澤東同志從一九五七年（反右鬥爭）開始犯了『左』的錯誤，最『左』是文化大革命的十年。他生前自己也承認有錯誤，他說過，我死後如果能夠得到『三分錯誤、七分功勞』的評價就滿意了。」（《鄧小平文選》第三卷）許信良認爲，民進黨應借鑑共產黨「總結毛澤東」的經驗「總結陳水扁」，才能使民進黨走出陳水扁的陰影，拋棄陳水扁的包袱。

依據中共十一屆六中全會通過的歷史性決議文，在有關「毛澤東同志的歷史地位和毛澤東思想」的章節部分，有幾段重要的評述：

毛澤東同志是偉大的馬克思主義者，是偉大的無產階級革命家、戰略家和理論家。他雖然在「文化大革命」中犯了嚴重錯誤，但是就他的一生來看，他對中國革命的功績遠遠大於他的過失。他的功績是第一位的，錯誤是第二位的。他爲我們黨和中國人民解放軍的創立和發展，爲中國各族人民解放事業的勝利，爲中華人民共和國的締造和我國社會主義事業的發展，建立了永遠不可磨滅的功勳。他爲世界被壓迫民族的解放和人類進步事業作出了重大的貢獻。

……

因爲毛澤東同志晚年犯了錯誤，就企圖否認毛澤東思想的科學價值，否認毛澤東思想對我國革命和建設的指導作用，這種態度是完全錯誤的。對毛澤東同志的言論採取教條主義態度，以爲凡是毛澤東同志說過的話都是不可移易的眞理，只能照抄照搬，甚至不願實事求是地承認毛澤東同志晚年犯了錯誤，並且還企圖在新的實踐中堅持這些錯誤，這種態度也是完全錯誤的。這兩種態度都是沒有把經過長期歷史考驗形成爲科學理論的毛澤東思想，同毛澤東同志晚年所犯的錯誤區別開來，而這種區別是十分必要的。

中共處理毛澤東歷史定位的經驗，讓許信良興起「複製」的念頭，但他認爲，老毛與阿扁在各自黨內的角色與地位，是無法類比的。民進黨草創時期是有民主政黨的精神，民主更是贏得政權的重要武器，但陳水扁執政期間，民進黨變成一人政黨，個人意志凌駕於全黨之上，這是民進黨最大的致命錯誤。「反思歷史，總結經驗，吸取教訓」正是許信良在延安爲民進黨開立「救黨藥方」的核心思維。

許信良不僅是首位造訪延安的民進黨前主席，他更是上世紀九〇年代初期，第一位率領民進黨人士與中共中央統戰部官員進行「民共兩黨對話」的第一人。

流亡海外多年的許信良，一九八九年九月廿七日，民進黨成立三週年前夕，輾轉從美國前往香港，再從福建搭乘漁船到公海水域，準備偷渡回台，但在高雄外海遭到緝私艦「德星號」查獲，緝私官員第一時間並未認出偷渡客竟是「頭號黑名單」，許信良因擔心遭到「滅口」，當場就向緝私官員承認自己的眞實身分。

緝私官員意外逮獲「史上最大條」的偷渡客，國安部門曾否核發鉅額獎金，已難以考據，但在兩岸關係仍處於特殊情勢之下，政府部門因無法將偷渡回台的「黑名單」遣送回福建，只得將許信良依叛亂罪嫌羈押，並判處十年有期徒刑。一九九〇年五月廿日，李登輝就職新一任總統，許信良等政治犯隨即獲得特赦出獄。

在上世紀九〇年代，台灣政治形勢快速變遷，李登輝初掌政權之際，台灣政局處於關鍵轉折，國民兩黨政治精英，都是北京爭相拉攏的對象，當時民進黨青壯派領袖更是積極登陸參訪，包括陳水扁、呂秀蓮等人，都有公開或未公開參訪行程。

李登輝主政時期，國安幕僚也忙於與北京建立祕密接觸、對話管道，對北京與民進黨人士的接觸，國安部門也保持密切監控。其中，以許信良密訪北京的過程最爲特殊，尤其，促成這次以「黨對黨」形態出現的民共兩黨對話，扮演牽線角色的中介人士，則是日本重量級參議員田英夫。

二〇〇九年十一月廿三日，以八十六歲高齡病逝的日本前社民黨參議員田英夫，曾是二戰期間日本海軍敢死隊員，早年曾任共同社記者、東京放送電視台節目主持人。在擔任參議員期間，堅持「反戰．和平」，關注日中兩國新世代關係。

從政生涯以追求日中兩國和平共處爲職志的田英夫曾說，自己在有生之年的最後使命，就是要將自己的戰爭經歷，告訴日本的年輕新世代，讓日本的年輕人記住戰爭的歷史，懂得戰爭之悲慘，從而成爲未來維護和平的主力軍。

從早年擔任日本海軍敢死隊員，到晚年的和平反戰形象，與中共領導人熟識的田英夫，一九九〇年底訪台時，結識剛獲特赦出獄的許信良。田英夫探詢許信良是否有意訪問中國，他很樂意協助民進黨與共產黨溝通，當時仍未擔任黨主席的許信良，態度積極，表示願意適時密訪北京。

經過田英夫在兩岸間密集穿梭，許信良與謝聰敏於一九九一年初從桃園國際機場出發，目的地不是港英政府統治的香港，而是飛往日本大阪，再直飛北京。扮演「民共對話」推手的田英夫，早已在大阪機場等候，大陸「全國台聯」派往大阪的工作組隨即接手接待。北京當局因顧慮與民進黨交流，仍屬於敏感事務，因此，刻意爲許信良、謝聰敏提供其他身分的台胞證，以避人耳目。

許信良在接受中共當局邀請密訪北京之前，曾透過田英夫向北京接待單位轉達訊息，要求在民進黨人密訪中國期間：一、安排與中國國務院主管經濟改革有關部門的決策官員討論大陸的經濟發展問題；二、關切一九八九年六月四日「天安門事件」之後，中國既定的改革開放政策路線是否持續進行？三、安排會見上海、廈門等地台商負責人，參觀各地的台資企業投資設廠情況。

許信良回憶說，當時台灣對「葉九條」說要和平解決台灣問題，普遍懷疑和平不是眞的，因雙方的敵意不容易化解，但從他偷渡到廈門，潛回台灣，這次再密訪北京、廈門之後，他就篤定地相信：「和平是有誠意的！」許信良說，他兩度在廈門沿海考察，發現原來在福建沿海的砲陣地都廢棄了，有些軍營都變成台商的工廠，「這個不是騙局，這是中國大陸的政策！」

許信良密訪大陸的最重要行程，就是與中央統戰部副部長萬紹芬率領的一級主管閉門座談。由於民進黨《台獨黨綱》對台灣主權論述，曾提到「我國事實主權不及於中國大陸及外蒙古」，萬紹芬與統戰部官員，就民進黨黨綱的主權論述與許信良展開激烈攻防，並不時迸發激烈爭論。許信良說，他曾坦率告訴統戰官員：「這是民進黨實事求是的論述，也是對中國表達一種善意。」

當年陪同許信良勇闖北京的謝聰敏，二〇一一年五月初，在台北徐州路市長官邸餐廳參加許信良與友人聚會時，經我進一步詢問那場「民共對話」的爭議細節，謝聰敏依稀記得，由於老許在與對方激辯時，用語直接、犀利，可能讓統戰部官員感到不自在，一名與會官員竟嚴肅地對許信良威嚇，大致說道：「當年你從廈門偷渡上岸，又從廈門偷渡去台，我們現在就可以把你逮捕送辦！」

時隔廿年，許信良對交鋒過程的「插曲」已不復記憶，但記得他曾質疑中共官員說：「國民黨主張對中國仍具有主權，你們不生氣；民進黨務實主張台灣對中國沒有擁有主權，你們反而生氣？」許信良回憶說，統戰部官員當場回應：「因爲國民黨認爲，大陸與台灣的主權是一體的，但民進黨卻主張兩岸主權要分割處理。」這正是國民黨的「戰略模糊」與民進黨的「戰略清晰」的根本區別。

溝通對話是化解歧見的根本之途，即使民共兩黨無法立即化解彼此的政治分歧，但對改善彼此的互動關係，絕對是有正面助益的，這是許信良與中共當局溝通交流多年的經驗啓示。廿年前，許信良與萬紹芬那場歷史性的溝通對話，雖然沒有就「主權論述」達成任何共識，但許信良說，中國對事涉主權問題的立場是嚴肅的，溝通之後他更理解中共的思考邏輯，溝通對話是增進相互理解的必經之路。

二次共和：陳明通爲扁奔走爲誰忙？

台灣台北地方法院檢察官陳瑞仁、周士榆，二○○六年（民國九十五年）十一月三日，將陳水扁總統夫人吳淑珍、機要祕書馬永成、林德訓、陳鎮慧等人涉及貪汙治罪條例的「國務機要費案」偵查終結，決定提起公訴，並將扁嫂等被告的犯罪事實和數以千計的發票等證據，併同起訴書公開披露，舉國震驚，輿情譁然。

兩度借調期滿，曾任四年陸委會副主委的陳明通，在二○○四年五月，早已回到台大校園。這一天，阿通（這是他要求老朋友對他的正式稱呼）聽聞檢察官已偵結「國務機要費案」，起訴書與涉案發票證據都將公諸於世，心情頗爲焦躁不安，顧不得其他雜務，午後剛過，阿通急切地在住家附近超商買了《聯合晚報》。

陳明通迫不急待地查閱報載檢方公布起訴書的「附表」上所列涉及非法報銷「國務機要費」的發票號碼、購買貨品公司、品名、金額、實際購買人、報銷提出人。阿通忐忑不安地反覆查閱比對「實際購買人」與發票「提出人」名字，並沒發現有「陳明通」提供的發票，也沒發現國安會高層官員的名字，阿通頓時覺得安心不少。

阿通閱報後獲得短暫的「安心」，因爲他與扁政府國安會之間的一筆「帳」，並未出現在檢察官起訴的這批涉案發票之中，使得陳明通得以免於司法調查、出庭作證等種種困擾。據阿通在台大國發所研究室多次受訪時回憶，陳水扁總統身邊的國安高層曾於二〇〇五年間，提供「一筆款項」給他，委託他與中共涉台研究智庫進行溝通對話，並處理兩岸關切的相關問題。

這一筆來自扁政府國安經費，涉及陳水扁執政期間一段値得探究的「民共兩黨」的談判祕辛，也牽扯到扁政府派遣「兩岸密使」與中共高層密商的政治內幕。檢察官雖然沒有追查陳明通支付這筆費用的眞正用途，但「國務機要費案」偵辦期間，已使得陳明通意外地籠罩在司法風暴的陰影之中。事件曝光之初，內情仍未完全被揭露，阿通曾低調回應：「陳主委目前不回應陳教授時期的學術研究活動。」

至於扁政府國安會高層交付，陳明通簽署領據取走的這筆費用，最終是以「國務機要費」報銷？或是以總統府其他預算科目報銷？甚至根本不用報銷，完全由扁政府其它「內帳」吸收？已經超出阿通所能掌握與理解的範圍。不過，這筆款項的開銷除了陳明通支付相關差旅費用，就是阿通爲了執行扁政府的「密使」任務，帶去北京送人的貴重「伴手禮」。

據阿通回憶時透露，他當時準備兩份主要禮物：一是送給中共總書記胡錦濤、中央辦公廳主任王剛、國家主席辦公廳主任陳世炬的禮物，這款仿宋代陶器，是一壺二杯的「油滴天目壺組」，每一油滴壺搭配兩個「天目碗」（胡與壺同音）；二是台灣高級茗茶「興華茶葉」，隱喻「振興中華」，表達善意與台灣尊重傳統中華文化之意。這批禮物，阿通並未當面送達，都是經由中方參與會談的幕僚轉送。

阿通說，他事後報銷十幾萬元的差旅經費，他以爲就是從總統「國務機要費」科目支用，因此，在比對查閱陳瑞仁檢察官起訴書所列舉涉案發票單據時，才會特別關注他所提供的發票，是否也被列爲涉案卷證。阿通還理直氣壯地說：「阿扁總統臨時叫我去北京，當然他們要負責經費！」阿通回台進總統府向小馬（總統辦公室主任馬永成）彙報時，小馬提醒他：「林光華知道你最近去了北京哦！」

就在「國務機要費」弊案被起訴前一年，當時已回復台大國發所教授身分的陳明通，曾分別在二〇〇五年七月訪問廈門，出席廈大台灣研究院舉辦的小型學術座談；同年十一月間訪問北京，出席社科院台研所的學術座談。在京期間，陳明通曾與中共中央辦公廳、中央台辦、中央政策研究室等黨政涉台核心幕僚舉行閉門會談，就「兩岸同屬一個中國」等重要的政治論述展開政策對話。

阿通「密使」任務曝光，源自於與美方國安部門熟識的蘇起在二〇〇六年初透露，根據他從美方、對岸等管道獲得的極可靠訊息，陳水扁總統曾在美國的促談壓力下，於二〇〇五年底派遣密使和北京高層見面，但最後因毫無交集而宣告破裂，中共並向阿扁派出的密使傳達：「對扁政府作爲極度不信任，雙方已毫無互信可言」；蘇起形容這位密使是「綠營一位具有分量、有代表性的人物」。

根據蘇起的解讀，陳水扁總統在二〇〇四年雙十節發表「國慶談話」時倡議，希望兩岸能以「九二會談」（有別於蘇起所倡議的「九二共識」）爲基礎和中共開啓談判；隨後，二〇〇五年間還曾發表「以香港會談成果」爲談判基礎，希望能促成兩岸兩會復談，但因扁提出的「九二會談基礎」以及「香港會談成果」缺乏具體內容，不僅北京沒有接受，連美方也認爲了無新意，無法有效促成兩會復談。

據研判，可能密使提出的政治方案沒有被北京接受，陳水扁後來即有了對中共「死了心」的談話，尤其，二〇〇六年發表元旦文告後，以一連串激進主張刺激兩岸關係。蘇起就認爲，應是從雙方密使會談破局後，陳水扁更明顯地向獨派靠攏，陳水扁最後執政的兩年期間，「兩岸沒有任何足以信任的溝通管道，沒有互信、沒有交集，可能因爲絲毫誤解就造成誤判、衝突，這是當時美方最擔心的問題。」

一向豪邁爽快的陳明通在記者查證時即刻證實，他在卸任政務官期間，曾兩度前往中國訪問，並與涉台智庫溝通對話，但都是「單純的學術交流」，他在行前也都向陸委會主委吳釗燮報備。對蘇起指稱他擔任扁政府的「密使」，因與對岸溝通後「不歡而散」，阿通無奈地表示：「蘇起要這樣講，我也沒辦法！」阿通還自我調侃說：「如果說這種學術交流就是密使，那兩岸密使可能滿天飛了！」

不過，「國務機要費案」起訴前後，外交部在龍潭「渴望園區」舉辦諮詢會議，阿通還是自曝，他曾奉命前往北京擔任密使，還報銷過國務機要費，他不忘自我調侃，可能會被檢方傳訊。據與會者說，對阿通在公開場合宣稱當過密使，還曾報銷過國務機要費，頗感意外；有陸委會官員形容，「阿通在扁政府扮演了一些特殊角色，但阿通的個性就是如此：既怕別人知道，又在乎別人不知道！」

阿通因緣際會扮起民進黨的「密使」，其實，與當時北京重新展開對台工作布局有關。據中共涉台幕僚透露，二〇〇五年三月十四日，全國人大會議通過《反分裂國家法》後，北京開啓了全方位對台溝通戰略，不僅邀請連戰、宋楚瑜舉行國共、親共會談，即使是獨派的民進黨政府，也被中南海納入溝通對象。阿通就是在這波溝通對話的新浪潮，扮演了扁政府與北京之間的溝通角色。

二〇〇八年十一月十二日，北京大嬸於街頭叫賣的報紙。

不過，台灣泛藍陣營的政黨領袖：國民黨主席連戰、親民黨主席宋楚瑜、新黨主席郁慕明，因接受「九二共識」的互動基礎，政黨交流得以採取最高規格的接待，由總書記胡錦濤親率中共代表團與國親新三黨領袖會談，但執政的民進黨因不願接受「九二共識」，因此，陳明通雖接受扁政府委託執行溝通任務，但僅能採取低調、祕密的方式進行，完全無法與國共會談相提並論。

阿通的北京之行，表面上是出席社科院台研所所長余克禮邀約的兩岸學術交流活動，但實際上，阿通在北京停留三天兩夜期間，會晤了來自中共中央台辦、解放軍總政聯絡部、中央辦公廳，以及中央政策研究室的政策文膽與幕僚策士。

在不拘形式，但冗長的對話過程，中方人員曾低調向阿通說：「第一號老闆知道你來北京了！」據稱，中方所形容的「第一號老闆」就是指中共中央總書記胡錦濤。

陳明通回憶說，他在社科院台研所發表《我國大陸政策的檢討與前瞻》論文，學術交流，各抒己見。在研討過程也曾倡議「歐盟模式」與「兩岸統合論」新架構，但對岸「鐵板一塊」，毫無彈性。他與涉台智庫溝通的範圍，包括「國家安全」議題，在獨裁時代，國家安全的內容及威脅來源由一人定義；而民主台灣，國安觀念卻在政治多元化的意見中被淡化。雙方看法與立場，南轅北轍，並沒有具體交集。

阿通的商談任務，首要推銷陳水扁當時極為熱中的「歐盟統合模式」，並就中共倡議「兩岸同屬一個中國」新論述意涵進行對話。期間，中方幕僚對阿通所提「兩岸同屬一個中國，中華民國管轄台澎金馬地區，中華人民共和國管轄大陸地區」兩者並存的論述方案，不表認同，但對中方提出「在台灣地區的中華民國」的表述用語，阿通也表示無法接受，否則回台無法交代。會商破局，雙方並未簽署任何共識文件。

雙方曾進行兩天晤談，會見首日各自提出對「兩岸同屬一個中國」的表述方案，第二次見面則針對彼此表述方案提出修正建議。阿通回憶說，據中方代表告知，中方提出的「在台灣地區的中華民國」用語，是經過中央政治局九名常委同意的表述方案；中方幕僚在商談過程表示，雙方討論的這份兩岸政治架構文件，將作為未來雙方草擬《扁胡公報》內容的初稿。阿通事後特別強調，有關《扁胡公報》一詞，是中方幕僚在商談過程主動使用的專有詞彙，並非他所歸納的用語。

自從二〇〇五年三月北京制定《反分裂國家法》之後，陸續邀請國民黨、親民黨、新黨等藍營政黨領袖訪問北京，開啓兩岸新一輪政黨交流形勢，胡錦濤在中共對台政策領域的發言權與實質影響力，已成功塑造「一錘定音」的最高決策地位。阿通還透露說，雙方在會談過程，中方人員曾多次提到「胡說八到」的說法，經他好奇詢問，原來這句話是中方人員對中央政治局九位常委召開會議的比喻，「胡說八到」意思是說：「胡錦濤說話時，其他八人都要到。」

陳明通與中共官員的祕密會商，中方安排多人參與對話，但阿通始終保持「單槍匹馬赴會」的一對多溝通型式，幕後則安排他在台大國發所的同事周繼祥擔任「會談軍師」。中共方面原來告知阿通將安排他住宿「釣魚台國賓館」的貴賓套房，但阿通擔心如果被台灣遊客意外發現，消息一旦曝光，可能早就破局了。

陳明通坦誠表明他的顧慮，中共接待單位只得另行安排更爲隱密的招待所，周繼祥則以友人身分隨行，但周一直隱身幕後，並沒有陪同陳明通進入「民共兩黨」會商的會議室。根據陳明通的政治盤算，他找台大國發所的老同事、具有國民黨背景的周繼祥教授陪同赴京，因爲在雙方會商兩岸敏感議題的過程，可能隨時會衍生諸多新的問題，他可以隨時請教周繼祥的專業意見。

曾任職海基會主任祕書的周繼祥，對兩岸交流形勢、國民黨大陸政策的觀點與論述都很清楚，隨時可幫阿通提供意見。陳明通回憶說：「我刻意安排這種搭配，也是爲了日後如果有人質疑，可以表示藍軍也有人參與，避免被扣上賣台的罪名！」阿通果然是經過深思熟慮，並備有曝光後的應變方案，至於周繼祥甘願陪阿通走一遭，也有助於積累他所屬基金會在兩岸交流領域的資源。

陳明通回台不久，二〇〇五年十二月廿四日，汪道涵在上海病逝。阿通說，民進黨政府原計畫派遣特使（海基會董事長張俊雄）前往上海弔唁，但北京擔心造成兩會恢復接觸的印象，拒絕海基會派員弔唁，因此，陳水扁在二〇〇六年初發表元旦談話時才會開罵，並重新修正提出「積極管理，有效開放」的新論述。後來在農曆春節更發表「終統論」，徹底對北京表達失望的態度。

「密使任務」沉寂相當時日之後，台大國發所教授陳明通與周繼祥的「藍綠雙人組」再度攜手合作。二〇〇七年一月廿四日，陳明通透過周繼祥，藉由訪問北京之便，將阿通自己起草的《中華民國第二共和憲法草案》轉交給大陸國台辦官員參考，並表示願意聽取對方的意見。隔日，國台辦法規局局長周寧認眞遞交一份書面聲明，請周繼祥帶回台北轉知陳明通教授。

周寧曾於一九九二年十月底和海基會法律處長許惠祐，就兩岸事務性協商應如何處理「一個中國」原則在香港進行談判，那次會談即是後來兩岸紛擾不斷曾否達成「九二共識」的香港會談。周寧在遞交周繼祥帶回台北的聲明中強調：「我受權通告陳明通先生，我們堅決反對陳水扁政府搞法理台獨，所謂《第二共和憲法草案》無異是將陳水扁一邊一國的台獨主張法理化，大陸將堅決反對到底」云云。

阿通試圖透過非正式管道探知北京對《第二共和憲法草案》底線的意圖，顯然遭遇挫敗。三月廿八日，國台辦舉行例行記者會，對陳明通草擬的《中華民國第二共和憲法草案》作出公開回應。國台辦新聞發言人楊毅說：「所謂《第二共和憲法草案》是迎合陳水扁謀求台灣法理獨立的圖謀，公然納入兩岸『一邊一國』的分裂主張，否定大陸和台灣同屬一個中國的事實，企圖製造國家和民族分裂。」

國台辦對陳明通私下轉來的憲法草案，爲避免節外生枝，化暗爲明，公開表態反對。楊毅並指稱：「島內各界抨擊所謂《第二共和憲法草案》是以『凍憲』爲名，行『制憲』之實，企圖以此欺騙台灣民眾和國際社會。我們堅決反對陳水扁和台獨分裂勢力通過所謂憲改實現『台灣法理獨立』的圖謀。我們將嚴重關注事態的發展，決不允許台獨分裂勢力以任何名義、任何方式把台灣從中國分割出去。」

風波平息後，阿通透露說，北京當局連對陳水扁有意提出《中華民國第二共和憲法草案》，主張中華民國行使第二共和憲法的憲政推動方向都百般阻撓，因此，陳水扁的處境猶如被逼到牆角，二〇〇七年三月四日（農曆元宵節），陳水扁在台灣人公共事務會（FAPA）成立廿五週年晚宴上，才會發表「四要一沒有」的談話（台灣要獨立、要正名、要新憲、要發展；沒有左右問題，只有統獨問題）。

阿通並透露說，陳水扁會強勢在FAPA的場合發表「台灣要獨立」的激情談話，主要是前總統李登輝在接受媒體訪談時，提及有意走訪孔子「周遊列國」的路線，讓阿扁警覺到北京可能會適時打出「李登輝牌」，如果北京拉攏老李訪問中國，台灣的主體意識恐將徹底瓦解；同時，阿扁覺得連獨派提出的《中華民國第二共和憲法草案》北京都不接受，那兩岸已沒什麼好談了。

陳水扁雖然反覆碰撞北京當局所能忍受的「底線」，但陳水扁對台灣的未來走向與兩岸關係的政治定位，在其總統任內卻也沒有堅持過明確的政策態度。根據「維基解密」曝光的美國在台協會（AIT）機密電文指稱，二〇〇六年底，AIT台北辦事處長楊甦棣在會晤當時的行政院長蘇貞昌時，就曾疑慮陳水扁主導的「第二共和」修憲，恐將危及美台互信，並造成兩岸緊張。

據AIT台北辦事處向美國國務院傳遞的機密電文指稱，蘇貞昌當時曾向楊甦棣解釋說，陳水扁總統拋出的「第二共和」議題，並不是一個成熟的想法，只是「一條新聞」（a news item），美國根本不必擔心。蘇貞昌並向楊甦棣說，陳水扁當時只是在獨派大老辜寬敏八〇大壽的宴會場合提起這項構想，一般民眾其實並不了解什麼是「第二共和」，美方應可放心。

阿通事後回憶說，陳水扁曾向他提到「李登輝晚年不要中華民國，我還是要中華民國」的談話，即使陳水扁在下台後曾發表諸多充滿矛盾的政治談話，但阿通對陳水扁當年亟欲突破兩岸困境的努力，仍是深信不疑的。陳明通始終認爲，關鍵在北京不願把兩岸關係改善的Credit送給民進黨，北京當局也未能掌握歷史契機與陳水扁展開務實對話，導致兩岸關係無法取得實質性進展。

阿通曾任扁朝密使，並因草擬《中華民國第二共和憲法草案》，在兩岸引起不小的政治風波，甚至還遭到國台辦點名批判，但在餘波盪漾之際，二〇〇七年五月，扁政府在執政最後一年進行國安人事改組時，再度徵召陳明通入閣，陳水扁這回化暗爲明，將「密使阿通」從台大校園再度拉回國安團隊，接掌陸委會主委。阿通在台大國發所研究室鬥志昂揚地宣示：「戰場又改變了！」

阿通重回扁朝國安團隊，原是意料中事，尤其，阿通在蔡英文麾下曾任四年陸委會首席特任副主委兼發言人，更在「精英入黨」的政治號召下加入民進黨，算是黨內少數對兩岸事務較爲嫻熟的政務官；陳水扁再度點名，阿通當然再度報到。在大陸全國人大會議通過《反分裂國家法》後，阿通兩度訪問大陸，並與中共涉台政學界接觸的密使經歷，無疑爲阿通在扁政府累積不少政治籌碼。

原本專注研究台灣地方派系專題，在台灣選舉政治研究領域獲有極高評價，在政黨輪替後逐步將研究重心放在兩岸關係議題的陳明通認爲，北京當局長期以來藉由所謂的「台獨議題」分化台灣社會，進而在台灣內部建立了「反獨促統聯合陣線」，使得台灣社會不自覺地陷入了北京所刻意創設營造的「囚犯困境」。

阿通比喻說，依據「囚犯困境」的理論模式，北京就像是「警察」，台灣藍綠陣營都是其「囚犯」，爲了幫助台灣跳脫北京當局對政治議題所設置的政治困境，他希望透過「中華民國就是台灣」的現實政治論述，凝聚藍綠政黨的共識，要北京當局給「中華民國」一個說法。他認爲，今後唯有北京當局務實面對中華民國存在的現實，兩岸問題才有可能獲得眞正的解決。

「政策決定人事，人事反映政策」，後來重回官場接掌陸委會的阿通聲稱，學者與政務官是兩個不同的戰場，他對「二次共和」憲法草案的主張，「只是政治學者的個人意見」，不見得就是政府團隊未來對新憲的立場，兩者必須脫勾處理。曾起草「公投綁大選」兩岸議題的阿通，既曾爲扁政府的新憲公投效力，也曾執行開放陸記駐台採訪等政策，扁政府兩岸政策的是非功過，都有阿通的角色！

菊姐在北京：民進黨首長的城市行銷

如同印度詩人泰戈爾的散文詩〈螢火蟲〉寫道：「天空沒有翅膀的痕跡，而我已飛過。」（leave no trace of wings in the air, but I am glad I have had my flight.）蘇慶黎在那個激情吶喊、價值混亂的年代，穿梭於台灣海峽兩岸，執著地走完她無悔、無愧的生命歷程。最後，她靜寂地、安詳地沉睡在北京西郊的一方福田。

這一天，曾經在台灣街頭運動風起雲湧，社會力澎湃興起的動盪年代，與她同爲台灣社運革命伙伴的陳菊，神情肅穆地來到北京「福田公墓」祭奠室，一邊緩緩拭著眼角淚水，一邊輕撫著蘇慶黎的骨灰罈。陳菊動情地訴說著：「我看到了她漂亮的照片，慶黎在那個年代，非常有魅力！永遠讓人難忘，永遠的蘇慶黎！」

陳菊顯然是專業的「政治精算師」。訪問北京的行程，都要精準算計、準確拿捏，除了專程行銷高雄世運會，探訪老友蘇慶黎墓園，就成爲菊姐北京之行唯一的私人行程。「當年沒機會見她最後一眼，這次來北京，心裡有個願望，就是到慶黎的墓園去看她！」陳菊一到北京，感性地表達了她對革命夥伴蘇慶黎的懷念之情。

站在蘇慶黎骨灰罈前，陳菊細心地端詳骨灰罈的記載與逝者的圖像，口中喃喃低語，似乎在追尋當年共同參與過，已然逝去的民主運動的悲歡歲月。雙眼泛著淚光的陳菊篤定地說著：「雖然慶黎聽不到了，但這是我和她心裡的通話。」

她並回憶說，在台灣最威權、最困難的白色恐怖年代，她們共同度過了艱難、恐懼的奮鬥歲月。慶黎從小就沒有安全感，在恐懼中長大，在北京逝世，留下很多很多未竟志業。如今，台灣時空已有很大變化，讓人更是感慨。

對媒體記者詢問有關蘇慶黎的父親，早年台共領導人物蘇新，被外界視爲統派人士，民進黨究竟如何評價？面對難以回應的複雜歷史問題，陳菊只是淡淡地回應說，今天是來看蘇慶黎，不是來各自陳述政治立場的：「人除了政治，還有人性，人生有那麼多政治嗎？」

蘇慶黎同父異母的弟弟蘇宏，專程趕來墓園接待陳菊。他說，父親和姊姊的骨灰都在北京，姊姊的母親過世時是海葬的，他們多年來始終沒團聚過，如條件允許，盼望有一天能將他們的骨灰都帶去台灣海葬，讓他們全家在天國能夠團圓。

被台灣社運、勞運、黨外運動界人士推崇爲「台灣民主運動思想重要啓蒙者」的蘇慶黎，是一九四六年在台出生的民主運動先驅。蘇慶黎的父親，正是知名的台共領袖蘇新，「二二八事件」後，蘇家前往上海避難，之後蘇新滯留大陸，蘇慶黎與母親回到台灣，但不久後她母親遭到逮捕，蘇慶黎則被寄養於親戚家。

長期參與台灣社會運動的蘇慶黎，還曾擔任工黨和勞動黨的祕書長，積極熱情地投入組黨運動，她與呂秀蓮、陳菊都曾被視爲「黨外運動女將」。蘇慶黎後來因病，長期定居北京療養，但仍熱中參與並關注大陸的弱勢族群問題，二〇〇四年十月十九日，蘇慶黎病逝北京，享年五十九歲。與父親蘇新同樣都葬在北京西郊。

不知是民主的弔詭，還是黑色的幽默，二〇〇九年的「五二〇」，正是馬英九宣誓就任中華民國總統，執政屆滿一週年之日，不過，中國國務院台灣事務辦公室沒有發表任何政治聲明，也沒有公開評價國民黨重新執政一年來的政策，令人眼睛爲之一亮的是，國台辦證實：民進黨籍高雄市長陳菊，五月廿一日訪問北京。

在國共稱許馬英九執政，積極改善關係，實現兩岸三通，擴大民間交流之際，北京高層同意核准「鐵桿深綠」的菊姐造訪北京，提供平台協助陳菊行銷高雄世運會，既是拉攏泛綠陣營，也算是給馬執政周年的「賀禮」。雖然國民黨人看在眼裡，心裡很不是滋味，但中共對台工作不會死守泛藍陣營，更不可能只寄希望於馬政府。

陳菊在五二〇之日宣布造訪北京，台灣輿情反應普遍表示鼓勵與支持，證明馬政府執政後的兩岸形勢，的確出現良性發展局面，使得兩岸朝野政黨人士的互訪溝通，都可以找到「各自表述」的交流平台。陳菊的北京之行，雖以推介高雄世運之名登陸，既不代表民進黨，也沒有「黨對黨」任務，但以陳菊堅持台灣本土意識的深綠屬性，顯示中共準備和民進黨人士務實交流對話了。

從國台辦官員證實陳菊訪京行程，以至陳菊率領副市長李永得、世運會基金會常務董事劉世芳等人抵達北京首都機場，短短不到廿四小時，創下台灣朝野政治人物閃電訪京的新模式。五月廿一日午後，高雄市代表團抵達北京飯店時，陳菊坦率陳詞，「有關台灣問題，中共當局不能只聽國民黨政府的意見與聲音，還要多多聽取廣大台灣社會基層民眾的意見與聲音。」

陳菊沒有爲民進黨主席蔡英文「帶話」，也不代表民進黨與中共進行「黨對黨」的溝通對話，

二〇〇二年五月二十二日，陳菊於北京鳥巢前留影。

但陳菊說：「民進黨過去與北京政府之間比較少有對話機會，因爲，北京高層都是與單一政黨接觸，與台灣大多數人民的主張與期待的落差很大。」雖然只是行銷高雄世運，但陳菊頻頻釋放願與北京對話，還不忘建議北京不能僅維繫「國共對話」的談話，確是民進黨內少見的積極溝通者。

陳菊在會見中共北京市委副書記、北京市長郭金龍時，邀請郭金龍出席高雄世運會開幕式。對話過程，陳菊推崇京奧成就，在提到「我們的中央政府」、「馬英九總統」、「中國代表團」等用語時，郭金龍專注聆聽，並未有異常反應。對於是否應邀訪問高雄，郭金龍則說：「有機會，我會去看看！」陳菊則意有所指的說：「我保證安全，我們的市民是熱情、友善的，郭市長請放心！」

中共對台部門願意協助安排北京市長郭金龍會見陳菊，並宴請高雄市代表團，主要考量是將陳菊此行定位爲兩岸「城市與城市」的交流活動，並認定這是兩岸體育交流。國台辦高層迴避見面，避免在對話過程衍生不快的尷尬場面，但事實上，國台辦局級官員全程監控，並隨時向高層彙報陳菊在北京的動態。

在高雄世運期間，中國選手的安全保護問題，意外地成爲陳菊與中國奧會主席劉鵬在北京會面時的焦點。劉鵬強調，中國選手參與和平友誼的盛會，如遭到破壞、干擾、挑釁、圍攻，將給世運會蒙上陰影，相信也是世運會組委會所不願看到的。劉鵬對中國參賽選手在高雄的安全保護，反覆表達關注。陳菊隨即回應，安全是世運會承辦城市對各國承諾的責任，安全保證百分之百，絕對做到滴水不漏。

劉鵬話中有話的「棉裡針」，讓這場會晤充滿著暗中較量的機鋒。對高雄市主辦世運會，劉鵬也刻意強調，中國奧委會與中華台北奧委會近年進行友好交流，也都嚴格遵守「奧運模式」辦事，同場競技，友好切磋，希望高雄市組委會要嚴格按照「奧運模式」辦事。陳菊則刻意不提「奧運模式」，反而強調高雄市承辦世運會，是依據承辦城市與「國際世界運動總會」（IWGA）簽訂的活動模式來舉辦賽事，高雄並將用最大的熱情與友誼，接待各國的參賽選手。

劉鵬並以京奧經驗強調，安全是賽事成功的首要任務，他並對高雄世運會沒有選手村，對安保作業將帶來一定壓力，表達關切。劉鵬強調，只要高度重視，措施到位，「高雄世運會組委會完全有能力、有辦法保證參賽者的安全。」其實，劉鵬的場面話已無關宏旨，在敲定這場會面前，中共中央的政策已定，全力支持高雄市舉辦世運會，也全力支持台北市舉辦世博會。

擅於城市行銷與政治語言的陳菊則回應說，她了解劉鵬對中國選手安全的擔心與關懷，她保證，絕不允許對來自不同國家的選手有任何干擾、挑釁。任何國家的選手，包括中國的選手，都將得到熱情友好的對待。陳菊並邀請劉鵬率團出席世運會開幕式。劉鵬則說，他到台灣訪問過兩次，對高雄愛河遊船看夜景，留下美好印象，他對三度造訪高雄將非常期待。

曾幾何時，國台辦還曾對民進黨的陳水扁政府發表過「懸崖勒馬」、「玩火自焚」等多篇警告聲明，甚至還對民進黨政府恐嚇說「中國人民不怕鬼、不信邪」；隨著國民黨政府重新執政，這種半夜發表恐嚇聲明的對抗年代似乎已走入歷史了。

雖然中共宣傳機構對「粉碎台獨分裂圖謀」的宣傳基調沒變，防範台獨事變的警覺也未曾稍懈，但對待「鐵桿深綠」台獨的態度與手段，全然都在調整與改變。陳菊藉由行銷世運之名訪問北京，中共藉機務實接待台灣獨派重要領導人物，都是比較趨於健康理性與符合現實的作法。台灣漸趨成熟的政黨輪替，對中南海領導人看待台灣，與尋求解決統獨爭議，獲得不少啓發，更領略對台工作的智慧。胡錦濤的「胡六點」對與民進黨交往定了調，不論是「主張過、從事過、追隨過台獨的人」，中共不再閉關，都願伸出友誼之手，當前障礙卻是，民進黨瞻前顧後，步履蹣跚，不知如何開啓民共對話。

陳菊訪問北京，是由中共中央對台工作領導小組拍板決定，既定位爲城市交流、體育交流，更認定與「黨對黨」型態的溝通對話無關，但爲避免引起臆測，僅委由市政府、奧委會接待，賈慶林、王毅都未露面，這應是默契。中共對民進黨人開啓溝通大門，並非沒有風險，關鍵是中南海領導人的自信已足以承受。

就像陳菊提及「我們中央政府的馬英九總統」，東道主神色自若，大陸媒體也刻意略過不提，北京已能默默承受這種現實的政治分歧。陳菊後來計畫邀請達賴喇嘛來台為災民祈福，為疆獨支持者熱比婭的紀錄片提供放映平台，中共涉台部門事後也只是「冷眼旁觀」，或在國共兩黨論壇場合向國民黨發抒不滿的聲音罷了。

在陳菊前往京滬行銷「高雄世運」前後、民進黨籍的雲林縣長蘇治芬、台南縣長蘇煥智、屏東縣長曹啓鴻、宜蘭縣長林聰賢等人，相繼以行銷農產品之名，前往京滬閩等地參訪，並為各縣市農產品在沿海城市建立銷售據點、供銷通路，或招攬陸客來台旅遊。民進黨籍縣市首長雖然低調赴訪，但京滬各地的涉台官員，不僅設宴接風，也都樂於與民進黨首長建立私人溝通管道。

台灣五都選舉後，兩度訪問北京的蘇煥智曾建言，在全球化格局與中國快速崛起的情勢下，民進黨要更務實地看待兩岸關係發展，並應儘速建構決策平台，負責整合國內外對發展兩岸關係的政策觀點，並據以提出具體政策主張，爭取更多台灣民意的認同。尤其，對中國政策的定位、兩岸政經互動如何精準拿捏、是否承認大陸學歷、開放政策如何納入國安評估等，民進黨要有更務實的決策思考架構。

曾被視為南台灣「鐵桿深綠」的前高雄縣長楊秋興，五都選舉時曾與民進黨「割袍斷義」，脫黨參選落敗後，二〇一一年三月廿日至廿九日，曾往訪京滬寧等地，並會見國台辦主任王毅、海協會會長陳雲林，拜訪南京市長季建業、上海市長韓正等人。楊秋興感慨直言：「全世界的商人都到北京、上海經商，台灣商人更不能缺席，民進黨必須調整僵化保守的兩岸路線！」

早年曾兩度赴大陸旅遊的楊秋興，在卸任高雄縣長後的「學習之旅」返台，曾對新聞媒體率直地陳述他的考察感想：如果沒有來，還以為北京還很落後；過去從書裡面看到的上海，和現場體驗完全不同，上海市已經發展成為具有國際都市的氣勢，尤其，看過浩蕩的黃浦江之後，下回他都不

蘇煥智赴京推銷南縣水果，攝於二〇一〇年六月十五日。

好意思帶客人遊高雄愛河了。

楊秋興曾是南台灣重要的縣市首長，施政滿意度始終名列前茅，理論上，應屬見多識廣的綠營首長，但他對中國發展現況的認知，在他卸任後訪問大陸歸來所發表的感言，讓人意識到民進黨人對中國政經現況的基本認識，確實存在極大的落差，這應是民進黨的中國政策始終難以取得台灣大多數選民信任與支持的重要因素。

其實，民進黨籍卸任公職或親綠學者，近年已與北京涉台部門建立密切的溝通管道，包括民進黨籍國安會副祕書長陳忠信、陸委會前主委陳明通、副主委邱太三等人，都曾在綠色執政前後以學者身分訪京，並與中共涉台部門、台研所等核心智庫開展對話，即使彼此立場存在分歧，但雙方都認爲面對面溝通確有其必要。

根據「維基解密」披露美國在台協會（AIT）台北辦事處，二〇〇五年四月廿九日發回國務院的機密電文透露，民進黨新潮流系大老洪奇昌曾向台北辦事處副處長葛天豪說，新潮流與國台辦早在一九九七年起，即已建立祕密對話管道，而陳水扁一直被蒙在鼓裡。雖然洪奇昌事後否認有「祕密管道」之說，但新潮流系與北京的互動最爲密切，早已是外界與民進黨內所熟知。

二〇〇五年四月廿九日，正是國共兩黨在北京舉行「連胡會談」之日，由於當時是民進黨陳水扁總統執政時期，AIT傳回稍早與民進黨人晤談的電文，顯示美方同步關注民共兩黨的交流動態。洪奇昌透露，他曾代表新潮流領導人、時任台灣證交所董事長吳乃仁，於當年四月十六日至十七日，飛往香港會見中聯辦台灣事務部長邢魁山，商談建立兩岸共同打擊金融犯罪的合作機制。民共兩黨重要人士這次在香港密會，新潮流系決定隱瞞另一位派系大老，即時任國安會祕書長的邱義仁。AIT的電文披露，洪奇昌說，最主要原因是擔心邱義仁因「職責所在」，不得不向陳水扁總統報告。陳水扁向來不信任新潮流系，若獲悉此事，肯定會全力阻撓。洪奇昌還說，另一位新系要角、陸委會副主委邱太三，原來也參與和邢魁山的會面，但三月底他決定辭官參選台中縣長，因此退出計畫。

根據AIT機密電文，洪奇昌說，邢魁山曾在國台辦研究局任職，雙方頗有交情，所以他四月飛往香港，就是找邢魁山溝通。他透露，那是他當年第二次與中共涉台官員會面。雙方前次是在北京，與國台辦和中共中央書記處幕僚會面，人數比較多。那次會談話題，除兩岸合作打擊金融犯罪，主要聚焦於全國人大會議剛通過的《反分裂國家法》，他們曾表達民進黨的看法。

洪奇昌並對AIT官員透露，新潮流與國台辦的接觸，要回溯至一九九七年，新系數名立委前往中國訪問，期間，國台辦官員主動接觸，提議與新潮流建立對話機制。隨後雙方定期聚會，交換意見或研商特殊議題。洪奇昌並聲稱，二○○三年兩岸春節包機得以成行，就是雙方溝通後的產物。大陸官方曾促請特區政府核發給他香港多次入境許可證，希望降低他行動曝光的風險。

在五都選舉前，北京私下邀約民進黨人與親綠學者對話的頻率更趨密集，包括洪奇昌二○一○年九月間即曾再次率領黨籍民代、各派系代表密訪北京，與涉台官員、幕僚策士展開廣泛溝通，但因事涉敏感，當事人都相當低調。如親綠的東吳教授羅致政也曾受邀出席全國台研會的研討會，但全國台研會「主隨客便」，配合綠營訪客低調與會的要求，婉拒台灣記者採訪研討會。

二○一二年大選落幕，蔡英文挑戰總統大位失敗，在陸續開展的檢討會議，民進黨各派系普遍認爲，北京的「觸角」已逐步深入台灣各個領域，民進黨中央也感受到北京「向南移，向下沉」的對台工作力度，已深化至基層社會。民進黨在檢討敗選過程，能否務實面對政策挑戰，採行積極主動作爲，或蔡英文能否以適當身分，擇期訪問大陸，開啓民共兩黨對話，對兩岸都將是値得關注的新動向！

第 ***8*** 章

海峽軼事

一九四九：兩岸分裂分治的濫觴

現在宣布：
蔣中正當選爲第一屆中華民國總統！
李宗仁當選爲第一屆中華民國副總統！

——電影《建國大業》劇情旁白

二〇〇九年，金秋時分。中國爲慶祝建國六十週年所拍攝的「主旋律」電影《建國大業》，正在各大城市熱烈放映；長安大街萬達影城爆滿的京城觀眾，看到銀幕上重現一九四八年中華民國首都南京「青天白日滿地紅」滿場飄揚、蔣中正（張國立飾演）、李宗仁（王學圻飾演）宣誓就任中華民國總統、副總統的歷史場景，發出了陣陣的議論之聲，隨著蔣李明爭暗鬥劇情的發展，還不時傳來了年輕觀眾的哈哈笑聲。

中國早期拍製的「主旋律」歷史大片，曾被共產黨人宣傳爲「美帝走狗」、「頭號戰犯」的蔣介石，在官方監製的影視作品，絕少是以正面形象呈現的，《建國大業》反覆出現中華民國國旗，直呼中華民國總統，則是前所未見的特例。與其說這是反映兩岸新形勢的客觀歷史陳述，毋寧說這是藉由突顯蔣李鬥爭的國共題材，宣傳共產黨人如何爭取民主黨派，團結合作，建立新中國的「置入行銷法」。

國民政府於一九四九年初轉趨激化的蔣李之爭，的確是中共充分運用的「歷史機遇」。歷史學家普遍認爲，國民黨政權在大陸的崩解、潰敗，並非只是軍事上的失利，而是國民黨內部軍政派系互鬥，各地軍事力量相繼變節，四大家族貪腐聚斂財富，以及國民政府徹底喪失民心所致，共產黨人結合民主黨派，合縱連橫，借力使力，終逼使蔣介石退守台灣，分裂分治於焉形成。

歷史場景回到一九四九年的北京城。十月一日，下午三時。天安門城樓上，剛當選中華人民共和國中央人民政府主席的毛澤東，率領參與全國政治協商會議的民主黨派代表出席歷史性的「開國大典」，毛澤東透過現場廣播系統，以濃重的湖南鄉音宣告：「中華人民共和國中央人民政府成立了！」幾個小時之後，天安門廣場大街上，出現幾位踩著自行車的共產黨人，穿梭於「北平」的外國駐華機構。

當天，國民政府時期所稱的「北平」已被改稱「北京」，並成爲新中國的「首都」。這批騎自行車的人，正是中華人民共和國外交部派出的第一批「外交使者」，他們的任務就是對各國駐華機構，遞交毛澤東當天發表的《中華人民共和國中央人民政府公告》，以及政務院總理兼外交部長周恩來簽署的新中國第一份外交公函。

應邀觀禮「開國大典」的蘇聯總領事齊赫文斯基，剛回到總領事館，新中國外交部禮賓司科長韓敘送達外交公函。周恩來在公函上說：「今天中華人民共和國中央人民政府主席毛澤東發表了公告。現具函將此公告送達給您，並希望您轉給貴國政府。我認為，中華人民共和國與世界各國之間建立正常外交關係是必要的。」

這是新中國開展外交工作的濫觴，更是國民政府與新中國啓動漫長外交零和鬥爭的歷史起點。十月二日，蘇聯外交部副部長葛羅米柯在莫斯科也公開發表外交聲明，決定承認新中國，並將建立蘇中外交關係，兩國互派大使。同時，蘇聯也宣布將斷絕與廣州國民政府之間的外交關係，撤離蘇聯駐廣州的外交機構。

國府雖已撤到廣州，但國共兩黨所開展的外交攻防並未完全結束。十月三日，美國政府在華府發表聲明：「承認在廣州的國民政府仍是中國唯一合法政府」。這項聲明，並沒有因國民政府的軍事失利，政府機構幾度遷徙，而有所動搖。此一變局，既反映二戰後美蘇對峙格局，也呈現國共內戰所面臨的複雜國際情勢。

國民政府雖處於「流亡狀態」，但美國重申外交承認，對國府確有「振奮士氣」的外交激勵作用。蔣介石已下野，李宗仁又無心政務，行政院長閻錫山即成為最高行政首長。他在新中國成立第四天，十月四日，在廣州發表《為共匪在北平成立偽政權告全國同胞書》，即成為兩岸分裂分治史的重要文獻。

這是輾轉遷徙於廣東省廣州市的國民政府行政院，首度以「中華民國政府」的名義，對剛成立的中華人民共和國發出的第一份政治聲明。根據行政院祕書處於一九五〇年所編印《閻院長政論輯要》上冊記載，該聲明全文如下：

全國同胞們！此次共匪在北平成立僞中央人民政府，是共匪出賣祖國的最具體的表現，它不僅將斷送我中華民族五千年的歷史文化，並且要準備著把我們全國的人力、物力、財力，與全國同胞的性命，供給另一個國家作侵略世界的犧牲。政府爲救國救民，並維護世界和平，一定要貫徹戡亂國策，並與世界反侵略國家，共爲反侵略而奮鬥到底。

我們全國同胞，一定要認識共匪的北平傀儡政權，如同日本帝國主義所導演的汪精衛漢奸政府一樣，它是蘇聯卵翼下的一個出賣國家主權的國賊政府，這個僞政府是專爲蘇聯的利益，完全爲蘇聯效力的。我們全國同胞，必須認識這與歷代的改朝換帝不同，萬不敢存那個朝廷不納糧的心理，本漢賊不兩立的精神，同共匪拚命到底，以保障我們國家的獨立自主。

全國同胞們！北平傀儡政權的成立，爲我國家民族歷史上空前未有的禍害，我們只有實行反共保民總動員，有錢的出錢，大家出力，以毀產保產、拚命保命的精神，來保國、保民、保身家，我們要知道，共匪是世界的敵人，它不只是不容於中國，更不容於世界，只要我們同共匪戰鬥，勝利一定是屬於我們全國人民的。

新中國誕生之日，對流亡的中華民國政府來說，應是「國恥日」。國民黨總裁蔣介石與撤退轉進的行政院、立法院等政權機構都暫居廣州。蔣介石當天就住在「廣州東山梅花村卅二號」陳濟棠公館。蔣的政敵毛澤東站上天安門城樓，得意地用湖南鄉音向世人宣告：「中華人民共和國成立了！」注定了蔣介石的悲劇命運。

當時仍留在美國遊說與溝通的中華民國外交部長胡適，在新中國成立之日，再度向廣州的閻錫山內閣請辭外交部長。在六月閻錫山組閣過程，胡適是蔣介石「欽點」的人事，蔣的目的是借重胡

國民黨反動統治宣告滅亡！
千里長江防線全部崩潰
南京完全解放
我大軍入城市民夾道歡迎
東路渡江大軍向京滬路猛進
連克鎮江丹陽武進無錫
西路攻佔馬當要塞俘敵五千

解放軍攻陷南京剪報

適在學術界的聲望，爲國民政府爭取國際同情與理解。但胡適只是掛名的虛位外長，實際外交折衝，完全由葉公超全盤代理。

閻錫山在廣州組閣時，內閣名單公布，胡適爲外交部長，引發議論。當時人在美國的胡適，恐怕都沒有被明確告知，事先也未獲徵詢。據稱，安排胡適出任中華民國外交部長應是出於馬歇爾對國民政府提出的建議。六月廿一日，胡適即已致電葉公超轉閻錫山院長要求辭職。胡適在電文中強調：「適在此努力爲國家辯冤白謗，私人地位，實更有力量。今日懇辭，非爲私也！」

事實上，解放軍在攻陷南京之後，由於軍事行動屢傳捷報，六月間，中共就已研議提出談判條件，準備與國際社會建立外交關係，其條件爲：第一，外國武裝部隊必須自中國撤退；第二，國際關係必須以平等互惠，尊重彼此之獨立領土完整爲基礎；第三，必須撤銷承認國民政府。這種「零和遊戲」的外交爭鬥，攸關國共政權的存亡絕續，六十年來，雙方從未有任何實質的妥協。

當時輾轉遷徙於廣州、重慶、成都的國民政府，因在西南各地與解放軍部隊展開的軍事行動節節敗退，對外工作只能緊緊抓著與美國的外交關係，才能維持與中共抗衡的基本形勢。相對的，共產黨人在宣布建立新中國之後，趁勢拉攏蘇聯、英國，以及第三世界國家，全面開展新中國的外交，希望透過更多的外交承認，創建有利的國際環境，解決國共內戰所遺留的政權整合問題。

兩岸分治六十年之際，從北京駐地回到台北，適時趕上國史館在國家圖書館舉辦的研討會。國史館製拍的紀錄片首度披露了一九四九年初，蔣介石迫於政治形勢決定下野，讓李宗仁得以成爲中華民國代總統之初，處於政治風暴的蔣氏家族成員往來於南京、溪口、紐約的密電檔案，得以窺探在風雨飄搖的離亂年代，在新中國成立前夕，蔣家重要成員處於存亡絕續的眞實處境。

一九四九年（民國卅八年）一月廿一日，當時滯美未歸，努力動員政商關係尋求美方援助國民政府的蔣宋美齡，從美國紐約向南京發出一封有關憂慮蔣介石安全問題，一度還促請蔣介石暫時遠赴美國、加拿大等地另謀發展的密電：

> 南京密。介兄親鑒，哿電悉。報載兄已於馬日返鄉小住，對兄之健康與安全，妹萬分憂慮。深信上帝決不會任共產主義在中國能夠成功，請兄勿忘兄之安全爲第一，則余等仍可繼續爲國家努力奮鬥。此間並非無希望，且與多方人士已有聯絡，正在極力推動中。妹已另電經國，請兄日內同來加拿大，妹當在加候兄，會商一切，盼復。妹美。箇印。

隔日，一月廿二日。蔣宋美齡再度緊急從紐約向溪口發出密電，關切返回溪口奉化調養生息的蔣介石的安危問題。宋美齡在密電寫道：

> 溪口密。介兄親鑒，箇電諒達，兄此次返鄉休息，妹初甚憂急，深思之後，頗覺安慰。蓋兄爲國服務已廿載，從未有適當休養，朝夕辛勞，愛國之忱，中外皆知，祇要問心無愧，知鬱足矣。如係上帝旨意，使兄有一休養之機會，俾增強精神之信心，繼續爲主、爲國服務，請讀

《腓立比第四章第十三節》。年來歐美之軍事、實業、建設、科學，日趨猛進，兄可乘此時機外出一行，以廣耳目，藉以充實精力，妹可赴任何地點，候兄同行，並請只帶二、三隨從足矣。因歐美生活十分昂貴也，如何盼告妹。養印。

對宋美齡催促蔣介石藉下野的時機，出國走走，父子並可前往美加充電，以廣耳目，徐圖再起之議，蔣介石並未接受建議。蔣介石隨即於二月廿四日，回覆密電給正在紐約的蔣宋美齡，明確告知「經國來美，徒起謠諑，更多不便也」云云；蔣經國同日也密電蔣宋美齡，提及「不忍遠行」之意，蔣經國在密電寫道：

至兒來美一節，甚願有此一行，但父親一人居鄉，爲父之安全見，實不忍遠行，但兒已將大人之意轉呈父親，一有決定，當即電稟，敬請保重玉體，並祝姨大母安好。兒經國敬稟。

從近年陸續解密的歷史檔案，或蔣介石日記的記載，蔣介石從一九四八年底下野，以至一九四九年初，他依然以國民黨總裁的身分指揮調度黨政軍，同時，決定將庫存於上海中國銀行的大批黃金密運台灣，證明蔣介石做好撤退台灣，徐圖再起的長遠準備。但在各地軍事行動頻頻失利之際，由於閻錫山的「苦心孤詣，撐持危局」，才使得蔣介石的命運與中華民國的法統得以維繫：

自卅八年（一九四九年）底及卅九年初，赤焰滔天，挽救無術，人心迷惘，莫可究極，甚至敵騎未至，疆吏電降，其土崩瓦解之形成，不惟西南淪陷，無法避免，即台灣基地，亦將岌岌欲墜，不可終日。……中央政府幸有閻院長錫山，苦心孤詣，撐持危局，……政府統緒，賴以不墜者，閻院長之功實不可泯。

因此，一九五三年（民國四十三年）二月十九日，蔣介石在對流亡來台的國大代表報告政治情勢時，對曾是他的軍事勁敵，也曾是他「患難同志」的閻錫山，在一九四九年底將國民政府從成都遷移台灣，作出了極高的歷史評價。「中華民國」的國號得以在台灣繼續沿用，如同蔣介石所評價的：「閻院長之功實不可泯」。

一九四九年，對國民黨政權而言，中華民國面臨了土崩瓦解的政治風暴；對建黨廿八年的共產黨來說，它卻迎來了建立中華人民共和國的歷史機遇。在這場攸關六十年來兩岸分裂分治歷史演變的風暴過程，當時經由各軍政派系協調產生的行政院長閻錫山，無疑是以最近距離見證這場歷史變局的「核心觀察者」。

一九四九年四月廿三日，「百萬雄師過大江」。中共解放軍攻陷南京之後，共產黨人並未馬上宣布成立新中國，但首都陷落的中華民國政府自此走上了輾轉撤退的不歸路。閻錫山舊部近年整理編印的《閻伯川先生感想錄》（重要日記摘要），其中諸多閻錫山的權威記載與重要札記，傳神地描繪了這段攸關國民政府敗退的關鍵內幕，更詳實地反映了兩岸分裂分治的歷史背景。

國民政府撤離南京後，輾轉遷移到廣州，黨政部門在此休養生息，徐圖再起。六月十三日，經由國民黨總裁蔣介石首肯、李宗仁代總統提名、立法院同意，閻錫山在廣州就任行政院長兼國防部長。八月間，他在廣州對中央軍校畢業生說：「軍人是國運的決定者，民族恥辱的保護者，人民生命財產的保障者，共匪出賣國家民族與其主子：蘇聯，欲使中華民族永淪爲蘇聯之附庸，是可忍，孰不可忍！」

曾以「孫中山信徒」自居的閻錫山雖力圖振作，希望有所作爲，並能穩定維繫南方局勢，但在廣州匆促成軍的閻內閣最大的挑戰不是來自共產黨，而是來自桂系將領的軍權之爭。九月四日，李宗仁代總統當面告知閻錫山，希望閻辭兼國防部長，交出軍權，由其桂系將領白崇禧接替，閻錫山當面拒絕。

閻曾對政務委員徐永昌解釋說：「我兼或可不亡，換人亦或可不亡，我願辭。假如我兼亡得慢，換人亡得快，我就不辭。」對於處在蔣李夾縫中，甚而遭到羞辱，閻則在日記寫道：「原諒人是高人一頭，互唾是一丘之貉，被人原諒是低人一頭。」

十月二日，共產黨人在北京天安門城樓宣布成立新中國的隔日，蔣李的軍權之爭變得更加白熱化，吳忠信曾問閻該如何因應。閻錫山說：「講亦悔，不講亦悔。此事關鍵非幹部所當主張，應由最高領袖自決之，因此事無論怎樣辦，均有咎戾，故主張怎樣辦均難見諒於將來，故須由最高領袖決之。」

對於軍政派系的鬥爭轉趨檯面化，蔣介石與李宗仁都互不相讓，閻錫山感慨地說道：「不接受辭兼國防部長之要求，有破裂之可能。接受辭兼國防部長之要求，有毀滅之顧慮。接受而毀滅，爲眾怨所歸；不接受而破裂，亦爲眾怨所歸。」

十月四日，閻在廣州會見立委梁楝，梁問：「希望院長能做蔣李橋梁，使蔣李密切合作，現在有人說院長一面倒了，究竟如何？」閻透露，他在組閣前，曾對蔣李提出四句話：「中間赤誠匡濟，但不從井救人，亦不捲入漩渦，更不意氣憤事。」

閻在日記寫道：「我絕不偏倚，絕不作那一方面的屏護。如有人提議保衛台灣，我想台灣爲中國領土，自應保衛，但非爲蔣而保衛台灣；如有人提議保衛西南大陸，我想西南大陸爲反共基地，一定應保衛，但保衛西南亦非爲李。我只問心爲國，什麼批評，我也能接受，我也不覺得痛苦，因既作中間，當然就有不說之話。」

十月廿九日，閻錫山六十七歲生日。當天與賈景德、徐永昌餐敘，徐說閻知其不可爲而爲，是「寧武子之愚」（衛國大夫，主張「邦有道則知，邦無道則愚」），閻錫山回應說道：「他是假愚，我是眞愚，既入地獄，只好安於入地獄；理智如清水，感情若顏色，理感混成人，作人費周折。」

在西南軍事局勢陷入危急之際，國民政府統治中樞已幾近潰散。下野的蔣介石奔走各地，徐圖再起，李代總統十一月三日則由重慶赴昆明，十一日轉桂林，十四日再飛廣西南寧。閻錫山十六日急電李宗仁：「總裁蒞渝，切盼鈞座速返，迅決大計，共挽危局。」不過，李宗仁未加理會，廿日飛香港，前往太和醫院治病。

十一月廿八日，國民政府從重慶遷移成都。八天前，代總統李宗仁已飛往香港，蔣介石即飛往四川成都，幕後指揮軍政決策。鑑於李宗仁已「落跑香港」，閻蔣於十二月三日討論總統的「復職問題」，閻錫山就曾力薦蔣介石應重用與李宗仁並稱「李白」的桂系將領白崇禧。閻的日記對兩人的對話曾有以下描述：

閻對蔣說：「復職很需要，國家不可無元首，惟應注意爭同情，杜口實，杜法爭。」

蔣問閻：「如何爭同情？」閻答稱：「重用健生（白崇禧）。給健生行政院長兼國防部長，用人權、指揮權及動用庫存金銀外匯權全給他。」

蔣再問：「怕有何口實？」閻答稱：「德公（李宗仁，字德鄰）如不同意，他可認復職是搶奪，更進而惡言加復職以篡位。」

蔣再問：「有何法爭？」閻答：「將來國大開會時，李代總統可能提出復職是不合法。」

蔣又問：「如何杜口實？」閻答：「德公請復職，即可杜口實。」

蔣再問：「如何杜法爭？」閻答：「國大代表有法定人數，以合法手續請復職，即可杜法爭。」但因蔣與軍政幕僚顧慮太多，當天並未形成復職共識，議而未決，最後決定再派人赴港挽留李宗仁。

面對「蔣李關係」無法有效化解，閻錫山在日記中寫道：「以大度量容人是德，以謙道處人是吉，人之一生當向容與謙上繼續不斷的做功夫。」

蔣介石曾對吳忠信說：「閻先生爲我們保持生命線，我們要全力支持。」閻認爲，所謂保持「生命線」，就是可由他隔斷蔣李的隔閡與衝突。黃埔大老袁守謙還曾傳話給閻，蔣曾命令黃埔軍官要服從閻的命令，並支持閻所主持的作戰內閣。

十二月三日，閻爲挽回李，再次致電李宗仁：「在此危急存亡決於俄頃之際，何能一日無元首躬親主政。山不得不鄭重呈明，無論在職權、在能力，山絕不能擔負在元首離國後之軍政重任，心所謂危，掬誠奉達，敬祈鈞座重加考慮，俯念時艱，即日立即歸國，挽救危局，以慰眾望。」

閻錫山的急電，仍無法喚回代總統，李宗仁於十二月五日從香港飛往美國，行前還急電指揮成都的閻錫山照料「中樞軍政」：「仁以胃病劇重，亟待割治，不得已赴美就醫。在仁出國之短暫時期，請兄對中樞軍政仍照常進行，至於重大決策，仍可隨時與仁電商。仍希就兄職權範圍處理一

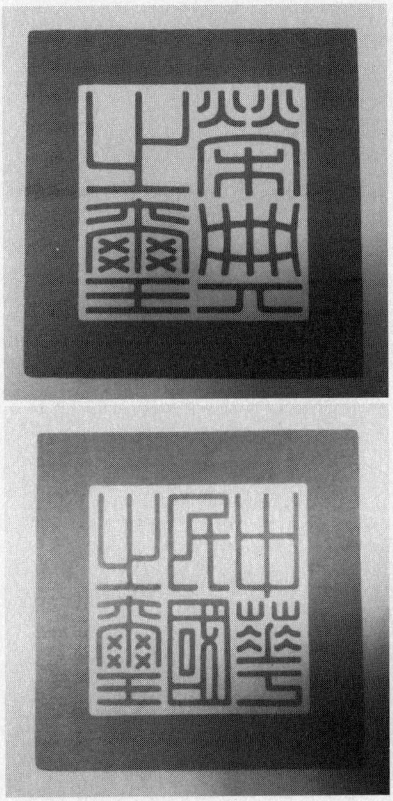

上：榮典之璽
下：中華民國之璽

閻錫山

切，中樞軍政情形，並隨時電告。」

「閻先生對台灣最大的貢獻，就是把中華民國國號、青天白日滿地紅的國旗帶到台灣來啊！同時，行政院撤退來台前幾個月，就指派總統府祕書朱培壟把『中華民國國璽』先行祕密送到台灣！」六十年後，坐在台北內湖老舊公寓裡，年逾九旬的老人原馥庭，談到一九四九年追隨閻錫山遷台的往事，歷歷在目，記憶猶新。

原馥庭老先生，一九一七年生，原籍山西省龍門縣（現爲河津市），從一九四一年（民國卅年）抗日戰爭時期，就在位於山西省吉縣「第二戰區司令長官司令部」與山西省政府的軍政聯合辦公室，擔任第二戰區司令官兼山西省長閻錫山的幕僚祕書。

一九四九年十二月國民政府遷台時，原馥庭擔任閻錫山的祕書，他太太是負責處理行政院機密電報的譯電員，兩人在行政院從成都撤退到台北的飛機上，是極少數能夠同機撤離的夫妻檔。晚年仍與兒孫住在內湖江南街的原馥庭，應是隨著閻錫山遷台的幕僚群之中，碩果僅存的「歷史見證者」。

原馥庭在八十高齡時，曾協助國史館編輯整理閻錫山在民國初年至抗戰期間的電報彙編，並號召同鄉籌組「閻百川先生紀念會」，有系統地整理出版閻錫山的日記、要電錄、言論集、紀念文集，但部分專書並未公開發行，僅限於研究學者與同鄉之間流傳，部分則擺放在陽明山閻氏故居，提供有興趣的造訪者自由取閱。

原馥庭回憶說，閻氏晚年隱居陽明山十年，在過世前一年，即一九五九年二月十五日，閻氏曾撰寫《對孫中山先生理論之研究》報告，他奉命謄寫後，當天還陪同閻錫山親自送達士林官邸，這是閻氏最後一次向蔣呈報專文，但當時已遠離權力核心的閻氏，刻意挑選蔣午睡時間送達官邸，免除兩人見面的拘謹場面。

閻錫山在這份給蔣介石的最後報告中寫著：

山已老矣，爲黨服務。力已不逮。前受鈞座努力理論之命，終於有以報答也。……鈞座繼承總理，領導本黨，開創大同的新中國，是爲往聖繼絕學，爲萬世開太平。鈞座當能本後來居上之義，取長鑑短，愼始慮終，漸漸的走上節制資本之路，爲國家奠定長治久安之基。不只能幸福中國，而且能模範世界。謹呈　總裁。

一九六〇年五月廿三日，閻錫山病逝台北。這位曾經奮力於一九四九年延續中華民國法統的一代軍政強人，永遠埋骨陽明山菁山山麓，走完最後的人生歲月。

菁山傳奇：閻錫山和他的守墓侍衛

相傳孔子死後，弟子們在山東曲阜城的孔子墓旁，結廬而居，守墓三年。其中，追隨孔子周遊列國，在孔門弟子中特別具有經商概念，被譽爲「中華儒商鼻祖」的子貢先生，因深得孔老師的器重，師生情誼，如同父子，守墓期間更長達六年。

經商有道，周遊列國期間創建不少「跨國企業」的子貢，其尊師守墓的義行古風，雖然已經傳頌了兩千多年，但終究只是無從查證的古代「傳說」而已！然而，現代忠義版「結廬守墓」五十年的傳奇，則鮮活地出現在陽明山的菁山山麓。

二〇〇九年初，立春時節的菁山，雲霧繚繞，櫻花綻放，桂花飄香。張日明老先生踏著緩慢步履，在閻氏故居與貼滿墨綠瓷磚的圓形塚之間來回巡視，沿著兩旁一丈高的芒草小道，拾級而上，時而眺望河口，佇足沉思，時而拭淨墓碑，清理墓園。

距離閻氏故居數百公尺之遙的圓形塚，矗立在山勢頗爲傾斜的小平台之上，園林之中，直立方型墓碑上刻著「閻百川先生之墓」。「閻氏故居」的主人閻百川先生何許人也？他是一九四九年十二月八日，從四川成都率領戰鬥內閣閣員搭機來台，讓中華民國法統得以在台灣延續法統的遷台首任行政院長、人稱「山西王」的閻錫山。

當時剛結束新一輪駐京採訪行程，回到台北，關注焦點轉向兩岸分裂六十年的議題。二〇〇九年是中華民國政府遷台六十周年。張日明不僅在菁山閻氏故居的侍衛紅磚樓「站崗」六十年，在閻氏逝世並安葬在此山麓近五十年來，閻氏故舊曾有多人在此守過墓，而張日明老先生則是碩果僅存的「守墓者」。

一九四九年十二月十日，蔣介石告別中國，從成都飛往台北松山機場。同一天，張日明奉命參與押解中央銀行存放在成都的國庫黃金來台。當時不滿廿歲的山西小伙子，在國共戰火的籠罩下，緊急奉命撤往台灣，但他沒有想到，在來到台灣之後，他還成為他們老家幾代人所崇敬的「山西王」的守墓者。

當年，張日明的正式職稱是「國防部部長辦公室儲訓幹部隊．少尉隊員」，配有左輪手槍。六十年來，他依然珍貴地保存著這份侍衛工作的證書。來台後，祖籍山西朔縣的這位最年輕侍衛，就被分配擔任閣揆兼國防部長閻錫山的安全警衛。

初出茅廬的少尉隊員，因緣際會，在閻氏故居站了十年衛兵。自一九六〇年閻氏逝世迄今，晚年與家人住在北投石牌的張日明，每天準時搭乘公車上山，打理閻氏故居環境，並在閻氏靈前上香、奉果，未領取津貼，義務地為閻錫山守墓長達五十年。

年逾八旬的張日明，無怨無悔，因為閻錫山是他們山西老家的大家長，他們從小就是聽閻錫山的傳奇故事長大的。他說：「當年如果不是閻院長派機將我們從綏遠包頭接到廣州、重慶，我的命早就沒有了！人家對我們好，我也要對他好啊！」閻錫山的時代雖然早已結束，但對張日明來說，閻錫山是他畢生難忘的永恆歷史。

閻錫山在廣州臨時行政院匆忙就任閣揆後，雖然配屬一個連的憲兵保護，但據閻氏晚年的祕書原馥庭回憶說：「當時廣東的憲兵是靠不住的，部隊裡潛伏的共產黨太多了，部隊隨時都會叛變，所以從山西老家調來子弟兵擔任幹部隊保衛閻院長。」

年逾九旬的原馥庭與張日明就是當年從包頭、廣州、重慶、成都，一路追隨山西部隊來台的祕書與侍衛。一九五〇年初，在閻氏辭官後，數十位祖籍大都是山西省的祕書、幕僚與侍衛人員，隨同閻錫山搬到陽明山，初期築「草廬」而居，後來仿北方窯洞，興建兼具軍事防禦與防空功能的「種能洞」，以及紅磚結構的崗哨樓。

面對菁山山麓，張日明指著崗哨磚樓說：「屋頂、外牆，都留有機槍射擊口，窗戶內側還加裝鋼板，這是爲了防止攻擊。」國民政府遷台初期，面對共軍隨時可能進犯台灣本島的威脅，菁山山麓的閻氏故居，曾經配備有五十餘枝各式槍枝的武裝力量，專責保護閻錫山的安全，儼然是陽明山上一座固若金湯的軍事碉堡。

閻錫山故居原來是向林務單位承租的「私人農場」，最多時期曾聚集四十多位部屬，包含祕書、副官、侍衛、隨員、眷屬、司機、廚師等，山居歲月的生活開銷，全數由閻錫山獨自籌措。由於閻錫山從成都搭機飛往台灣時，曾攜帶自家的大批黃金來台。晚年並沒有缺錢的物質困擾，舊部與幕僚在故居的運作，基本維持自給自足。

「種能洞」是閻氏故居的主體建築，與侍衛紅磚樓都已被台北市文化局列爲市定古蹟。「種能洞」是由閻氏親自命名，在呈現他向以種能觀察宇宙變化的「宇宙觀」精神。這座碉堡式的特殊民居，則是這位中國近代軍政要員人生最後十年的歸宿。

下：閻錫山墓園與張日明，攝於二〇〇九年。
左：閻錫山晚年生活照。翻拍／王銘義

隱身在陽明山麓的「種能洞」，外牆與屋頂結構剛完成修復，閻氏庋藏近代史與抗戰前後的軍政要電、文獻史料與圖書，經原馥庭老先生協助整理後，近年多數都已移交國史館典藏，部分則由文化局現場清點封存，其餘書籍文件則散落一地。

儘管閻錫山已逝世五十餘年，但閻氏部屬井國治、張日明等侍衛、副官，持續在「種能洞」設置閻氏靈堂，並經常上香祭祀。井國治於民國九十年間，在前往故居途中，因腦溢血逝世後，近年看守故居和墓園的「勤務」，幾乎全由張日明老人獨自承擔。

閻氏遺像前的香案，除了燭台、鮮花、素果，供桌兩側還擺放閻氏晚年在台主要著作《三百年的中國》、《閻百川先生要電錄》等。張日明說：「這幾年有幾位山西來的客人，或研究閻錫山的學者來過。你有興趣看看這些舊書，就帶幾本回去吧！」

閻氏靈堂內高懸孫中山早年題贈的「博愛」橫幅，蔣介石總統於五十年前送來的輓額「愴懷耆勳」，浸漬泛黃，棄置在瀰漫著潮濕霉味的房間。「種能洞主人」雖然已遠離近半個世紀，但侍衛官張日明，每天依然準時執勤站崗，守護故居與墓園。

走進軍事碉堡般的「種能洞」，恍如踏進中國近代史與國共內戰史的時光隧道。訪客依稀還能聞到斗室裡成堆戰爭史料、閻氏著作受潮後散發出來的濃重歷史霉味。這座閒置在陽明山麓的閻氏故居，還曾是閻氏晚年會見蔣介石、宋美齡、陳誠與陳納德等中外重要貴客，接見立委、國代、著書立說的人生最後舞台。

閻氏墓園位於七星山之陽，峰巒環抱，茂林修竹，圓塚方碑，坐北朝南，氣勢非凡。墓木已拱，但半個世紀的風霜雨露，墓園周邊的工事構築，始終牢固穩當。張日明多年來在墓園遍植桃花與櫻花，立春之際，花香飄散，益顯空靈。圓塚後方墓牆則鐫刻著蔣介石總統於一九六〇年七月廿九日頒授的〈褒揚令〉全文：

總統府資政、陸軍一級上將閻錫山，才猷卓越，器識宏通。早年追隨國父，著籍同盟。辛亥之役，倡舉義旗，光復三晉。民國肇建，即任山西都督、督軍及省長，振飭庶政，訓齊卒伍，軍容吏治，煥然一新。北伐告成，歷任國民政府委員、內政部長、蒙藏委員會委員長、陸海空軍副總司令、軍事委員會副委員長、太原綏靖主任等職。外膺疆寄，內贊樞衡，碩劃敷陳，並昭懋績。抗戰軍興，任第二戰區司令長官，兼山西省政府主席，創興兵農合一之制，促進生產，增強戰力，厥效彌彰。故宇既收，赤氛重煽。三十八年出任行政院長及國防部長，受命於危難之際，馳驅蜀粵，載徙台員，遺大投艱，勳勤備著。中興在望，匡輔方資，遽喪老成，實深軫悼！應予明令褒揚，用示政府篤念勳耆之至意。此令。

兩岸交流日益綿密，有一回，帶著多位北京友人前往菁山山麓，探訪閻氏故居，憑弔閻百川先生墓園。繞園巡禮之餘，友人逐字逐句清聲朗誦墓牆上的〈褒揚令〉，在唸及「故宇既收，赤氛重煽。三十八年出任行政院長及國防部長，受命於危難之際」等語時，北京友人突然感慨說道：「兩岸分裂分治的歷史氛圍，於此爲最！」

面對草廬遺址的殘牆遭到破壞，張日明感慨地回憶起早年草廬的景況。他說，閻錫山在來台隔年八月十二日移居草廬，蔣介石總統與夫人宋美齡在八月底就上山來看他。「只有他們三個人在草廬內，談什麼，我們都不知道。」蔣閻兩人，曾在戰場與政壇交手數十年，曾是政敵，也是同志，「草廬會談」應是蔣閻關係的歷史終結。

閻錫山當年將國民政府的行政院遷到台北辦公，等於完成了延續中華民國法統的重責大任。但閻氏遷台後就萌生辭意。他曾自責：「扭轉時局無方，寸土必爭無術」，最後堅持辭意：「內閣的閣揆，等於駕轅的騾子，絆住了腿，寸步難行。」

閻氏沒有明說誰「絆住了腿」，讓他「寸步難行」，但遷台後，蔣介石總統復行視事，陳誠繼任行政院長。一代軍政強人閻錫山從此遠離政治塵囂，走出近代史的紛擾，如同高僧閉關修行，隱居草山，繼而開啓「草廬」、「種能洞」的傳奇歲月。

閻錫山的最後十年在陽明山度過，當地里長曾經稱頌他是「公館里最有成就的人」。這個「成就」，如果上推至一九一一年民國肇建，以至一九四九年兩岸分裂分治，就近現代史發展的影響角色，閻氏絕對戴得起公館里居民送給他的這頂「桂冠」。

中華民國成立初期，南北鬥爭未歇，孫中山請辭臨時大總統，從北京前往太原會見閻錫山。孫中山說：「武昌起義，山西首先響應，共和成立，須首推山西閻都督之力為最。……閻君百川之功，不惟山西人當感戴閻君，即十八行省亦當致謝。」

不論是共和成立「閻都督之力」，或政府遷台「閻院長之功」，能先後得到孫中山與蔣介石高度歷史評價者，閻錫山無疑是民國百年來的第一人。這應是閻氏故居遺址被台北市文化局列為市定古蹟的重要文史價值，也是值得維護的史蹟文化遺產。

張日明侍衛守護的不僅僅只是「山西王」閻錫山的墓園，半個世紀維護故居與守墓的俠義古風，更展現眞實版的「現代子貢」。同時，張日明近距離見證兩岸分裂分治六十年的核心史實，還護衛了政府遷台這段重要歷史轉折的鮮活史料。

在菁山暮色話別的張老先生，步履蹣跚，背影孤零，堅持親自送客到閻氏故居門外。老人謙遜地回望：「這些都是我應該做的事，我現在還走得動，可以常來看看，以後能做多少就不知道了。希望故居能早日對外開放，讓更多人認識閻院長啊！」

占領延安：胡宗南差點活捉毛澤東

二〇一〇年初，春節期間駐守北京。正準備和家人前往北京郊外居庸關「長城腳下的公社」度假之際，突然接獲友人從台北傳來簡訊：「蘇起請辭獲准，國家安全會議由胡爲眞接任」。蘇起是馬英九總統國安團隊的總指揮，更是馬政府國安政策的核心樞紐，在春節前夕宣布即將走馬換將，意味著馬政府成立以來最穩定的國安團隊正面臨全盤異動新局。

國安團隊執掌軍事、外交、兩岸與情報四大決策領域，胡爲眞在外交與國安局曾歷任要職，大陸媒體在報導胡爲眞接任國安會祕書長職務時，幾乎都冠以「胡宗南兒子」的稱號；兩岸分治六十年後，胡氏父子仍成爲兩岸議論的焦點，關鍵連結就在出身黃埔一期的胡宗南將軍是抗日名將，更是以「剿共」著稱的國軍將領。

原已從外交界退休的胡爲眞，近年廣蒐軍政史學界對國共內戰期間，涉及胡宗南評價的檔案資料，發現甚多根本是以訛傳訛，或基於政治目的的宣傳醜化，或兩岸史觀差異的負面評述，流傳至今以致引起諸多誤導，胡爲眞積極籌謀爲其父親重新立傳，希望能還給胡宗南將軍應有的歷史評價。

大陸近來製播涉及國共情報戰的影視作品，如《潛伏》、《人間正道是滄桑》、《解放》等高收視率的國共戰爭題材，雖不脫「成王敗寇」的傳統規律，但確有不少劇情的描述，已能比較客觀地處理國共內戰的相關史實。有些諜報戰戲劇情節的人物原型，就是取材自胡宗南部隊與解放軍部隊之間的情報戰史料。類似《潛伏》電視劇的諸多題材的描述，也與胡宗南部隊內部的國共兩黨較量背景有關。

抗戰勝利前後，胡宗南將軍在西北地區領導的「天下第一師」，是國民政府蔣介石委員長的黃埔嫡系，又是當年國軍負責剿共的主力精英部隊，中共黨政部門對胡宗南的種種評價，基於軍事鬥爭的宣傳與政治目的，自然都是批判性的。

尤其，曾任胡宗南將軍的機要祕書，同樣系出黃埔的熊向暉，一九九一年發表回憶錄《地下十二年與周恩來》，更是引起兩岸各界的廣泛議論。近年來，大陸各省市電視台所放映國共諜報劇的劇情編寫，不乏來自熊向暉回憶錄的啓發。

熊向暉揭露自己潛伏在胡宗南身邊多年的情報祕辛，應是國共內戰時期最關鍵的軍事情報史料。這也是間諜當事人自述發表的第一手「潛伏檔案」，當年不僅震驚兩岸軍政史學界，也讓外界對國共內戰時期，兩軍情報戰較量的內幕更加好奇。

熊向暉潛伏在胡宗南陣營所造成的最大傷害，應是導致國共內戰出現歷史性的轉折，致命一擊則是一九四七年三月，熊向暉把蔣介石下令胡宗南部隊攻打延安的「極機密」情報傳遞給中共，讓毛澤東與中共中央得以及時、安全地撤離延安。

熊向暉發表回憶錄，有意將早年的潛伏任務與周恩來畫上等號，藉以提升自己的政治地位，並強化他對中共得以「保存命脈」的重大貢獻。一九四九年十月一日，中共宣布建立新中國。同年十一月六日，新中國總理周恩來在中南海「勤政殿」宴請國共內戰時期投共的國民黨降將張治中、劉斐等人。曾經獲得毛澤東評價其情報貢獻「頂過幾個師」的熊向暉，也接到周恩來署名邀請的午宴請柬。

曾於一九四五年八月抗戰勝利後，參與國民政府與中共代表的「重慶談判」，並提供自家官邸「桂園」讓毛澤東在重慶期間作爲辦公與會客室的張治中，在「勤政殿」見到熊向暉就說：「這不是能老弟嗎？你也起義了？」周恩來則解釋說：「熊向暉不是起義，是歸隊！他是一九三六年入黨的共產黨員，是我們派他到胡宗南那裡去的。蔣介石的作戰命令還沒有下達到軍長，毛主席就先看到了！」

一九四七年國共軍政勢力的戲劇性消長，攸關後來國共兩黨軍事鬥爭的成敗。胡宗南部隊曾長期遭到共黨間諜的潛伏與滲透，應是國軍剿共行動最後面臨崩解的致命因素。胡宗南的舊部、與熊向暉熟識的楹聯書法名家張佛千，一九九〇年前往大陸探親時，曾在北京會晤舊識熊向暉。張佛老生前曾在《傳記文學》發表祕辛讀後感言，張佛老感慨寫道：「我要說一句對老長官不敬的話，眞是鬼摸了頭！」

一九四七年三月的「延安之役」，成也胡宗南，敗也胡宗南，胡氏的歷史評價與「延安之役」密不可分。毛澤東等中共黨人當年得以撤離，導致蔣介石的剿匪行動「功虧一簣」，究竟這次絕密軍事行動的疏失，是胡宗南遭機要祕書熊向暉潛伏所致，或蔣介石的親信、國防部作戰次長劉斐根本就是中共潛伏的高層諜報人員，相關當事人所透露的諜報或祕辛，都未能呈現完整的眞相。

二〇一〇年五月間，在一次與胡爲眞餐敘時曾聊到，作爲胡宗南之子，究竟是如何看待「延安之役」的各方評價。胡為眞認為，熊向暉回憶錄的有些說法應有政治考量，有關一九四七年「延安之役」的歷程，他認為以中研院近史所的《盛文先生訪問紀錄》，以及胡宗南舊部徐枕所寫的《胡宗南先生與國民革命》、《風霜雨露集》最具權威性、代表性，他們也都是實際參與延安戰役的歷史見證者。

胡為眞擔任中華民國駐德代表時，有一次會見德國國會議員，據該議員轉述，他剛見過中國駐德大使館官員，對方告訴他：「胡為眞的父親就是一九四七年差一點捉住毛澤東的胡宗南將軍！」該議員並說，中國駐德官員形容，當年胡宗南部隊與毛澤東居住的窯洞，最近的距離已逼近四百公尺，而毛澤東倉皇逃離延安時，曾將馬匹套上口罩，不讓馬匹發出嘶鳴聲，才得以脫離胡宗南部隊的圍剿。

古代軍馬作戰，為確保軍事作戰行動的絕對隱密，有所謂「如赴敵之兵，啣枚疾走，不聞號令，但聞人馬之行聲。」或如《封神演義》所寫：「人啣枚，馬摘轡，暗劫營寨，殺彼片甲不存，方知我等利害。」都在強調軍事行動的出奇致勝，制敵機先，而當年窩居陝北窯洞裡的毛澤東、周恩來、朱德等多位中共元老，在遭到胡宗南傾力圍剿之際，也是靠著「人盡啣枚，馬皆勒口」，最後才得以成功逃出延安城。

抗戰勝利後，國共兩黨曾有短暫談判「蜜月期」，但因彼此缺乏互信，國共內戰於焉爆發。有關國軍部隊如何研擬圍剿中共中央的根據地延安，據盛文在《盛文先生訪問紀錄》透露，一九四七年一月間，蔣介石召集胡宗南和他前去南京，這是抗戰勝利後，國民政府高層首次表示要進攻延安。

事涉蔣介石對西北用兵的最高軍事機密，蔣介石並沒有找國防部作戰部門參與作戰計畫。當時，三人會議過程，胡宗南曾詢問盛文：「你看怎樣？攻延安有沒有把握？」盛文答說：「有把握，可以攻！」蔣介石聽聞後則對盛文說：「你做計畫，這個計畫你要親自做，不要假手任何人，絕對保持機密，做好了我來看看！」

作為胡宗南部隊參謀長的盛文回憶說，進攻延安的軍事計畫只有蔣介石、胡宗南和他三人知道，連當時的國防部長都被矇在鼓裡。因此，從南京回到西北駐地之後，他親自做了進攻延安的計畫，原定的攻擊發起日D-DAY：就是三月十日。

兩星期後，蔣介石要盛文將作戰計畫送到南京，蔣對盛文提出「五天攻下延安」的作戰計畫提出異議。蔣介石質疑說：「共匪盤據陝北十三年，廿三縣，無論軍事、政治、文化、經濟、教育都根深柢固，你想五天時間攻下延安是不可能的！」

盛文則解釋道：「論兵力，他優勢，我們劣勢，共匪在陝北有十五萬人，我們集中全力加上董釗的力量，也只有八萬人，就因為他們在陝北根深柢固，假如我們作曠日持久的戰爭，必然注定失敗，所以我的著眼是奇襲，此外我還有別的花樣。」

蔣介石裁決說：「你帶回去再研究吧，時間太短了！」隨後，蔣介石曾再約見盛文，但原定五天攻下延安的計畫依舊未改。胡宗南稍後曾對盛文說：「共匪盤據延安如此之久，你要五天攻下來，荒唐吧？」盛文自信地答稱：「荒唐就殺頭嘛！」

在胡宗南、盛文仍在反覆研議具體進攻延安計畫之際，延安方面似乎已得到胡宗南部隊可能調動的軍事作戰情報，中共潛伏在胡宗南部隊的間諜，將各種管道取得的訊息，早已彙整傳到中共中央領導人在延安的指揮總部。因此，在胡宗南部隊並未出動之前，中共就刻意在當地宣傳廣播：「聽說胡宗南要進攻延安！」

根據盛文訪談錄所言，胡宗南部隊計畫進攻延安的消息，應該是從南京國防部洩漏出去的，因爲，後來才得知，當時的作戰次長劉斐是國防部裡重要的中共間諜，也是蔣介石最親信的軍事幕僚，劉斐在南京曾看到胡宗南、盛文幾次悄悄地來往於南京與西北之間，盛文研判劉斐可能已隱約地推斷出國軍將攻擊延安的任務。

胡宗南的絕密行動，幾經反覆折衝，蔣介石仍核定採納盛文最初提出的進攻計畫。胡宗南部隊原定三月十日出兵攻擊，但九日清晨，蔣介石從南京急電胡宗南，緊急告知十日不能出兵攻打延安，因美國大使赫爾利臨時決定到延安會見毛澤東等中共領導人，國軍部隊必須等赫爾利離開延安才能進攻。毛澤東拉攏美國大使赫爾利關注延安現況，無疑是中共中央意圖「以時間換取空間」的緩兵之計。

赫爾利大使訪問延安的行程直到三月十三日才結束。因此，在確認美國大使離開延安之後，胡宗南終於下達軍令：三月十四日上午五時，西北駐軍對延安共黨根據地展開拂曉攻擊！胡宗南部隊閃電式的攻擊行動，直到三月十九日上午八時零四分，胡宗南的尖兵部隊攻進延安城內，基本占領延安城區，圍城行動才告結束，胡宗南部隊事後宣稱：攻下延安的時間，比原定計畫多了三個小時零四分。

有關毛澤東在延安窯洞的最後動向，據盛文的說法，在部隊攻進延安後，他是搭乘蔣介石送給他的小飛機飛到延安的，他趕到毛澤東辦公居住的窯洞，當時雖是農曆二月間，天候很冷，陝北這種天氣，毛筆拿出來通常二十分鐘就會結冰的，但洞內案前的毛筆尙未結凍，桌上擺著加利克菸、《資治通鑑》攤開著，散落幾張稿紙。從案頭擺設研判，毛澤東應是在國軍進城的一個小時前才匆促出走的。

盛文在回憶錄中並說，據被國軍俘虜的共軍和訪查當地老百姓的說法，毛澤東當時就在胡宗南前鋒部隊前方的不遠處，毛澤東和朱德等人化裝成陝北老百姓，和難民夾雜著逃亡。盛文說，當時部隊只俘虜共軍，還擔心如果把難民趕急了恐怕會產生不良的後果，毛澤東就此成了漏網之魚，導致延安之役「功虧一簣」。不過，蔣介石事後嘉獎說：「全軍剿匪軍事行動，只有這一次是完全如計畫完成！」

大陸對「延安之役」的潛伏檔案，迄今仍以熊向暉回憶錄所披露的內容最具代表性。根據中共近年對延安戰事的說法，主要都說熊向暉在一九四七年把蔣介石下令攻打延安的機密情報傳遞給中共，讓毛澤東得以先行撤離延安，只留下一座「空城」。熊向暉曾提及毛逃離延安前，曾在窯洞抽屜裡留一張紙條給胡宗南，紙條寫著：「胡宗南到延安，勢成騎虎，進又不能進，退又退不得，奈何！奈何！」

不過，率先攻進窯洞的尖兵連連長徐枕曾回憶說，窯洞桌上菸灰缸留有菸蒂，茶杯裡的水尚有餘溫，還有紅筆圈點過的書（應指《資治通鑑》），搜索士兵曾將抽屜抽出，根本沒有任何字條。徐枕強調，當年三月十九日晨，他率兵攻進延安後，緊接著營、團、旅、師、軍長們，都來窯洞巡視過，設若眞有紙條留在抽屜內，還會等到三月廿五日胡宗南親自打開抽屜才見到嗎？熊向暉的這項說法最荒唐，根本是在編織神話故事，僞造中共黨史。

黃埔十七期的徐枕在胡宗南部隊進攻延安時，擔任整編第一師上尉尖兵連長，當時親率突擊部隊直闖毛澤東居住的窯洞搜索，當年繳獲毛澤東使用的剪刀，據稱仍保存在徐枕家中。徐枕來台後歷任國防部人事參謀官、行政院人事局祕書、師大人事室主任。著有《抗戰史話》、《胡宗南先生與國民革命》、《風霜雨露集》等，他對國軍部隊當年攻占延安實況的回憶與描述，應是較為權威性的研究史料。

然而，共產黨人的視角所看到的一九四七年延安大撤退，與胡宗南部隊領導幹部所回憶的作戰史實，卻呈現截然不同的歷史描述。二〇一一年元月，北京「中國文史出版社」出版，由中國紀實文學作家武立金綜合各方回憶文章所寫的《周恩來遇險實錄》，同樣對胡宗南部隊攻占延安過程有重要描述，據該實錄所稱，毛澤東等人早在胡宗南部隊三月十九日清晨攻入延安的前夕，即已安全撤離窯洞：

三月十八日清晨，炮聲已聽得很清楚，敵軍快逼近延安了。江青沉不住氣，催促仍在辦公的毛澤東快點走。胸有成竹的毛澤東準備了兩手：一是敵人占領了寶塔山，他們就坐汽車從飛機場那條路走。二是敵人占領了南山、封鎖了公路，他們就騎馬從王家坪後面的山溝里撤退。馬就在後溝里拴著，白天備好鞍，行李都搬過去了，隨時都可以走。

這天上午八九點鐘，吃完早飯的毛澤東、江青坐在會議室里，一條長方形的會議桌，一人坐一頭。江青對毛澤東說：「你聽這炮聲多急呀，延安恐怕支持不住了，咱們上午離開吧！」毛澤東說：「我不能走，敵人還遠著呢！他也是兩條腿，我也是兩條腿，他到延安，我見到他走也不晚。」

江青知道毛澤東是在等三五九旅旅長王震。王震帶著部隊從晉東南星夜兼程地往陝甘寧邊區趕，毛澤東已於早上派吉普車去黃河邊接他。「王震的部隊根本趕不到延安，你等他，等不到！」江青神情緊張地說：「敵人快到延安了，你聽見了沒有，這炮打得越來越近了！」毛澤東還是穩坐釣魚台：「我不管，走不走等王震到了再說。」

煩躁不安的江青耍起了小脾氣，她把手裡的茶杯往桌子上一蹾，大喊大叫：「你走不走？你不怕死，我怕死！我還要我的後代呢！」毛澤東嚴厲地說：「妳走！妳走妳的！」警衛員在外面聽見了，趕快把周恩來叫過來拉架。周恩來推開會議室的門，看著一臉梨花帶雨的江青，就笑著問：「你們兩口子又在開什麼玩笑？」

……

周恩來又到了棗園、楊家嶺和清涼山去檢查機關轉移和群眾疏散的情況。黃昏前回來，他向毛澤東作了匯報：「群眾都疏散轉移了，機關的堅壁清野也搞好了。「好嘛！我們把這個裝滿金銀財寶的大包袱甩給蔣介石，就怕他背不動喲！」毛澤東滿意地說：「現在還有點時間，咱們吃了飯再走。」

傍晚七時左右，周恩來走出窯洞，發布命令：「準備汽車，馬上出發！」毛澤東、江青和閻長林帶著幾個警衛員坐一輛中吉普，走在前面。中間是周恩來、關蘭軒和王還壽坐的一輛小吉普，後面一輛吉普車坐著陸定一，最後面一輛是拉著電台和警衛部隊的大卡車，毛澤東的長子毛岸英也坐在大卡車上。

此一走，毛澤東再也沒有返回他住了十年之久的那間充滿菸草和辣椒味的窯洞，而且此生再也沒有回過陝北。

國共雙方在回憶胡宗南部隊攻進延安的史實過程，呈現「一個延安，各自表述」，對毛澤東撤離窯洞的時間，更有時間敘述上的差異，這應屬合理現象，有可能是記憶的誤差，或研判的差異；至於毛是坐汽車從容撤出，或騎馬逃出延安，相關回憶各有不同描述，則因史料來源不同，或為維護「黨的光輝形象」，部分中共史料的描述，也有可能自始即塑造為從容撤離，而非在大軍壓境下倉皇逃出延安。

根據盛文在口述歷史時的分析，國共形勢在抗戰勝利後，出現重大逆轉，國軍處處失利，原因有二：國軍整編後軍心渙散；國軍所排斥的偽軍、協防軍都為共黨所接收，使得共軍實力頓告雄厚；同時，當時的民主人士成為「共黨尾巴」攻擊政府沒誠意和談，還堅持「黷武主義」，讓政府陷於內憂外患，交相煎熬。

即使胡宗南部隊一度長驅直入，攻陷延安，但因情報作戰失利，毛澤東、周恩來、朱德等中共中央領導人得以從容撤離，延安雖曾收復，卻未能完成「剿匪」的最後目標，加以抗戰勝利後，國軍派系對立，軍事領袖對國共是否合作，各有政治圖謀，尤其，國防部作戰次長劉斐與胡宗南部隊參謀長盛文之間的政治恩怨日益加遽，在攻克延安不久，劉斐即主張從延安撤兵，導致剿匪行動面臨全面潰敗！

二〇一〇年底，胡為真的胞弟，中原大學副校長胡為善在接受《三聯生活周刊》專訪時，對外界評價其父親的歷史功過曾表示，一九五〇年三月，他父親是最後一位撤出西昌的國軍將領，他的離去，宣告國民黨在大陸軍事力量的全部瓦解，父親的名字幾乎成為國共內戰的象徵性人物，這對他父親是很不公平的。胡為善強調：「國民黨當年失去大陸是一個系統性的失敗，不能完全歸咎於某一個人。」

中共早期可能基於軍事鬥爭的需要，曾指稱胡宗南的妻子、杭州警官學校畢業的葉霞翟是特工出身，更有甚者，指涉葉霞翟是國府情報頭子戴笠的情婦，戴笠為了監視胡宗南，才把葉霞翟介紹給胡宗南，以利監視云云。胡為善強調，這些說法是毫無根據的。他說：「抗戰期間，母親一人在

延安中共中央舊址銅像

美苦讀多年，怎麼去監視我父親？」

葉霞翟教育子女的強勢作風，胡家子女印象深刻。胡爲善曾回憶說，國軍將領黃百韜之子黃效先早年因殺人被判死刑，據稱，黃夫人曾把黃百韜的青天白日勳章拿出來向老蔣總統求情，換了一命，當年葉霞翟還曾嚴肅地告誡胡爲眞、胡爲善兄弟：「你們絕對不可以犯類似的錯誤，如果犯了，你們就自己死吧，我不會把你們父親的青天白日勳章拿出來換你們的命！」

胡宗南早年曾贈詩葉霞翟：「八年歲月艱難甚，錦繡韶華寂寞思，猶見天涯奇女子，相逢依舊未婚時。」一九四七年三月，國軍部隊一度攻克延安之後，胡宗南遵守承諾在延安迎娶了葉霞翟，爲這段烽火年代的姻緣留下歷史見證。

一九八二年，葉霞翟逝世，胡家子女爲紀念其母親的堅毅不拔、永不屈服，他們並在葉女士墓碑上刻下了簡短幾個字：「永不低頭的女性」。葉霞翟女士的墓園鄰近胡宗南將軍的墓園，胡爲善形容說：「他們終於獲得永遠的安寧！」

大聲公，好走！超級新聞前輩陸鏗

昨夜剛結束西藏拉薩「北京奧運聖火傳遞」採訪行程，取道成都，回到北京駐地。儘管西藏高原的採訪行程，舟車勞苦，身心疲憊，但仍習慣地在清晨起床後，打開電腦，進入主要新聞網站，快速瀏覽兩岸與國際重要的政經新聞訊息。

北京駐地經常面臨的困擾之一，就是境外新聞網站被封、敏感新聞被屏蔽，京奧開幕前雖有改善，但依然難以讓人滿意。當新聞網頁開啟後，惺忪疲累的眼神，瞬間被報社同事，駐美國紐約特派員王良芬，二〇〇八年六月廿二日發自紐約的「陸鏗病逝舊金山」新聞所驚醒！

【王良芬／紐約廿二日電】旅居舊金山的資深新聞記者陸鏗因肺栓塞，在醫院昏迷十天後，因呼吸困難，於台北時間廿二日上午十點病逝於舊金山，享年八十九歲。去世時親人均在身旁陪伴，身後事將遵照遺囑，送回老家雲南安葬。陸鏗過世前，有時記不得親人，卻未忘多年新聞工作的責任心，還曾急得要趕去採訪。

陸鏗罹患老年癡呆症多年，五年前病發初期，先是找不到廁所，接著忘了兒子陸可信的名字，接到兒子電話當對方是陌生人。他事後自稱「老混蛋」，在新聞界餐聚時，常拿來當成笑話講。

陸鏗的老年癡呆症每況愈下，這些年來都靠老伴崔蓉芝不捨不棄照顧。然而在他臨終最後日子裡，他竟然有時也記不起崔蓉芝，有時還請問她是誰、貴姓，然後很有禮貌地說謝謝。崔蓉芝親自照顧陸鏗二十年，陸鏗視崔蓉芝爲女神，但到最後竟也忘了她是誰。

雖然陸鏗記不起身邊的親人，衰弱身體早已無法自理生活，但新聞記者的責任感依然深埋腦海。崔蓉芝說，陸鏗有時會半夜把她搖醒，急著要出門採訪，他說人家已經派車到門口，擔心遲了會誤了事情。

二〇〇八年駐京採訪期間，中國遭逢悲劇不斷的連串罕見災難，從五十年不遇的南方各省特大凍雨冰雪災情，繼之西藏拉薩的「三一四」騷亂，以至「五一二」汶川大地震，一波未平，一波又起，輾轉奔波採訪於北京駐地與藏區和災區之間，爲中國這段動盪的災難歲月，留下歷史見證。還來不及整理感傷情緒，在雪域高原回京後卻聽聞大聲公往生，只能默默祝禱大聲公離苦得樂，駕返西方淨土。

陸鏗被稱爲「近代新聞界傳奇人物」，幾乎是新聞界後生晚輩們的一致評價。二〇〇〇年三月，台灣總統大選。獨立門戶的宋楚瑜誓言競選到底，李登輝指定的連戰，又面臨黨內深藍選民的質疑，國民黨連宋陣營徹底分裂，形成三分天下的競爭亂局。投票結果，連戰、宋楚瑜雙雙落敗，民進黨提名的候選人陳水扁漁翁得利，意外當選總統，國民黨拱手移交中央政權，台灣首度出現

「政黨輪替」。

數日後，我在台北西華飯店後方的餐館，約了這位「超級老前輩」，人稱「大聲公」的陸鏗，閒談總統大選後的混沌局勢，以及兩岸關係可能出現的新局。餐敘之間，陸鏗以略帶感傷的緬懷語氣，但又夾雜著新聞記者掌握獨家新聞的振奮情緒說道：「小老弟啊，五十年來，國民黨兩次歷史性的挫敗，我都見證到了！」

早年曾經擔任國民黨機關報——南京《中央日報》採訪主任的陸鏗回憶說：「一九四九年四月廿三日，中共人民解放軍，橫渡長江，解放南京，國民黨政權被共產黨的槍桿子給打敗了；五十年後，二〇〇〇年三月十八日，民進黨提名的陳水扁當選中華民國總統，我又看到了國民黨被支持民進黨的選票給打敗了！」

陸鏗的採訪經歷，空前絕後，名揚中外，並已成為近現代中國新聞史的一部分，後人恐怕都難以超越他在華人世界所經歷的非凡採訪閱歷。當時，聽到陸鏗形容兩度見證國民黨被槍桿子和選票打敗的特殊採訪見聞，我認真地尊崇大聲公說：「你大概是世上唯一在採訪線上，兩度見證國民黨『亡黨亡國』的新聞記者啊！」

從新聞界的角度來看，陸鏗已成為近代新聞史的一部分，豐富多采的人生閱歷與橫跨半世紀的採訪經歷，更是一部「傳奇」。記不得是在那個場合第一次見到大聲公了，但最後一次是二〇〇七年四月十八日，在台北喜來登「請客樓」，宴請剛從雲南探親歸來，雖然失智，卻還能高聲清唱〈哥是天上一條龍〉的大聲公。

陸鏗先生比我年長四十歲，有幸在大聲公晚年多次見證他追查新聞「上窮碧落下黃泉」的拚搏狠勁。我們曾在一九九五年兩岸兩會台北「焦唐會談」、一九九七年七月一日香港主權移交等新聞線上同步採訪，彼此分享採訪見聞，他總是不忘慷慨提攜。遺憾的是，遽聞大聲公在美國西岸往生之日，我剛結束拉薩奧運聖火傳遞的採訪行程，回到北京駐地，未能趕赴舊金山送他最後一程。

最後一次與陸先生聚會，是在他獲得中國官方批准從舊金山回中國雲南老家探親後，崔蓉芝陪他從香港飛來台北的那幾天。我在復興北路的一家商務旅店見到大聲公，這是他晚年赴美定居多年後首度重聚，但叫人心酸難過的是：「人事全非」。

雖然已是年逾八旬的老者，身型外表卻依然保持「紳士風度」。此時再見到大聲公，他腦部的記憶區受損嚴重，朋友，叫不出名字了；往事，也幾乎全忘了。我攙扶著步履蹣跚的陸鏗，就近在隔壁的泰式餐廳用餐，當時，大聲公已無法自然交談，但卻焦躁地不斷催促崔蓉芝讓他喝糖水，似乎有助於穩定他的情緒。

隔天中午，約了夏珍等幾位新聞界朋友，陪大聲公和崔蓉芝用餐。儘管他已完全遺忘早期在台北的那段採訪歲月，眼神之中，不時還流露著孤寂落寞，但隨著眾人清唱旋律響起，在喜來登「請客樓」包廂裡，大聲公竟能節奏精準，高亢地唱出一首首悠揚輕快的雲南民歌、〈康定情歌〉，還有他曾經熟悉的〈綠島小夜曲〉。

「哥是天上一條龍，妹是地下花一蓬，龍不抬頭不下雨，雨不灑花花不紅。……」音色、音量，與身體健康時期的大聲公差距不大，容或有些尾音沒有收得及時，或個別段落稍有走音，但歌聲未停，眾人熱淚早已盈眶。唱罷，舉座報以熱烈的喝采，大聲公依然禮節周到地回敬後生晚輩：「唱歌很好哦！謝謝你們！謝謝你們！」

二〇〇七年，高齡八十八歲的陸鏗，剛從北京有關部門列管的「入境黑名單」解除禁令。在崔蓉芝溫情護持下，一路從舊金山，飛越太平洋，橫跨台灣海峽，回到闊別近三十年的雲南老家，探視定居在昆明的兒孫親友，這趟原是突破政治禁錮，擁抱鄉愁的歸鄉路，卻成了一趟沒有激情，沒有回憶的「靜默返鄉之旅」。

六十年來，陸鏗從採訪歐陸戰場、國共內戰、解放軍攻陷南京，李登輝訪問康乃爾，兩會協商，以至九七香港主權交接、台灣政黨輪替等等，「有重大新聞的地方，就有陸大聲」。對新聞永遠懷抱熱情的陸鏗，八十大壽那天，台灣新聞界爲他舉辦溫馨餐會，黨政領袖紛紛到場祝壽，他逮到機會，還是跑新聞、寫文章。

當醫生診斷他患有輕中度「阿茲海默症」後，陸鏗腦波裡原來滿載的那一部中國「現代新聞見證史」，竟如磁碟片被消磁般地突然消失了。除了奇蹟般地還能發自心靈深處的豪邁歌聲，曾經博學多聞的大聲公竟然「什麼都忘了」，就連親自擁抱過的雲南鄉愁，在從香港回美國舊金山，路過台北時也幾乎全都遺忘了。

神奇的是，遺忘了鄉愁，失去了記憶，陸鏗天生大嗓門兒的表演絕活，彬彬有禮的紳士風度，竟還保有局部的完整性；讓滇台兩地都已叫不出名字的親友故舊在感傷之餘，也驚嘆不已。陸鏗在台北的最後幾天，每次見他，都試著舉他熟識的近代名人，試圖想從他已然模糊的記憶區，喚回任何可能的清晰印象。

陸鏗豐富精采的新聞生涯，接觸過不少兩岸當局的黨政最高領導人。爲了試圖喚醒他的新聞記憶，我在他耳際問他認不認識蔣介石？周恩來？蔣經國？李登輝？陳水扁？陸鏗總是面露難色，繼而謙恭有禮答稱：「對不起，我都記不得了！」但問到曾以「大聲」稱號相贈的黨國大老于右任，陸鏗馬上顯露矍鑠閃亮的眼神。

「啊！于右任？我認識啊！我是他的老部屬哦，他把我們當家人看待。」于右任是陸鏗在晚年

陸鏗在台北復興北路上一家泰式餐廳留影，攝於二〇〇七年四月十五日。

仍「記得住」的唯一長輩，尤其，年老失憶，對于右任還能留住「印象」，殊屬難得。陸鏗曾說，一九四九年解放軍攻陷南京前夕，他擔任南京《中央日報》採訪主任，曾順道搭乘于右老的大型座車，倉皇從南京撤離到上海。

長年勤於筆耕，著書立說，並爲台港媒體撰寫兩岸關係專欄的陸鏗，早年曾爲台灣黨外雜誌撰寫〈請蔣經國先生不要連任總統〉文章，呼籲蔣經國專任國民黨主席。不料，陸鏗的政治言論踩到蔣經國的「禁區」，得罪當道，竟被國民黨當局認定是中共方面的間諜；陸鏗以香港媒體身分專訪中共總書記胡耀邦，爲中國政治民主化探索出路，最後也落得「包藏禍心」的罪名，長期被中共列入「黑名單」。

不過，此時問他對國共兩黨的歷史恩怨情仇，年近九旬的陸鏗只是挺直腰桿，帶點焦慮、茫然的眼神回應：「我沒有印象了，我不太注意這些事情囉！」北京長期將陸鏗列爲「黑名單」，應是懲罰陸鏗手上那枝永不停歇的筆，與那股熾熱的新聞使命感。即使解禁前夕，北京依然對陸鏗當年與星雲大師暗助許家屯，耿耿於懷，當陸鏗拚勁不見了，記憶消失了，拿不起筆了，北京才拍板放行歸鄉路。

陸鏗在晚年還被北京當局列入「黑名單」，肇禍主因是他曾專訪前中共總書記胡耀邦，專訪文稿出刊後，最後竟成爲胡耀邦下台的政治罪狀之一。一九八五年五月十日，陸鏗在中南海訪問被視爲純粹「開明派」的胡耀邦，陸鏗事後根據錄音整理出兩萬多字的《胡耀邦訪問記》，並發表在當年六月出版的香港《百姓》半月刊。這篇重要專訪問世後，一時洛陽紙貴，震撼華人世界。

陸鏗曾透露：「胡耀邦見到《百姓》版面大樣後，曾提出七點修訂要求，被我拒絕。」胡耀邦當時要求《百姓》半月刊進行修改的內容，均爲攸關中共中央人事與政策動向等極度敏感的訪談內容，包括要求對三個部分進行實質修改：

．陸鏗訪談時提及王震是胡耀邦的瀏陽同鄉，胡耀邦說：「他是北鄉的、我是南鄉的。」陸鏗說：「那是南北呼應」。胡則笑答：「也可能是南轅北轍。」

．陸鏗談到胡喬木在文革期間的表現不好，還批鄧小平表現得很不好，胡耀邦受訪時情不自禁地說：「你們的瞭解很細緻嘛，他說了些言不由衷的話。」

．胡耀邦談話涉及中共解放軍權力傳承問題和鄧小平的地位。胡耀邦說：「照顧到軍內歷來的論資排輩習慣，就讓他（鄧）兼任（軍委主席）了。」

一九八七年，中共黨政領導權力重行改組，具有開明形象的中共總書記胡耀邦被迫下台，據稱，中共中央清算胡耀邦的罪狀之一就是：「接受陸鏗訪問，洩露國家機密，並聽任陸鏗肆意攻擊中央政治局委員和中央書記處書記。」對於一篇專訪引發中南海內部的權力矛盾，甚至意外地傷害到胡耀邦的政治生命，陸鏗晚年曾懺悔告白：「這樣做，不是對一個像胡耀邦這樣沒有心機的人應取的態度。」

一九九七年六月底，我奉派赴港採訪香港主權移交，陸鏗也以香港電台特邀記者身分參與交接儀式的採訪。在一次等待採訪的茶敘過程，陸鏗很興奮地提供給我「獨家新聞」，希望我能趕去九龍「華美利達」酒店採訪應邀出席觀禮的丁中江。

他的老友丁中江早年曾被港英政府視為「國民黨特務」，並在九龍被驅逐出境，殖民官員更在香港碼頭宣讀一份代表英國女王的「誥令」，大意是將丁中江等人永久驅逐於「大英帝國女王統治的香港殖民地之外」，永遠不得再進入香港。

陸鏗晚年曾在一篇回憶文章中提到與他「情同手足」的雲南同鄉丁中江，對丁中江在一九九七年七月應邀出席香港主權交接的觀禮活動，曾有以下的描述：

一九九七年六月十五日，中江接到大陸一通電話，對方非常明確的說：「丁老，北京方面正式邀請您在七月一日參加『香港回歸的交接禮』」，並於數日後接獲香港特首董建華正式邀請函及慶典委員會相關的各項資料，（「回歸」當天我也以記者身分，自行趕赴與會），實現他「有尊嚴的重返香港」大願，這是他被逐三十五年之後，再次踏上被迫離開已經定居十二年的香港。

原來中江於一九六一年十月六日，被香港英警政治部以「滇緬邊區游擊隊領袖與國民黨特務」、「從事反共活動」等政治罪名逮捕，與二十四位親台的右派人士受押於九龍政治集中營，長達一百三十五天。一九六二年二月十九日，香港總督宣判他永遠驅逐出境，限定終身不准再進入香港，當他在佐敦道客運碼頭登上駛往台灣的「四川輪」以前，曾經向英港政治部幫辦嚴正聲明，「我一定會回來，親眼看到英國人滾出香港，英國國旗（在維多利亞港）降下！」

大聲公熱心提供極有價值的獨家新聞題材，並非只是丁中江赴港觀禮新聞背後的傳奇故事，而是港英政府處理丁中江重返香港過程所展現「大英帝國」的強權與傲慢。尤其，英國在指揮港英政府刁難丁中江的「入境香港簽證」，展現了帝國主義殖民思維的最後身影。陸鏗因看不慣港英政府

「欺友太甚」，對其老友再次受到不公平對待，義憤塡膺，兩肋插刀，讓我一起來揭露港英政府的「劣跡」。

丁中江在一九九七前曾訪問北京，並會見中共總書記、中國國家主席江澤民，兩人相談甚歡，會晤結束前，江澤民曾詢問丁中江有沒有計畫再到那些地方走走看看，丁中江則表明希望有機會見證香港主權回歸，江澤民點頭示意，並表示很樂意協助他實現願望。顯然江澤民把丁中江的「願望」聽進去了，江的幕僚也把江澤民的承諾記住了，因此，丁中江才有機會實現他「有尊嚴的重返香港」的大願。

丁中江雖如願地被列爲中方特邀貴賓，依照中英兩國政府的移交協議，雙方對各自邀請的貴賓名單，都不得持異議，並應協助被邀貴賓赴港出席觀禮活動。不過，中方並沒有算計到港英政府竟在給丁中江的赴港簽證作業上，動了手腳，讓丁中江無法及時赴會。最讓丁中江飲恨的是，無法及時趕在六月卅日午夜前到港，親自在香港碼頭見證英國查理王子搭乘英國軍艦黯然離開維多利亞港的歷史畫面。

港英政府統治香港殖民地的期限是到九七年六月卅日午夜止，午夜過後，中英交接香港政權，七月一日零時起，香港即成爲中華人民共和國統治的「香港特別行政區」。港府雖然依照約定，必須核發簽證給曾遭殖民政府「永久驅逐不得入境香港」的丁中江，但港府直到下班前，即六月卅日下午六時才從香港發出簽證，丁中江在台北收到簽證時，根本無法及時赴會，直到七月一日下午才飛抵香港。

大聲公不但在新聞戰線上經常「罩」我，有些重要聚會，他也不忘熱情分享。有一回，台灣「經營之神」王永慶，在敦化北路台塑大樓後棟頂樓寓所宴客，暢談他對兩岸政經局勢與經貿交流的觀察與評論，當天赴宴的還有新聞界前輩司馬文武等人。陸鏗是王董邀請的主客，王董曾告訴他，邀約幾位好友來家裡吃飯聊聊。王府家宴前幾天，大聲公通知我：「小老弟啊，王永慶請客，你一起來吧！」

台北住家雖與王永慶董事長在台塑大樓的住家，相隔僅數百公尺，但我與王董事長素昧平生，台塑集團也不在我的採訪領域。這是我第一次參與王永慶董事長的「家宴」，也是唯一一次近距離與聞王董事長對當時兩岸政策的精湛見解，酒過多巡，賓主盡歡，連我這「插花」的訪客也獲益匪淺。大聲公就是這種具有「俠義風範」的老前輩，有新聞線索不吝提醒；有應酬飲宴，也不忘與晚輩分享。

大聲公晚年前往舊金山定居前，曾在台北市區居住多年，他的老友衣復恩曾提供辦公與居住場所，供他寫稿或處理事務。我們經常約在靠近西華飯店後方的小館子聚餐，議論時局，臧否時政。空軍將領退役的衣復恩是蔣介石的專機駕駛。一九四九年十二月十日，時任國民黨總裁的蔣介石最後一次倉皇離開四川成都鳳凰山機場，匆匆飛往台北松山機場，就是搭乘衣復恩駕駛的專機「告別中國」。

有一天，大聲公來電告知，不去西華飯店後面的小館子吃飯了，他幫我約了衣復恩將軍餐敘。半小時趕到民生東路三段，陪著兩位八旬老者在衣將軍辦公室，邊吃水餃、邊用小菜，邊聊台海塵封往事：國共內戰、西南保衛戰、兩岸分裂分治、老蔣總統復行視事，兩岸歷史就在咱仨人分食六十個水餃過程，盡付笑談中。

那是一次特殊的「午餐採訪」。衣復恩還展示了當年他駕駛專機上的「旅客簽名簿」，信手翻閱這本等同於「中華民國現代史文物」的珍貴歷史文件，赫然發現國民黨軍政大老的親筆簽名，

「躍然紙上」；包括威鎮各方的軍事將領、國民黨派系領袖，以及五院院長級高官，幾乎都出現在衣復恩專機的「旅客簽名簿」上。

陸鏗曾說，在大陸坐國共兩黨黑牢的年代，能安然度過廿二年牢獄生涯，依靠的生存法則就是：絕處逢生、好死不如賴活、決不自殺、自我陶醉、自得其樂，要善於「魂飛天外」，想過去的快事、樂事、好事，「重門不鎖相思夢，隨意遶天涯」。

天性樂觀，積極進取，幾十年生命歲月，對新聞工作如癡如狂，對重大歷史事件絕不輕易放過採訪的陸鏗，即使走到了人生盡頭，在他內心深處盤算的可能還是：若要評述陸大聲精采傳奇的一生，新聞標題該怎麼下呢？哈，大聲公，是吧！

敦煌莫高窟：絲綢之路的千年傳奇

漫長絲綢之路的夏季旅行，踏著唐僧西行取經之路，歷經沙漠、斷垣、殘牆、綠洲、月牙泉，既像虔敬佛教信徒的朝聖之旅，又像心靈探索者的圓夢之旅。台北到北京，北京到敦煌，空間的距離，此時此刻已無法阻隔滿載法喜的心靈連結。

願以此功德，
莊嚴佛淨土，
上報四重恩，
下濟三途苦，
若有見聞者，
悉發菩提心，
盡此一報身，

同生極樂國。

甘肅、敦煌、莫高窟，這一組令人迷炫的地理符號，原來只是遙不可及，遠在幾千公里之外，中國河西走廊的邊陲疆域，直到一九九七年，春寒料峭的一場午夜夢境，竟然引領著我，眞實地走了一趟敦煌莫高窟之旅，還圓了一個人生的夢想。

農曆春節剛過，大年初九，台灣民間俗稱的「天公生」，父親在台中龍井老家往生。四天之後，大陸改革開放的「總設計師」鄧小平病逝北京，報社老總曾來電諮詢新聞規劃，當時因父喪回老家，已無心關注這則攸關中國政局的重大新聞了。

守靈期間，禮佛諸親友虔誠帶領，日日夜夜，助念佛號，迴向父親，離苦得樂，往生西方淨土。夜裡，一個金碧輝煌，宛若祕境，萬人齊頌「阿彌陀佛」的神奇夢境，讓我發願長途跋涉，踏上三千公里的「絲路之旅」，前往敦煌莫高窟朝聖。

雖然這只是一場潛意識的夢幻航行，但歷程卻是理性的、清晰的。夢境的畫面影像，起始於一個兒時熟悉的農村場景：昏暗、蒼涼、幽靜的田園暮色。龍井老家已是沒落的農田重劃示範農村，田埂邊那座狹隘土地公廟仔旁，筆直排列的乾枯木麻黃，在冬季寒風蕭颯中，發出了刷刷刷的呼吼聲，蒼茫大地益顯陰暗無光。

夢境的核心場景，突然切入了潛意識的記憶區。咱父子倆，難得同行。夢境浮現的畫面，鮮活地像是沿途托鉢的老少苦行僧，一前一後，踽踽前行。忽然間，神情肅穆、法相泛光的父親，引領著表情惶恐、疑懼的我，兩人像是「快閃一族」，以迅速的步伐，走進現實高度約僅一公尺多高，那座兒時熟識的土地公廟仔。

瞬間，小學上課途中必經的這座鄉間小廟，梵音迴盪，妙音環繞，原本極不起眼的磚造小廟，搖身一變，竟成金碧輝煌的華麗宮殿。光影幻化，令人神迷；曲折迴轉，像極三D動漫。華麗宮殿一座又一座，立體地浮現眼前，目不暇給，讚嘆不已。

行進間，我還不時發出「哇—啊—啊」讚嘆聲，每每行經一座宏偉宮殿，又見更富麗堂皇的另一座宮殿，殿內金粉銀光不時飄逸地灑落下來，金色的、銀色的、紫色的，光彩奪目，絢麗照人；宮殿建築內卻不見其他人影，四周響起忽遠忽近，猶如萬人齊頌「阿・彌・陀・佛」的唸佛聲。

「爸！爸！這是那裡啊？這是傳說中的敦煌莫高窟嗎？」我驚惶地追問。

剎那間，顯得驚慌失措，卻又若有所思地問著父親，企求父親指引找到這座神祕宮殿的出口。只見父親緊閉雙眼，雙手合十，肅穆靜默，繼續前行。途中，父親一度回首小聲告誡：「噓，不要說話！」雖然父親沒有回答我的疑惑，只能快步緊跟其後，絲毫不敢怠慢，但心中反覆自問：這裡就是傳說中的敦煌莫高窟吧！

夢境中的父親，還是沒說話，逐步飄逸遠去的偉碩身影，忽左忽右，忽大忽小，在金碧輝煌穹頂的洞窟中快速移動。瞬間，父親的身影乍然消失在金黃色的洞窟之中。……

在驚愕於父親身影乍然消失的腦波律動過程，夢境甦醒，察覺自己竟是熱淚盈眶，情緒激動不已。這是父親往生後在夢境中引領的首次神遊，像是經歷了一趟神奇的佛國探祕奇航。當時虔心發願，今生今世，無論如何，一定要走一趟敦煌莫高窟。這個來自心靈深處的潛藏願望，不只是想繼續追尋父親在夢境中消逝的飄逸身影，也想見證夢境出現過的這座輝煌的佛教傳奇聖殿。

二〇〇五年，七月盛夏。氣候乾燥的敦煌莫高窟，在晨曦間飄散著微風細雨，敦煌鳴沙山的廣闊流沙，益顯澄黃孤寂。因緣顯然俱足，際遇終於出現。在藝文界朋友的推介下，參與了大陸「中華文化聯誼會」與台灣藝文社團舉辦的「情繫敦煌」參訪活動。近三千公里的絲路征途，終於見到了這座舉世聞名的「牆壁上的博物館」，親身見證了千年佛教經典藝術的歷史輝煌。

東漢時期的應邵說：「敦者，大也；煌者，盛也。」千年來幽居在東西方文化交會的鳴沙山崖壁洞窟內的諸佛菩薩，因河西走廊自然生態環境的急遽變化，加以幾百年來戰禍烽火的直接破壞，以及中外遊客不斷湧進的重重壓力，位於絲綢之路的敦煌莫高窟，正面臨著千百年來最嚴峻的「文明浩劫」的威脅！

「請跟著我，注意腳下的台階，低身走進洞窟，請不要觸摸到牆上的壁畫！」敦煌研究院的專業解說員，以熟練的技巧扭轉鑰匙，輕輕地開啓了莫高窟「第四十五窟」的鐵門，當鐵門碰觸到洞窟牆壁時，發出了沉甸的聲響。瞬間，昏暗的洞窟、陰溼的霉味、防潮的藥味，迎面而來。二十餘人擠滿了洞窟內的狹隘空間。

走進黑暗的狹窄台階，通道兩側與窟內四周，分別隔著約六尺高的透明玻璃罩，這是香港巨富李嘉誠捐助保護莫高窟的項目，防止遊客觸摸到已然傷痕累累的洞窟壁畫。參觀者或站、或蹲，聚精會神，把目光投射在昏暗佛龕內的華麗彩塑佛像。「把手電筒照過來！」微弱的光源聚焦，搜尋著窟內經典壁畫的絕秘珍藏。

敦煌莫高窟「第四十五窟」是盛唐彩塑佛像的經典作品，近年來，中國大陸對重要宗教文物的保護意識抬頭，該窟被劃定爲特別維護的「特窟」，平日並不開放給一般遊客參觀。窟內保存完整的七尊彩塑，塑像以佛爲中心，兩側分別站立著弟子（阿難、迦葉）、菩薩、天王，在幽暗昏黃燈光下，千年彩繪依然華麗可見。

隨著窟內微弱光源的搜尋移動，參觀者的驚異呼聲與讚嘆聲，此起彼落。解說員特別再把光源照在窟內北壁的〈觀無量壽佛經變〉經典壁畫上：菩薩的莊嚴凝神、舞樂的歡愉飄逸、樓閣的壯麗雄偉、飛天的夢幻儀態，千百年來不知名的佛窟畫工，為佛教藝術留下了這幅傳頌千年，驚艷世人的經典壁畫。

隨著解說員走進這座被視為莫高窟經典代表的著名佛窟時，多年來夢寐以求的朝聖願望，似乎就要在眼前呈現。根據解說員的說法，每個佛窟的泥塑或彩繪，都是在講述千年佛教的經典故事，或在宣揚佛陀或菩薩的生命智慧，因此，欣賞莫高窟的泥塑或彩繪佛像，最佳觀賞姿勢應採蹲姿，或盤坐在窟內的正中位置。果然，當我蹲在窟內佛像基座前，循著微弱光線，仰望莊嚴肅靜的釋迦牟尼佛與菩薩等塑像時，彷彿回到了多年前父親引領著我走進金碧輝煌佛殿夢境的「原點」。

走出佛窟，激動的心情，澎湃不已，不知不覺已淚流滿面，同行旅人不知所以，熱切地詢問何以感動至此，當下也不知如何說起，只能歡喜微笑以對。

幾步之遙的「第九十六窟」彌勒大佛窟，窟簷九層，敦煌居民都稱它為「九層樓」，這裡是莫高窟的最高建築，也成為莫高窟的旅遊標誌。熱情洋溢的台灣攝影大師柯錫杰，背著沉重的攝影器材，在窟簷前擺出「我來了」的童稚般笑顏；舞蹈家樊潔兮則興奮地秀出了她招牌式的「反彈琵琶」敦煌舞姿。這對藝術家夫妻檔，與百餘位兩岸研究戲曲、攝影、考古、繪畫、舞蹈的專家學者，千里迢迢，情繫敦煌，為的就是要見證絲綢古道的佛教藝術傳奇。

古人來到塞外邊關，總是滿懷離別惆悵，尤其，來到敦煌，挺進陽關，怎能不吟唱詩人王維的〈陽關三疊〉：「渭城朝雨浥輕塵，客舍青青柳色新；勸君更盡一杯酒，西出陽關無故人。」抒發在塞外邊關的思古情懷。不過，曾經開啓東西文化通路的絲綢古道，這回變成了兩岸文化交流的溝通平台，兩岸藝術精英、學者專家就曾對莫高窟面臨的種種危機進行一場「文化會診」。

「敦煌是東西方四大文明的交會點，敦煌石窟一千年的發展軌跡，見證了佛教藝術的演進！」扎根戈壁沙漠四十餘年，長年獻身莫高窟考古研究，曾被大陸考古學界譽爲「敦煌的女兒」，並曾當選「一百位新中國成立以來感動中國人物」的敦煌研究院女院長樊錦詩分享了她的研究心得，但她更關注台灣專家對如何維護莫高窟藝術的諍言。

出身台北故宮的朱惠良直言，爲維護莫高窟的彩塑壁畫，數位化進程應列爲當務之急。如把莫高窟現存四萬五千平方公尺壁畫，鋪成一公尺高的畫軸，約等於松山機場到桃園機場的長度，這無異是世界文明史上最壯麗的佛教壁畫藝術。

近代史學家陳寅恪曾感嘆：「敦煌學者，吾國學術之傷心史也。」陳寅恪的浩嘆，是指當年發現震驚世人的「藏經洞」時，正是西方列強瓜分中國的一九〇〇年，這究竟是莫高窟終將歸於毀滅的宿命？或是得以再現佛教輝煌的歷史契機？

大陸著名敦煌學家季羡林曾提出「敦煌在中國，敦煌學在世界」的口號。敦煌的研究專家並不諱言，諸多莫高窟精品都收藏於英法俄各國博物館，他們只能透過各國進行彙整研究。但爲適應科技化管理，緩解遊客人潮，敦煌從一九九五年即與美國梅隆基金會進行莫高窟「虛擬洞窟」（數位化洞窟）拍攝工程，從研究院網站進入已可「虛擬漫遊」部分洞窟。

莫高窟近五百個現存佛窟的建築樣態，有三種表現形式：一是禪窟，專供僧人坐禪修行；二是中心柱窟，源自於印度佛教的佛窟形式；三是殿堂窟，源自洛陽的中原風格。據莫高窟研究人員透露，有近半數洞窟毀損情況嚴重，呈現封窟狀態，有十餘個標誌性的洞窟則列爲「特窟」，以價制量，採取高票價，管制參觀人數。

在最具代表性的洞窟中，一四八窟、一五八窟的「釋迦牟尼佛涅槃臥像」，無疑是佛教講述生命課題的經典洞窟，窟內壁畫的故事，對後世漢傳佛教的宣揚更產生深遠影響；初唐的第五十七窟，日本佛教徒更不遠千里趕來朝聖，就是爲了目睹壁畫中被日人讚嘆爲「美人窟」的觀音佛像。在昏黃微弱的手電筒照映下，觀音法相莊嚴，儀態超凡驚豔，神韻千年不變。

在驚豔、讚歎之餘，敦煌莫高窟的神佛們卻正面臨「毀滅性的危機」。大陸輿論曾比喻說：「莫高窟的眾神病了！」其實，諸佛壁畫的病症沈痾還不輕，莫高窟神佛們所罹患的重症，正是敦煌專家們所驚懼的：「壁畫之癌」。千年彩繪近來急遽地褪色、剝落，窟牆的腐蝕、風化，正對莫高窟構成前所未有的威脅。

敦煌研究院曾將一九〇八年伯希和在莫高窟所拍照片，和現存洞窟壁畫進行比對發現，莫高窟的衰頹與毀壞速度，正以「比古代快一百倍的速度走向死亡」。雖然也有專家認爲這是過度悲觀，但佛窟壁畫的霉變、腐蝕、脫落，卻是事實。如一五六窟原有墨書〈莫高窟記〉，在六〇年代仍依稀可見，但現在已經看不到了。

當現代敦煌再度變成絲綢古道的熱門景點，每年湧進莫高窟的遊客已逼近五、六十萬，這是足以讓保護專家膽戰心驚的數字。敦煌專家就曾做過實驗，讓四十位遊客在洞窟待半小時，發現窟內溫度濕度，以及二氧化碳含量，超過正常含量的六倍。每年數十萬遊客湧入參觀，背後浮現的訊號不正是莫高窟所面臨的危機？

究竟是把開放中外遊客參觀佛教藝術經典列爲最優先？還是以保護珍稀佛教歷史文物列爲最重要政策考量？這始終是「魚與熊掌不可得兼」的兩難選擇。敦煌莫高窟即使添置減緩二氧化碳的科學儀器，並在每個洞窟設置透明防護罩，但仍無法緩解壁畫的腐蝕速度。悲觀的專家就擔心：「一百年後，莫高窟安在否？」

「莫高窟的結局，是不斷地毀損！我們用生命所做的一件事，就是要與毀滅的速度進行抗爭，讓莫高窟能保存得再久一些！」敦煌研究院的樊錦詩，對捍衛莫高窟的佛教文明遺產，曾經發出如此深沉的嘆喟。那個曾經讓我在午夜夢境中激動神往的「佛教藝術宮殿」莫高窟，終究還是要面臨無情的「文明浩劫」！

走進莫高窟「第一四八窟」，根據洞窟前室「唐隴西李府君修功德碑」的記載，此窟是李大賓於盛唐大曆十一年（七七六年）開鑿。敦煌研究院檔案寫道：

> 主室佛壇上，塑涅槃像，長十五米。涅槃是指釋迦牟尼八十歲時達到不生不滅、常樂我淨的最高境界。佛右脅而臥，面型豐滿、雙眼微閉，左手自然放於左腿之上。衣紋柔軟，隨身體起伏而變化，一副安然入睡之態。涅槃像後塑有佛弟子、天人、各國王子、佛姨母、菩薩等舉哀像七十二身（經西夏重修）。西壁繪有莫高窟規模最大的〈涅槃經變〉。

根據佛教對生死的說法，「涅槃」說的是清涼寂靜，煩惱不現，眾苦永寂；具有不生不滅、不垢不淨、不增不減等意義。涅槃就是修眞悟道，靈魂得以脫離肉體，解脫生老病死和輪迴之苦，進入不生不滅的無極境界，涅槃窟內的臥佛像，體態柔軟、姿態優美，神情如睡夢般，安詳寧靜，流露出「寂滅爲樂」的超凡神態。

走出鳴沙山崖的「涅槃窟」，歡喜猶如上了人生重要的一課：深刻領悟不生不滅的生命眞諦、生死輪迴的生命課題。這應該是父親往生後，他在那一場春寒料峭的午夜夢境之中，引領著我進入神祕宮殿探索的生命課題吧！

INK PUBLISHING
Canon 26

北京·光華路甲9號
駐京採訪札記

作　　者　王銘義
圖片提供　王銘義
總 編 輯　初安民
責任編輯　陳健瑜
美術編輯　林麗華
校　　對　吳美滿

發 行 人　張書銘
出　　版　INK印刻文學生活雜誌出版有限公司
新北市中和區中正路800號13樓之3
電話：02-22281626
傳眞：02-22281598
e-mail：ink.book@msa.hinet.net

網　　址　舒讀網http：//www.sudu.cc
法律顧問　漢廷法律事務所師
劉大正律師
總 代 理　成陽出版股份有限公司
電話：03-2717085（代表號）
傳眞：03-3556521
郵政劃撥　19000691　成陽出版股份有限公司
印　　刷　海王印刷事業股份有限公司

港澳總經銷　泛華發行代理有限公司
地　　址　香港筲箕灣東旺道3號星島新聞集團大廈3樓
電　　話　(852) 2798 2220
傳　　眞　(852) 2796 5471
網　　址　www.gccd.com.hk

出版日期　2012年4月　初版
ISBN　978-986-6135-82-8

定　價　420元

國家圖書館出版品預行編目資料

北京·光華路甲9號：駐京採訪札記／王銘義著；
--初版，--新北市：INK印刻文學，
2012.04　面；　公分（Canon；26）
ISBN　978-986-6135-82-8（平裝）
1.兩岸關係 2.言論集
573.09　　101004038